ABITUR

Prüfungsaufgaben mit Lösungen **2007**

Technik

Berufliches Gymnasium
Baden-Württemberg
2002–2006

STARK

ISBN-13: 978-3-89449-159-8
ISBN-10: 3-89449-159-0

D-85318 Freising · Postfach 1852 · Tel. (0 81 61) 1790
14. ergänzte Auflage 2006

Inhalt

Maschinenbau

Jeweils im Herbst erscheinen die neuen Ausgaben der Abiturprüfungen mit Lösungen.

Lösungen der Aufgaben:

Elektrotechnik: OStR Gerhard Weidner; Maschinenbau: StD Wilhelm Dax
Musteraufgaben aus der Energietechnik: Reinhard Schuberth

Hinweise

Der vorliegende Band enthält die in Baden-Württemberg zentral gestellten Abiturprüfungsaufgaben der letzten fünf Jahre für den Leistungskurs Technik an den Beruflichen Gymnasien (TG).

Die Aufgabenzusammenstellung eignet sich zur Vertiefung des Unterrichtsstoffes und zur Prüfungsvorbereitung und ist in die Teilbereiche **Elektrotechnik** und **Maschinenbau** gegliedert.

Elektrotechnik

Digitaltechnik I	–	Bauelemente, Logische Grundschaltungen, Schaltnetze
Digitaltechnik II	–	Kippglieder, Zähler, Schieberegister, Steuerschaltungen, Addierwerke, Schaltwerke
Wechselstromtechnik	–	Praxisbezogene Wechselstromschaltungen
[Analogtechnik	–	Operationsverstärker] *ab 2002 nicht mehr TG-relevant*
Drehstrom	–	symmetrische und unsymmetrische Belastung

Maschinenbau
- Statik, Reibung
- Festigkeitslehre
- Werkstoffkunde
- Werkstoffprüfung
- Wärmebehandlung von Stahl
- Energietechnik

Zur Energietechnik finden Sie im Anschluss an die Abiturprüfungsaufgaben weitere **Musteraufgaben**, eine **Formelsammlung** ist nach dem Sachwortverzeichnis enthalten.

Die Aufgaben in diesem Buch sind auch in anderen Schularten – **wie Techniker- und Meisterschulen sowie Berufskollegs** – anwendbar. Deshalb haben wir die genauen Inhalte der einzelnen Teilgebiete noch einmal im **Sachwortverzeichnis** aufgeführt. Zusammen mit dem Inhaltsverzeichnis ermöglicht dies auch den Schülern anderer Schularten eine genaue Auswahl der Themenbereiche.

Die Autoren

Sachwortverzeichnis

Elektrotechnik

Digitaltechnik und Analogtechnik

1. Bauelemente der Digitaltechnik
   - Diode
   - Transistor als Schalter

2. Logische Grundschaltungen
   - UND, ODER, NICHT, NAND, NOR
   - RDT-Schaltungen
   - IC-Technik (TTL)

3. Kombinatorische Schaltungen
   - Schaltalgebra
   - KV-Diagramme
   - Vergleicherschaltungen
   - Codierschaltungen
   - Rechenschaltungen, Volladdierer, Halbaddierer

4. Kippglieder
   - bistabiles Kippglied
   - monostabiles Kippglied
   - astabiles Kippglied
   - Schmitt-Trigger

5. Zähler
   - Asynchronzähler
   - Synchronzähler
   - Frequenzteiler
   - Schieberegister

[6. Operationsverstärker
   - nichtinvertierender OP
   - Addieren mit OP] *seit 2002 nicht mehr TG-relevant*

7. Steuerschaltungen
   - einfache Steuerungen aus Schaltnetzen und Schaltwerken
   - synchrone Schaltwerke
   - Zustandsdiagramme
   - Impulsdiagramme

Wechselstromtechnik

8. Einfacher Wechselstromkreis
   - Ohm'scher, induktiver und kapazitiver Widerstand
   - Liniendiagramme
   - Leistungsberechnungen im Wechselstromkreis

9. Grundschaltungen des Wechselstromkreises
   - Reihenschaltung von Wirk- und Blindwiderstand

- Parallelschaltung von Wirk- und Blindwiderstand
- Umwandlung Reihen- in Parallelschaltung und umgekehrt

10. Praxisbezogene Wechselstromschaltungen
    - frequenzabhängige Spannungsteiler
    - unbelastete Brückenschaltung
    - Reihen- und Parallelschwingkreis
    - Kompensationsschaltungen
    - Filterschaltungen

11. 3-Phasen-Wechselstrom (Drehstrom)
    - Quelle in Stern, Last in Stern und Dreieck
    - symmetrische und unsymmetrische Belastung (Ohm'sche, induktive und kapazitive Belastung)

Maschinenbau

1. Werkstoffprüfung
   - Zugversuch
   - Härteprüfung (Brinell, Vickers, Rockwell)

2. Werkstoffkunde
   - Gittertypen
   - Zustandsschaubilder von Legierungen
   - Abkühlungskurven
   - Fe-Fe_3C-Diagramm
   - Warmbehandlung

3. Statik
   - allgemeines und zentrales Kräftesystem (grafische und rechnerische Lösungsverfahren)
   - Reibung

4. Festigkeitslehre
   - Zug- und Druckbeanspruchung
   - Abscherbeanspruchung
   - Biegebeanspruchung
   - Torsionsbeanspruchung

5. Getriebe (Zahnrad, Riementrieb)
   - Übersetzung
   - Umdrehungsfrequenz (Drehzahl)
   - Momente
   - Leistung
   - Wirkungsgrad

6. Pneumatische Steuerungen
   - Schaltpläne
   - Funktionsdiagramme

   ab 2002 nicht mehr TG-relevant

7. Energietechnik
   - Wärmelehre (Berechnungen)
   - Kreisprozesse (Carnot, Stirling-, Otto-, Dieselmotor)
   - Kraftwerke
   - T-s-Diagramm (grafische Darstellung)
   - k-Wertbestimmung

…rmelsammlung
E…ergietechnik

Erster Hauptsatz der Wärmelehre

allgemein:
$Q + W = \Delta U$

Isobarer Prozess (p = konst.)
$Q = c_p \cdot m \cdot \Delta T$

Isochorer Prozess (V = konst.)
$Q = c_V \cdot m \cdot \Delta T$

Isothermer Prozess (T = konst.)
$Q = -W$

Adiabater Prozess
$Q = 0$

Kreisprozess
$\sum Q + \sum W = 0$

Q: ausgetauschte Wärmemenge in J
$1\ J = 1\ Ws = 1\ Nm$
$1\ tSKE = 2{,}93 \cdot 10^{10}\ J$
q: ausgetauschte spezifische Wärmemenge in kJ/kg
W: Arbeit in J
w: spezifische Arbeit in kJ/kg
U: innere Energie
T: absolute Temperatur in K (273 K ⇔ 0 °C)
c_p: spezifische Wärmekapazität bei konstantem Druck, Luft: $c_p = 1{,}01$ kJ/(kgK)
c_V: spezifische Wärmekapazität bei konstantem Volumen, Luft: $c_V = 0{,}72$ kJ/(kgK)

Wärme im T-s-Diagramm

$q = T \cdot \Delta s$

q: ausgetauschte spezifische Wärmemenge in kJ/kg
T: absolute Temperatur
Δs Änderung d. spezif. Entropie in kJ/(kgK)

Zustandsänderungen idealer Gase

Allgemeine Gasgleichung

$$\frac{p \cdot V}{T} = \text{konst.} \qquad p \cdot V = m \cdot R_i \cdot T$$

Isobarer Prozess

$$\frac{V_1}{T_1} = \frac{V_2}{T_2} \qquad W_{12} = -p \cdot \Delta V$$

Isochorer Prozess

$$\frac{p_1}{T_1} = \frac{p_2}{T_2} \qquad W_{12} = 0$$

Isothermer Prozess

$$p_1 \cdot V_1 = p_2 \cdot V_2 \qquad W_{12} = -m \cdot R_i \cdot T \cdot \ln\frac{V_2}{V_1}$$

$$W_{12} = -m \cdot R_i \cdot T \cdot \ln\frac{p_1}{p_2}$$

Adiabater Prozess

$$p \cdot V^{\kappa} = \text{konst.} \qquad \frac{T_1}{T_2} = \left(\frac{p_1}{p_2}\right)^{\frac{\kappa-1}{\kappa}} = \left(\frac{V_2}{V_1}\right)^{\kappa-1}$$

p: Druck
V: Volumen
T: absolute Temperatur
m: Masse
R_i: spezifische Gaskonstante; Luft: $R_S = 0{,}287$ kJ/(kgK)
W_{12}: verrichtete Arbeit bei Zustandsänderung von 1 nach 2
κ: Adiabatenexponent Luft: $\kappa = 1{,}4$

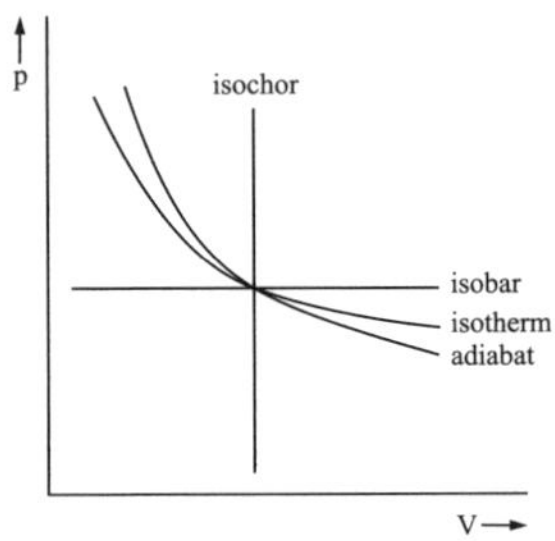

$$W_{12} = \frac{m \cdot R_i}{1-\kappa} \cdot (T_2 - T_1) = -\frac{m \cdot R_i \cdot T_1}{1-\kappa} \cdot \left[\left(\frac{V_1}{V_2}\right)^{\kappa-1} - 1\right] = -\frac{m \cdot R_i \cdot T_1}{1-\kappa} \cdot \left[\left(\frac{p_2}{p_1}\right)^{\frac{\kappa-1}{\kappa}} - 1\right]$$

Leitung mit Verbraucher

Gegeben ist das folgende Ersatzschaltbild einer Leitung mit einem angeschlossenen Verbraucher Z_V:

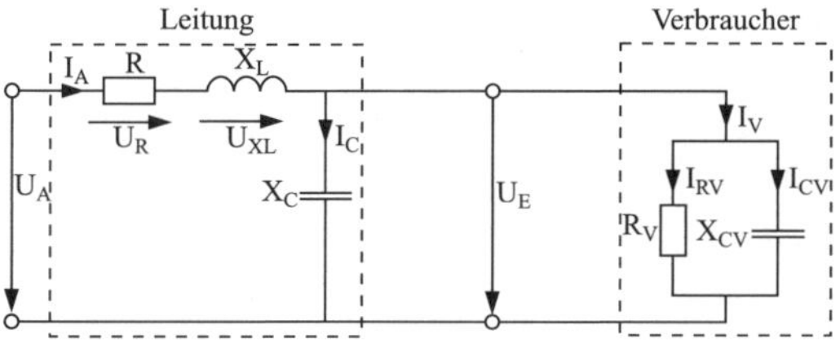

Leitungswerte:
$R = 300\ \Omega$
$X_L = 400\ \Omega$
$X_C = 20\ k\Omega$

$U_E = 10\ kV$
$f = 50\ Hz$

Verbraucherwerte:
$P_V = 10\ kW$
$\cos \varphi_V = 0{,}5$

Teilaufgaben

1 Verbraucher

1.1 Berechnen Sie den Scheinwiderstand Z_V des Verbrauchers, sowie dessen Wirkwiderstand R_V und Kapazität C_V. (4)

1.2 Berechnen Sie die Ströme I_V, I_{RV} und I_{CV}. (2)

2 Leitung

2.1 Bestimmen Sie die Ströme I_C und I_A bei angeschlossenem Verbraucher. (4)

2.2 Berechnen Sie die Spannungen U_R und U_{XL}. (1)

3 Leitung mit Verbraucher

3.1 Zeichnen Sie das vollständige Zeigerdiagramm aller Ströme und Spannungen.
Maßstab: 1 cm $\hat{=}$ 1 kV; 1 cm $\hat{=}$ 0,2 A (6)

3.2 Ermitteln Sie aus dem Zeigerdiagramm die Spannungen U_A und berechnen Sie die Scheinleistung S_A der Gesamtschaltung. (2)

4 Wirkungsgrad

4.1 Berechnen Sie die Wirkleistungsverluste der Leitung. (1)

4.2 Bestimmen Sie den Wirkungsgrad η der Gesamtschaltung. (2,5)

(22,5)

Lösungen

1.1 $S_V = \frac{P_V}{\cos\varphi} = \frac{10\,\text{kW}}{0{,}5} = 20\,\text{kVA}$

$\underline{\underline{Z_V}} = \frac{U_E}{I_V} = \frac{U_E^2}{S_V} = \frac{(10\,\text{kV})^2}{20\,\text{kVA}} = \underline{\underline{5\,\text{k}\Omega}}$

$G = Y \cdot \cos\varphi = \frac{1}{Z_v} \cdot \cos\varphi = \frac{1}{5\,\text{k}\Omega} \cdot 0{,}5 = 0{,}1\,\text{m}\frac{1}{\Omega}$

$\underline{\underline{R_V}} = \frac{1}{G} = \frac{1}{0{,}1\,\text{m}\frac{1}{\Omega}} = \underline{\underline{10\,\text{k}\Omega}}$

$\varphi = \arccos(0{,}5) = 60°$; $\sin\varphi = \sin(60°) = 0{,}87$

$B = Y \cdot \sin\varphi = \frac{1}{5\,\text{k}\Omega} \cdot 0{,}87 = 0{,}174\,\text{m}\frac{1}{\Omega}$

$X_{CV} = \frac{1}{B} = \frac{1}{0{,}174\,\text{m}\frac{1}{\Omega}} = 5{,}75\,\text{k}\Omega$

$\underline{\underline{C_V}} = \frac{1}{\omega \cdot X_c} = \frac{1}{2 \cdot \pi \cdot f \cdot X_c} = \frac{1}{2 \cdot \pi \cdot 50\frac{1}{s} \cdot 5{,}75\,\text{k}\Omega} = \underline{\underline{0{,}553\,\mu\text{F}}}$

1.2 $\underline{\underline{I_V}} = \frac{U_E}{Z_V} = \frac{10\,\text{kV}}{5\,\text{k}\Omega} = \underline{\underline{2\,\text{A}}}$

$\underline{\underline{I_{RV}}} = \frac{U_E}{R_V} = \frac{10\,\text{kV}}{10\,\text{k}\Omega} = \underline{\underline{1\,\text{A}}}$

$\underline{\underline{I_{CV}}} = \frac{U_E}{X_{CV}} = \frac{10\,\text{kV}}{5{,}75\,\text{k}\Omega} = \underline{\underline{1{,}74\,\text{A}}}$

2.1 $\underline{\underline{I_C}} = \frac{U_E}{X_C} = \frac{10\,\text{kV}}{20\,\text{k}\Omega} = \underline{\underline{0{,}5\,\text{A}}}$

$I_A = \sqrt{(I_C + I_{CV})^2 + I_{RV}^2}$

$\underline{\underline{I_A}} = \sqrt{(I_C + I_V \cdot \sin\varphi)^2 + (I_V \cdot \cos\varphi)^2}$

$= \sqrt{(0{,}5\,\text{A} + 2\,\text{A} \cdot 0{,}87)^2 + (2\,\text{A} \cdot 0{,}5)^2}$

$= \underline{\underline{2{,}45\,\text{A}}}$

Skizze:

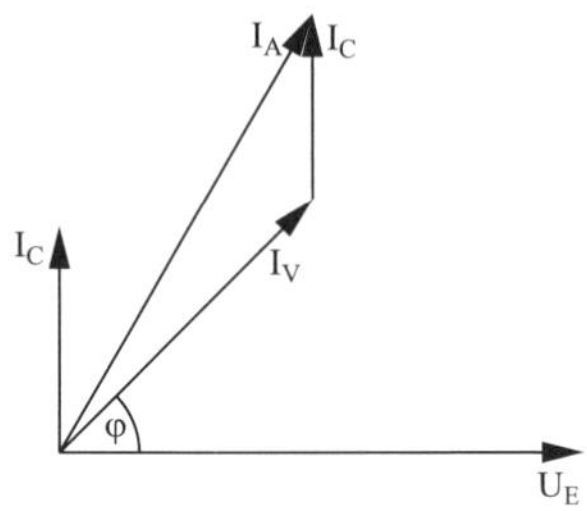

2.2 $\underline{\underline{U_R}} = R \cdot I_A = 300\,\Omega \cdot 2{,}45\text{ A} = \underline{\underline{735\text{ V}}}$

$\underline{\underline{U_L}} = X_L \cdot I_A = 400\frac{\text{V}}{\text{A}} \cdot 2{,}45\text{ A} = \underline{\underline{980\text{ V}}}$

3.1

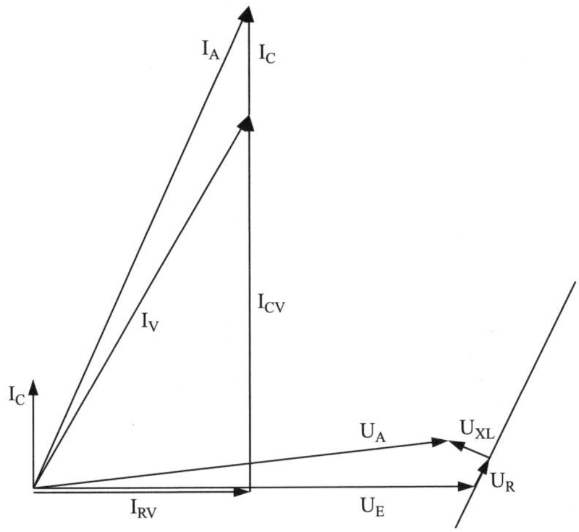

3.2 $\underline{\underline{U_A}} \mathrel{\hat{=}} 9{,}5\text{ cm} \mathrel{\hat{=}} \underline{\underline{9{,}5\text{ kV}}}$

$\underline{\underline{S_A}} = U_A \cdot I_A = 9{,}5\text{ kV} \cdot 2{,}45\text{ A} = \underline{\underline{23{,}3\text{ kVA}}}$

4.1 $\underline{\underline{P_{Leitung}}} = U_R \cdot I_A = 735\text{ V} \cdot 2{,}45\text{ A} = \underline{\underline{1{,}8\text{ kW}}}$

4.2 $\underline{\underline{\eta}} = \frac{P_{ab}}{P_{zu}} = \frac{P_{RV}}{P_{Leitung} + P_{RV}} = \frac{U_E \cdot I_{RV}}{P_{Leitung} + U_E \cdot I_{RV}} = \frac{10\text{ kV} \cdot 1\text{ A}}{1{,}8\text{ kW} + 10\text{ kV} \cdot 1\text{ A}} = \underline{\underline{0{,}847}}$

Drehstromversorgung

In einer Werkstatt werden über einen 230/400 V Drehstromanschluss Glühlampen, ein Heizwiderstand und zwei Wechselstrommotoren versorgt.

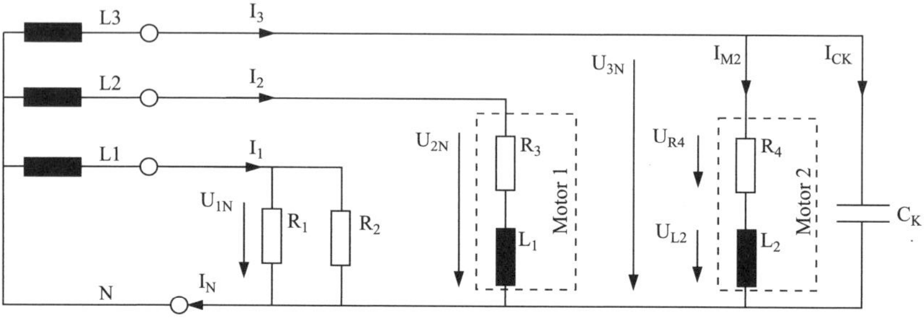

Werte:

Spannungen:	$U_{1N} = U_{2N} = U_{3N} = 230$ V, $f = 50$ Hz
Leistungsaufnahme der Glühlampen R_1:	$P_1 = 300$ W
Leistungsaufnahme des Heizwiderstandes R_2:	$P_2 = 1$ kW
Ersatzschaltbild des Wechselstrommotors 1:	$R_3 = 20\ \Omega$, $L_1 = 50$ mH } Motoren sind gleich
Ersatzschaltbild des Wechselstrommotors 2:	$R_4 = 20\ \Omega$, $L_2 = 50$ mH } Motoren sind gleich
Kompensationskondensator von Motor 2:	$C_K = 40\ \mu F$

Teilaufgaben

1 Phase L1: Glühlampen und Heizwiderstand

1.1 Berechnen Sie den Strom I_1. (2)

1.2 Bestimmen Sie den Gesamtwiderstand der Ohm'schen Verbraucher. (1)

2 Phase L2: Wechselstrommotor 1

2.1 Berechnen Sie den Strom I_2. (2)

2.2 Ermitteln Sie die Wirk-, Schein- und Blindleistung von Motor 1. (2)

3 Phase L3: Wechselstrommotor 2 mit Parallelkompensation

3.1 Berechnen Sie den Strom I_3 und den Leistungsfaktor $\cos \varphi_3$ ($\varphi_3 = \measuredangle\, U_{3N}, I_3$). (5)

3.2 Zeichnen Sie das Zeigerdiagramm aller Spannungen und Ströme für die an L3 angeschlossene Schaltung.
Maßstab: 1 cm $\hat{=}$ 40 V; 1 cm $\hat{=}$ 1 A (4)

3.3 Welchen Vorteil ergibt die Kompensation bei der Energieübertragung? (1)

4 Drehstromsystem

Das Drehstromsystem wird mit den Strömen $I_1 = 5{,}65$ A, $I_2 = 9{,}04$ A ($\varphi_2 = 38{,}15°$ induktiv) und $I_3 = 7{,}61$ A ($\varphi_3 = 20{,}77°$ induktiv) belastet.

4.1 Ermitteln Sie grafisch den im Neutralleiter N auftretenden Strom I_N.
Maßstab: 1 cm $\hat{=}$ 1 A (4)

4.2 Unter welchen Belastungsbedingungen fließt im Neutralleiter N kein Strom?
Begründen Sie Ihre Antwort. (1,5)

(22,5)

Lösungen

1.1 $I_1 = \frac{P_1 + P_2}{U_{1N}} = \frac{1300\ \text{W}}{230\ \text{V}} = \underline{5{,}65\ \text{A}}$

1.2 $R_{12} = \frac{U_{1N}}{I_1} = \frac{230\ \text{V}}{5{,}65\ \text{A}} = \underline{40{,}71\ \Omega}$

2.1 $X_L = \omega L = 2\pi \cdot 50 \frac{1}{s} \cdot 50\ \text{mH} = 15{,}71\ \Omega$

$Z_{RL} = \sqrt{R_3^2 + {X_L}^2} = \sqrt{(20\ \Omega)^2 + (15{,}71\ \Omega)^2} = 25{,}43\ \Omega$

$I_2 = \frac{U_{2N}}{Z_{RL}} = \underline{9{,}04\ \text{A}}$

Zeigerdiagramm (unmaßstäblich)

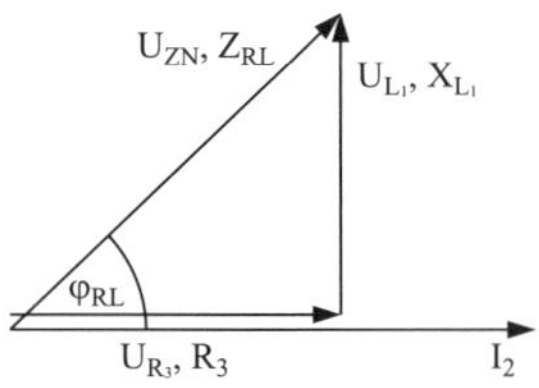

2.2 $\tan\varphi_{RL} = \frac{X_L}{R_3} = \frac{15{,}71\ \Omega}{20\ \Omega} = 0{,}7855 \Rightarrow \varphi_{RL} = 38{,}15°$

$S = U \cdot I_2 = 230\ \text{V} \cdot 9{,}04\ \text{A} = \underline{2079{,}2\ \text{VA}}$

$P = S \cdot \cos\varphi_{RL} = 2079{,}2\ \text{VA} \cdot \cos(38{,}15°) = \underline{1635{,}08\ \text{W}}$

$Q = S \cdot \sin\varphi_{RL} = 2079{,}2\ \text{VA} \cdot \sin(38{,}15°) = \underline{1284{,}37\ \text{var}}$

3.1 aus der Teilaufgabe 2: $Z_{RL} = 25{,}43\ \Omega$; $\varphi_{RL} = 38{,}15°$
Umwandlung RL-Reihenschaltung in eine äquivalente RL-Parallelschaltung:

$G_p = \frac{1}{Z_{RL}} \cdot \cos\varphi_{RL} = \frac{1}{25{,}43\ \Omega} \cdot \cos(38{,}15°) = 30{,}92\ \text{mS}$

$B_{Lp} = \frac{1}{Z_{RL}} \cdot \sin\varphi_{RL} = \frac{1}{25{,}43\ \Omega} \cdot \sin(38{,}15°) = 24{,}29\ \text{mS}$

$X_C = \frac{1}{2\pi \cdot f \cdot C} = \frac{1}{2\pi \cdot 50\ \text{Hz} \cdot 40\ \mu\text{F}} = 79{,}58\ \Omega$

$B_C = \frac{1}{X_C} = 12{,}57\ \text{mS}$

$Y_3 = \sqrt{{G_p}^2 + (B_{Lp} - B_C)^2} = \sqrt{(30{,}92\ \text{mS})^2 + (24{,}29\ \text{mS} - 12{,}57\ \text{mS})^2} = 33{,}07\ \text{mS}$

$Z_3 = \frac{1}{Y_3} = \frac{1}{33{,}07\ \text{mS}} = 30{,}24\ \Omega$

$I_3 = \frac{U_{3N}}{Z_3} = \underline{7{,}61\ \text{A}}$

$$\cos\varphi_3 = \frac{G_p}{Y_3} = \frac{30{,}92\ \text{mS}}{33{,}07\ \text{mS}} = \underline{0{,}935}$$

Zeigerdiagramm (unmaßstäblich)

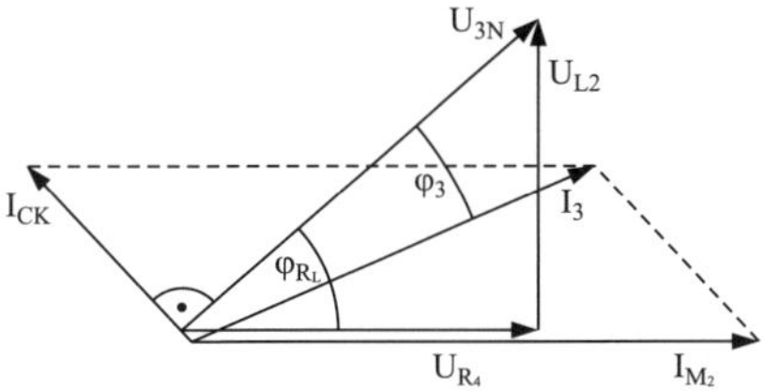

3.2 $I_{RL} = 9{,}04\ \text{A},\ \varphi_{RL} = 38{,}15°$

$$I_C = \frac{U_{3N}}{X_C} = \frac{230\ \text{V}}{79{,}58\ \Omega} = 2{,}98\ \text{A}$$

$$U_R = R_4 \cdot I_{RL} = 20\ \Omega \cdot 9{,}04\ \text{A} = 180{,}8\ \text{V}$$

$$U_{L2} = X_{L2} \cdot I_{RL} = 15{,}71\ \Omega \cdot 9{,}04\ \text{A} = 142{,}02\ \text{V}$$

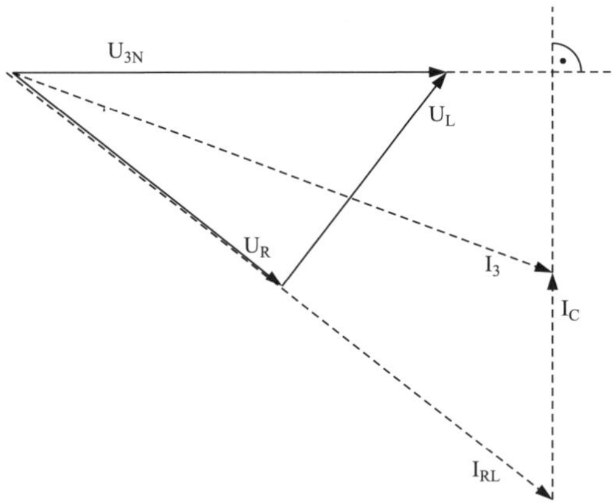

3.3 Verringerung des Scheinstroms in der Zuleitung
⇒ geringere Verluste bei der Energieübertragung.

4.1

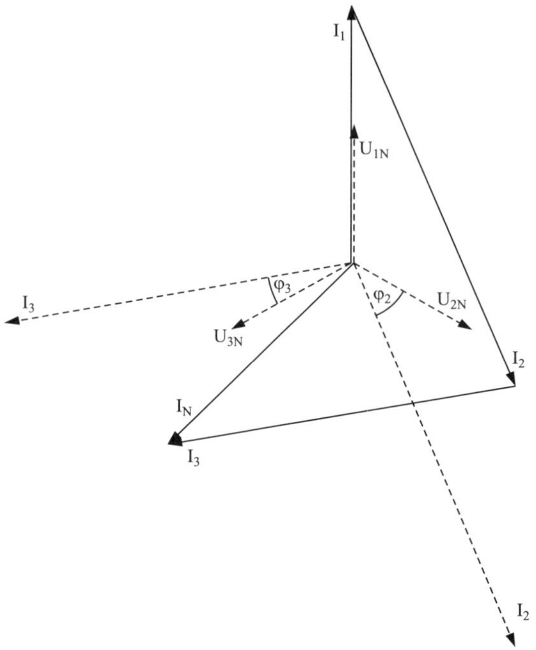

abgelesen: $I_N = 5{,}7$ A

4.2 symmetrische Belastung aller Phasen
$\Rightarrow$ gleiche Stromstärken I_1, I_2, I_3 und gleiche Phasenwinkel
$\Rightarrow$ Summe der um 120° phasenverschobenen Zeiger ergibt Null.

Berufliche Gymnasien (Baden-Württemberg) – Abiturprüfung 2002
Leistungskurs Technik: Elektrotechnik Aufgabe 3

Steuerung eines Reaktionstesters

Durch Betätigen der Start-Taste in der Start/Stopp-Logik wird ein Spiel begonnen.
Ein Spieler muss in der vorgegebenen Zeit von 30 Sekunden durch Drücken der zugehörigen Taste (T1 … T5) einer „zufällig" aufleuchtenden Lampe (L1 … L5) so viele Treffer wie möglich sammeln (d. h. wenn er die richtige Taste gedrückt hat, leuchtet wieder eine Lampe usw.).

Ein **Zufallsgenerator**, bestehend aus Taktgenerator 1, Synchronzähler und Steuerlogik steuert die **Verstärker** der fünf Lampen so an, dass immer nur eine Lampe aufleuchtet.

Die **Tasten- und Vergleichslogik** erzeugt bei richtigem Tastendruck ein Signal P = 1.
Damit schaltet die **Ergebnislogik** um einen Punkt weiter.
Gleichzeitig übernimmt der **Zwischenspeicher** von der Steuerlogik ein neues Bitmuster.

Blockschaltbild:

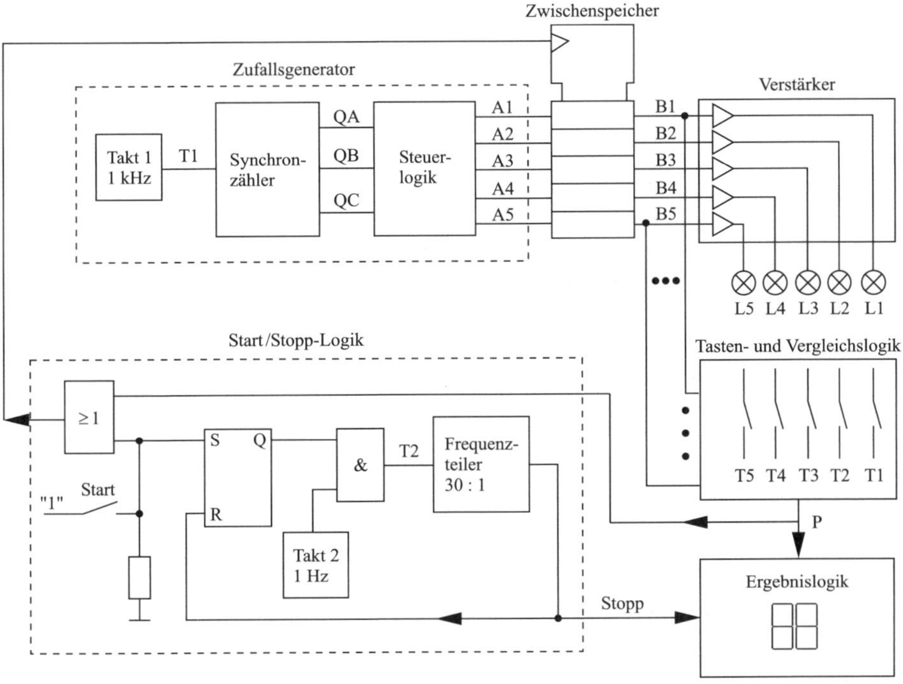

Teilaufgaben

1 Synchronzähler
Zur Steuerung des Zufallsgenerators wird ein 3-Bit-Zähler verwendet, der mit JK- oder D-Flip-Flops aufgebaut werden soll.

1.1 Ergänzen Sie auf dem Arbeitsblatt die Funktionstabelle so, dass die Zählfolge 1–2–3–4–5–1–2–... usw. als Dualzahlen an den Ausgängen QA, QB und QC zur Verfügung stehen und ermitteln Sie mithilfe des Arbeitsblattes die minimierten Schaltfunktionen für die Vorbereitungseingänge der Flip-Flops.
Hinweis: Nach dem Einschalten ist der Zählerstand QA = 1, QB = 0, QC = 0. (6)

1.2 Zeichnen Sie den Zähler. (2)

2 Steuerlogik
Damit immer nur eine Lampe leuchtet, wandelt die Steuerlogik den Zählerstand so um, dass das entsprechende Ausgangssignal (A1...A5) logisch "1" wird.
Hinweis: Beim Zählerstand 1 wird nur A1 = 1, beim Zählerstand 2 wird nur A2 = 1 usw.

2.1 Erstellen Sie die Funktionstabelle. (2,5)

2.2 Ermitteln Sie die vereinfachte Funktionsgleichung für A1 und wandeln Sie die Gleichung in FULL-NAND-Technik um. (2)

3 Frequenzteiler
Der Teiler 30 : 1 soll unter Verwendung von zwei integrierten Dezimalzählern (BCD-Zähler) und Logikgattern aufgebaut werden.

3.1 Ergänzen Sie auf dem Arbeitsblatt die Schaltung des Frequenzteilers und kennzeichnen Sie das Stopp-Signal. (4)

4 RS-Flip-Flop
Liegt sowohl am S-Eingang als auch am R-Eingang HIGH-Signal an, so soll der R-Befehl dominieren (Q = 0).

4.1 Vervollständigen Sie das Zustandsdiagramm auf dem Arbeitsblatt, indem Sie die Pfeile mit den Bedingungen versehen, die den Übergang auslösen. (3)

5 Start/Stopp-Logik

5.1 Erläutern Sie die Funktionsweise der Start/Stopp-Logik. (3)

(22,5)

Arbeitsblatt

zu 1.1 Entwurf des Synchronzählers

	Q_C^n	Q_B^n	Q_A^n	Q_C^{n+1}	Q_B^{n+1}	Q_A^{n+1}	J_C	K_C	J_B	K_B	J_A	K_A
1	0	0	1	0	1	0	0	X	1	X	X	1
2	0	1	0	0	1	1	0	X	X	0	1	X
3	0	1	1	1	0	0	1	X	X	1	X	1
4	1	0	0	1	0	1	X	0	0	X	1	X
5	1	0	1	0	0	1	X	1	1	X	X	0
6	1	1	0	X	X	X	X	X	X	X	X	X
7	1	1	1	X	X	X	X	X	X	X	X	X
0	0	0	0	X	X	X	X	X	X	X	X	X

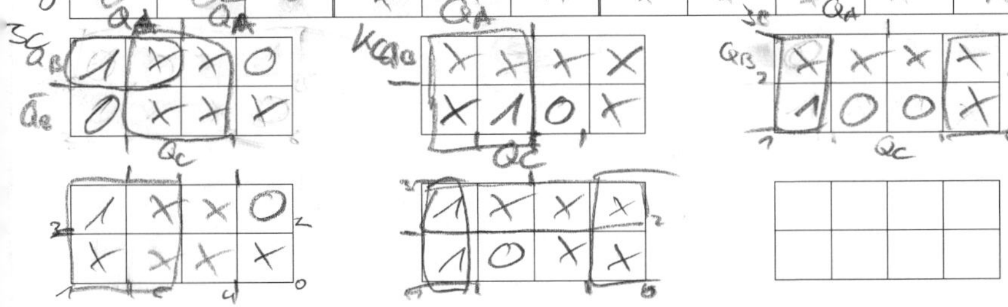

zu 3 Frequenzteiler

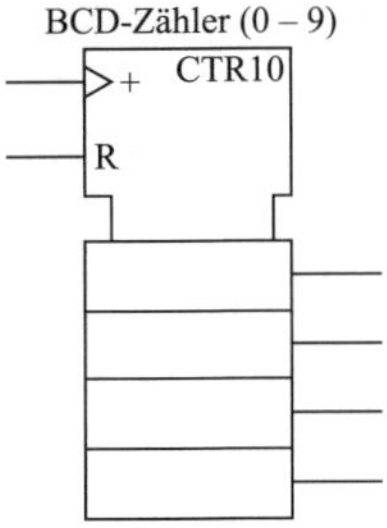

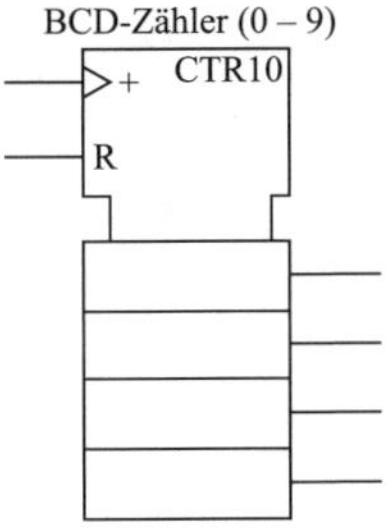

zu 4 RS-Flip-Flop

S	R	Q^{n+1}
0	0	
0	1	
1	0	
1	1	

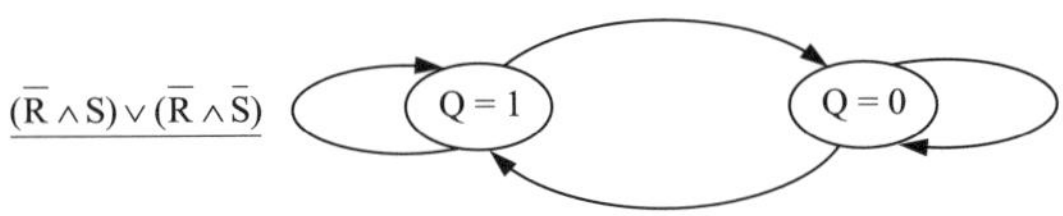

Lösungen

Arbeitsblatt

zu 1.1 Entwurf des Synchronzählers

Q_C^n	Q_B^n	Q_A^n	Q_C^{n+1}	Q_B^{n+1}	Q_A^{n+1}	J_C	K_C	J_B	K_B	J_A	K_A
0	0	1	0	1	0	0	×	1	×	×	1
0	1	0	0	1	1	0	×	×	0	1	×
0	1	1	1	0	0	1	×	×	1	×	1
1	0	0	1	0	1	×	0	0	×	1	×
1	0	1	0	0	1	×	1	1	×	×	0
1	1	0	×	×	×	×	×	×	×	×	×
1	1	1	×	×	×	×	×	×	×	×	×
0	0	0	×	×	×	×	×	×	×	×	×

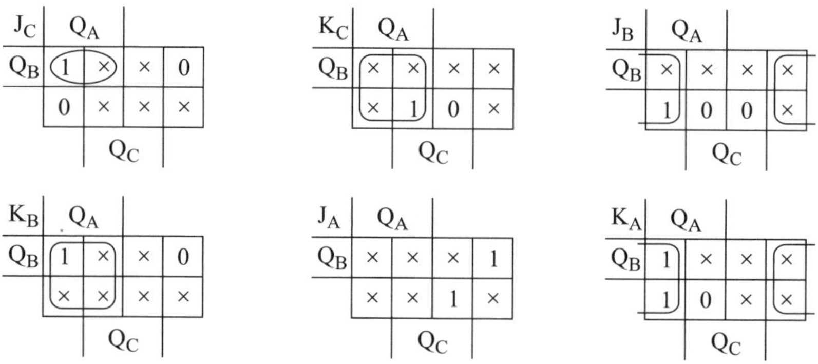

$$J_C = Q_A Q_B$$
$$K_C = Q_A$$
$$J_B = \overline{Q}_C$$
$$K_B = Q_A$$
$$J_A = 1$$
$$K_A = \overline{Q}_C$$

zu 3 Frequenzteiler

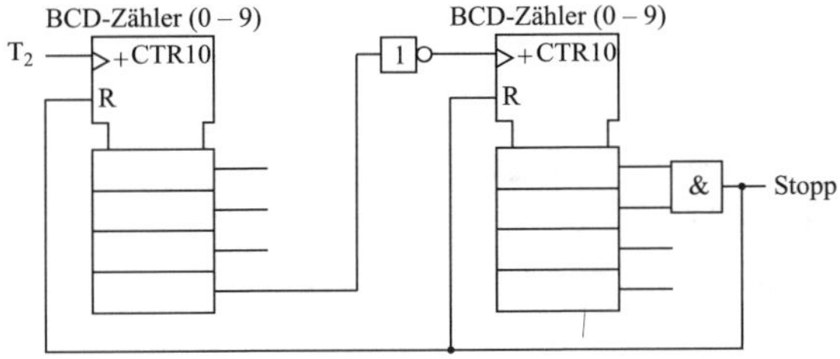

zu 4 RS-Flip-Flop

S	R	Q^{n+1}
0	0	Q^n
0	1	0
1	0	1
1	1	0

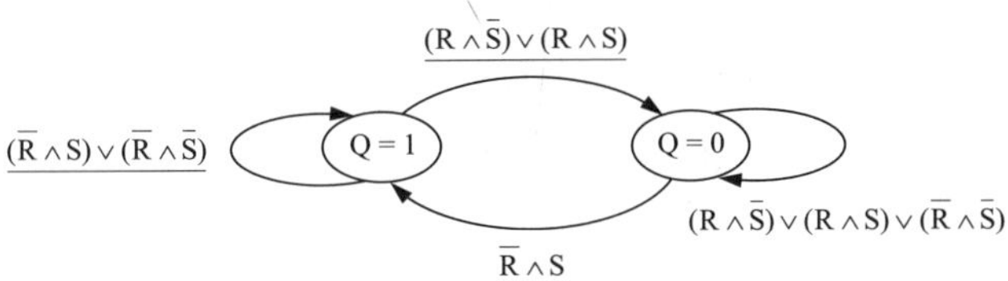

1.1 Entwurf des Synchronzählers: Lösung mit D-FF (alternativ)

Q_C^n	Q_B^n	Q_A^n	Q_C^{n+1}	Q_B^{n+1}	Q_A^{n+1}						
0	0	1	0	1	0						
0	1	0	0	1	1						
0	1	1	1	0	0						
1	0	0	1	0	1						
1	0	1	0	0	1						
1	1	0	×	×	×						
1	1	1	×	×	×						
0	0	0	×	×	×						

Q_C^{n+1}:

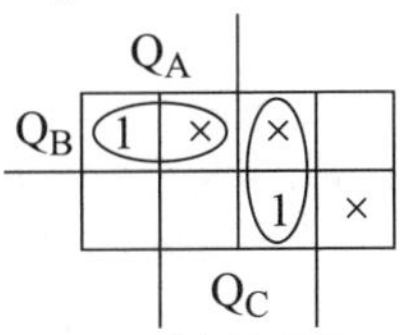

Q_B^{n+1}:

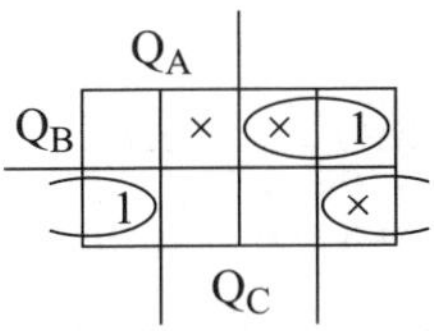

Q_A^{n+1}:

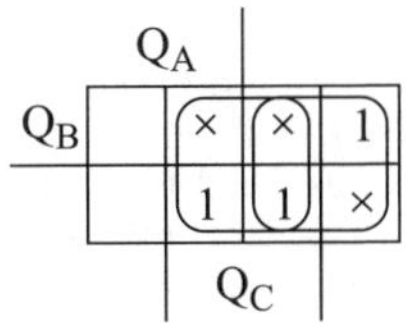

Lösung mit D-FFs.

$D_C = Q_A Q_B \vee \overline{Q}_A Q_C$

$D_B = \overline{Q}_A Q_B \vee \overline{Q}_B \overline{Q}_C$

$D_A = \overline{Q}_A \vee Q_C$

1.2 Schaltbild des Synchronzählers

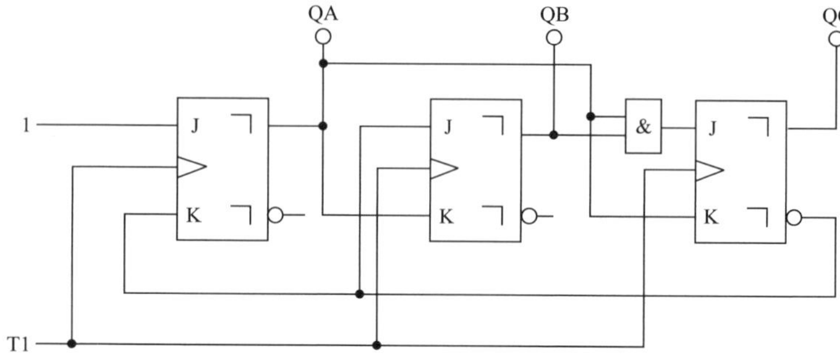

2.1 Funktionstabelle der Steuerlogik

Q_C	Q_B	Q_A	A1	A2	A3	A4	A5
0	0	1	1	0	0	0	0
0	1	0	0	1	0	0	0
0	1	1	0	0	1	0	0
1	0	0	0	0	0	1	0
1	0	1	0	0	0	0	1
1	1	0	×	×	×	×	×
1	1	1	×	×	×	×	×
0	0	0	×	×	×	×	×

A1:

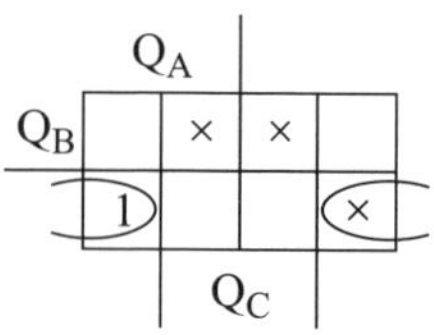

2.2 $A1 = \overline{Q}_C \wedge \overline{Q}_B$ FULL-NAND: $A1 = \overline{\overline{\overline{Q}_C \wedge \overline{Q}_B}}$

5 Start/ Stopp-Logik

Das Betätigen des Tasters Start hat zwei Folgen:

a) das Spiel beginnt. Das RS-Flipflop wird gesetzt, wodurch das Tor (UND-Gatter) den Takt 2 zum Frequenzteiler durchlässt. Nach 30 sec wird das RS-Flipflop zurückgesetzt, das Spiel ist vorbei.

b) der Zwischenspeicher übernimmt den aktuellen Zustand der Steuerlogik 1 (der Ausgang des ODER-Gatters setzt den Übernahmeimpuls).

Digitaler Drehstromgenerator

Ein Rechteckgenerator speist ein synchrones Schaltwerk, dessen Ausgänge Q_1, Q_2, Q_3 jeweils über eine Verstärkerstufe drei Spulen eines Schrittmotors ansteuern und damit einen drehbaren Permanentmagneten als Rotor antreiben bzw. schrittweise weiterdrehen.

Blockschaltbild

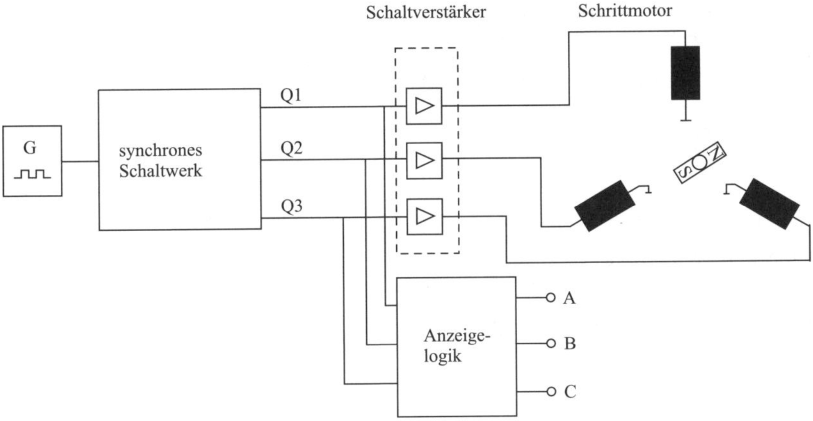

Teilaufgaben

1 Synchrones Schaltwerk
Das 3-stufige synchrone Schaltwerk aus JK- oder D-Flipflops soll nach folgendem Impulsdiagramm einen Drehstromgenerator simulieren.

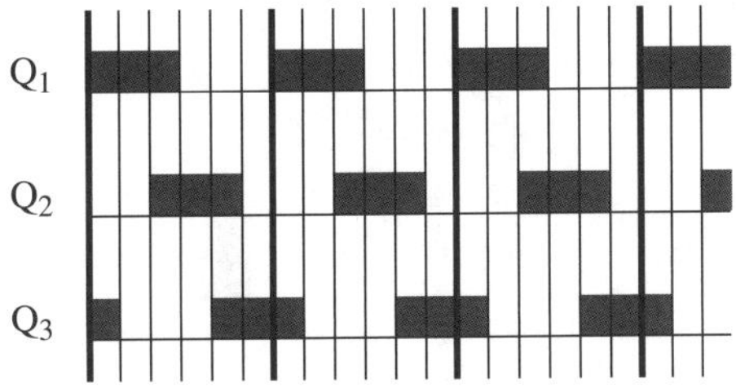

1.1 Entnehmen Sie dem Impulsdiagramm die Funktionstabelle für die Ausgänge der drei Kippglieder Q_1, Q_2, Q_3 für einen vollen Zyklus.
Anfangszustand: $Q_1 = 1$, $Q_2 = 0$, $Q_3 = 1$ (3)

1.2 Bestimmen Sie die minimierten Schaltfunktionen für die Vorbereitungseingänge der FF's. (4)

1.3 Zeichnen Sie das vollständige Schaltwerk. (2)

2 Anzeigelogik
Der zeitliche Verlauf der Impulse soll durch eine Logikschaltung (siehe Blockschaltbild) so umgewandelt werden, dass drei Kontrolllampen A, B, C nach vorgegebenem Impulsdiagramm angesteuert werden.

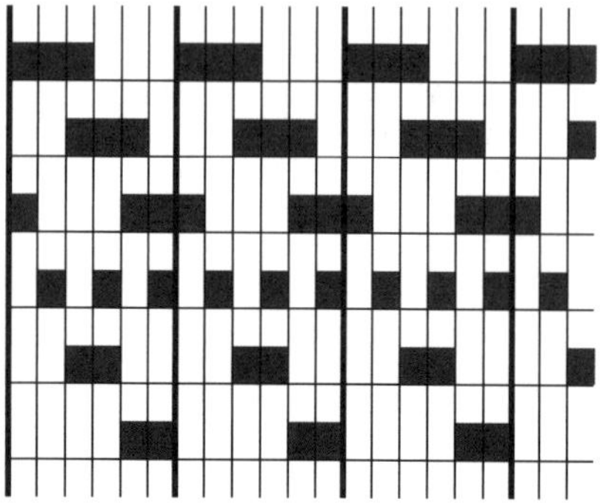

2.1 Ermitteln Sie die minimierten Schaltfunktionen $A = f(Q_1, Q_2, Q_3)$, $B = f(Q_1, Q_2, Q_3)$ und $C = f(Q_1, Q_2, Q_3)$ mithilfe von KV-Diagrammen. (5)

2.2 Formen Sie die minimierten Schaltfunktionen so um, dass sie ausschließlich mit NAND-Gattern mit jeweils 2 Eingängen realisiert werden können. (2)

2.3 Zeichnen Sie die Logikschaltung ausschließlich mit NAND-Gattern. Es stehen nur NAND-Gatter mit 2 Eingängen zur Verfügung. (2)

3 Schaltverstärker
Die Ausgänge Q_1, Q_2, Q_3 des Schaltwerks steuern je eine Transistorschaltstufe mit Relais. Eine zum Relais parallel geschaltete LED mit Vorwiderstand R_1 zeigt den Schaltzustand des Transistors an.

	U_S	$= +5$ V
Relais:	R_R	$= 140\ \Omega$
Transistor:	U_{BE}	$= 0{,}68$ V
	R_B	$= 2{,}2$ kΩ
	B	$= 120$
	U_{CEsat}	$= 0{,}25$ V
	U_{Qhigh}	$= 2{,}4 \ldots 4{,}8$ V
	U_{Qlow}	$= 0{,}4$ V
LED:	U_F	$= 1{,}6$ V, $I_F = 20$ mA

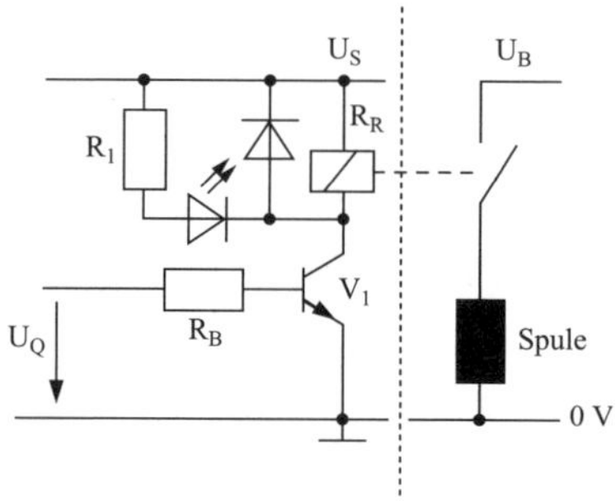

3.1 Berechnen Sie den Vorwiderstand R_1, damit die LED mit ihren Betriebsdaten leuchtet. (1,5)

3.2 Berechnen Sie den Bereich, in dem der Übersteuerungsfaktor ü liegen kann. (3)

(22,5)

Lösungen

1.1

1.2

Zeitpunkt n			Zeitpunkt n + 1									zu 2.1		
Q_3	Q_2	Q_1	Q_3	Q_2	Q_1	J_3	K_3	J_2	K_2	J_1	K_1	A	B	C
1	0	1	0	0	1	×	1	0	×	×	0	0	0	0
0	0	1	0	1	1	0	×	1	×	×	0	1	0	0
0	1	1	0	1	0	0	×	×	0	×	1	0	1	0
0	1	0	1	1	0	1	×	×	0	0	×	1	1	0
1	1	0	1	0	0	×	0	×	1	0	×	0	0	1
1	0	0	1	0	1	×	0	0	×	1	×	1	0	1

J_3	Q_1	Q_1		
Q_2	0	×	×	1
	0	×	×	×
		Q_3	Q_3	

K_3	Q_1	Q_1		
Q_2	×	×	0	×
	×	1	0	×
		Q_3	Q_3	

J_2	Q_1	Q_1		
Q_2	×	×	×	×
	1	0	0	×
		Q_3	Q_3	

K_2	Q_1	Q_1		
Q_2	0	×	1	0
	×	×	×	×
		Q_3	Q_3	

J_1	Q_1	Q_1		
Q_2	×	×	0	0
	×	×	1	×
		Q_3	Q_3	

K_1	Q_1	Q_1		
Q_2	1	×	×	×
	0	0	×	×
		Q_3	Q_3	

$J_3 = \overline{Q_1}$ $K_3 = Q_1$

$J_2 = \overline{Q_3}$ $K_2 = Q_3$

$J_1 = \overline{Q_2}$ $K_1 = Q_2$

1.1 und 1.2 Alternative Lösung mit charakteristischer Gleichung

Zeitpunkt n			Zeitpunkt n + 1		
Q_3	Q_2	Q_1	Q_3	Q_2	Q_1
1	0	1	0	0	1
0	0	1	0	1	1
0	1	1	0	1	0
0	1	0	1	1	0
1	1	0	1	0	0
1	0	0	1	0	1

Q_1^{n+1}	Q_1			
Q_2	0	×	0	0
	1	1	1	×
		Q_3		

$$Q^{n+1} = (J \wedge \overline{Q})^n \vee (\overline{K} \wedge Q)^n$$

$$Q_1^{n+1} = (\overline{Q_2} \wedge \overline{Q_1}) \vee (\overline{Q_2} \wedge Q_1)$$

$$J_1 = \overline{Q_2} \qquad K_1 = Q_2$$

Q_2^{n+1}	Q_1			
Q_2	1	×	0	1
	1	0	0	×
		Q_3		

$$Q_2^{n+1} = (\overline{Q_3} \wedge \overline{Q_2}) \vee (\overline{Q_3} \wedge Q_2)$$

$$J_2 = \overline{Q_3} \qquad K_2 = Q_3$$

Q_3^{n+1}	Q_1			
Q_2	0	×	1	1
	0	0	1	×
		Q_3		

$$Q_3^{n+1} = (\overline{Q_1} \wedge \overline{Q_3}) \vee (\overline{Q_1} \wedge Q_3)$$

$$J_3 = \overline{Q_1} \qquad K_3 = Q_1$$

Oder Lösung mit D-Flipflops: $D_1 = \overline{Q_2}$ $\qquad D_2 = \overline{Q_3}$ $\qquad D_3 = \overline{Q_1}$

1.3

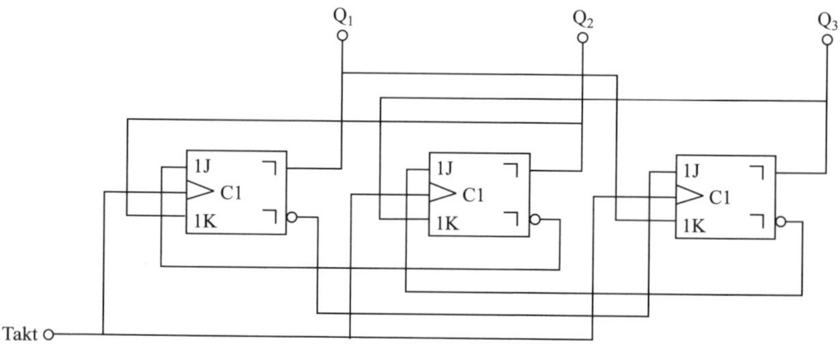

2.1 Über DNF oder Funktionstabelle erfolgt Vereinfachung mit KV-Diagramm (siehe bei 1.2).

A	Q_1	Q_1		
Q_2	0	×	0	1
	1	0	1	×
		Q_3	Q_3	

B	Q_1	Q_1		
Q_2	1	×	0	1
	0	0	0	×
		Q_3	Q_3	

C	Q_1	Q_1		
Q_2	0	×	1	0
	0	0	1	×
		Q_3	Q_3	

$A = \overline{Q_1}\,\overline{Q_3} \vee \overline{Q_1}\,\overline{Q_2} \vee \overline{Q_2}\,\overline{Q_3}$ $\qquad B = Q_2\overline{Q_3}$ $\qquad C = \overline{Q_1}Q_3$

2.2 $A = \overline{\overline{\overline{\overline{\overline{Q_1} \wedge \overline{Q_3}} \wedge \overline{\overline{Q_1} \wedge \overline{Q_2}}}} \wedge \overline{\overline{Q_2} \wedge \overline{Q_3}}}$ $\qquad B = \overline{\overline{Q_2 \wedge \overline{Q_3}}}$ $\qquad C = \overline{\overline{\overline{Q_1} \wedge Q_3}}$

2.3

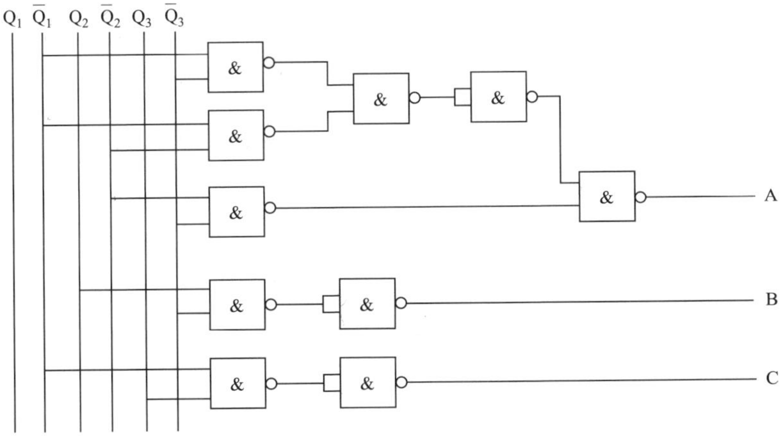

3.1 LED: $I_L = I_F = 20\ \text{mA}$

$$\underline{\underline{R_1}} = \frac{U_S - U_{LED} - U_{CEsat}}{I_L} = \frac{5\ \text{V} - 1{,}6\ \text{V} - 0{,}25\ \text{V}}{0{,}02\ \text{A}} = \underline{\underline{157{,}5\ \Omega}}$$

3.2 Relais:

$$I_{RR} = \frac{U_S - U_{CEsat}}{R_R} = \frac{5\ \text{V} - 0{,}25\ \text{V}}{140\ \Omega} = 33{,}9\ \text{mA}$$

$$I_C = I_{RR} + I_L = 33{,}9\ \text{mA} + 20\ \text{mA} = 53{,}9\ \text{mA}$$

kleinster Übersteuerungsfaktor $ü_{min}$:

$$I_B = \frac{I_C}{B} = \frac{53{,}9\ \text{mA}}{120} = 0{,}45\ \text{mA}$$

$$I'_B = \frac{U_{Q,High,min} - U_{BE}}{R_B} = \frac{2{,}4\ \text{V} - 0{,}68\ \text{V}}{2200\ \Omega} = 0{,}782\ \text{mA}$$

$$ü_{min} = \frac{I'_B}{I_B} = \frac{0{,}782\ \text{mA}}{0{,}45\ \text{mA}} = 1{,}73$$

größter Übersteuerungsfaktor $ü_{max}$:

$$I' = \frac{U_{Q,High,max} - U_{BE}}{R_B} = \frac{4{,}8\ \text{V} - 0{,}68\ \text{V}}{2200\ \Omega} = 1{,}873\ \text{mA}$$

$$ü_{max} = \frac{I'_B}{I_B} = \frac{1{,}873\ \text{mA}}{0{,}45\ \text{mA}} = 4{,}1$$

Hebebühne

Die Hebebühne besteht aus einer drehbaren Säule, einem Ausleger und einem Personenkorb. Der Ausleger lässt sich mit einem Teleskopausschub verlängern, in seiner Neigung hydraulisch verstellen und durch einen Drehzylinder horizontal schwenken. Der Personenkorb wird ebenfalls mit einem Hydraulikzylinder immer in senkrechter Lage gehalten.

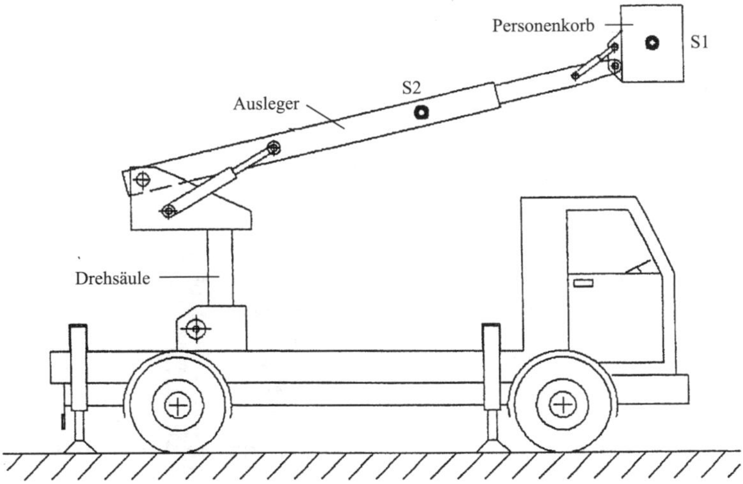

Teilaufgaben

1 Personenkorb: Ermitteln Sie zeichnerisch die Lagerkräfte in A und B. (5)

Daten: $l_1 = 150$ mm
$l_2 = 250$ mm
$l_3 = 500$ mm
$l_4 = 480$ mm
$F_{G1} = 5$ kN
$\alpha = 45°$

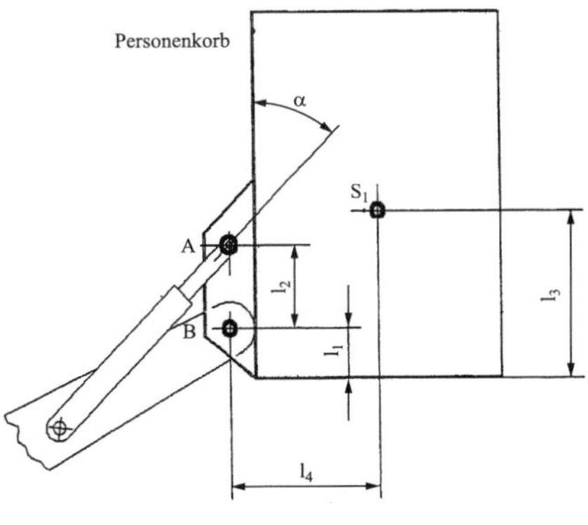

Bei den nachfolgenden Teilaufgaben befindet sich der Ausleger in waagrechter Lage. Die Gewichtskraft F_{G1} greift bei S_1 an, F_{G2} bei S_2.

Daten: $l_5 = 8400$ mm
$l_6 = 4400$ mm
$l_7 = 3300$ mm
$l_8 = 1700$ mm
$l_9 = 400$ mm
$l_{10} = 450$ mm
$F_{G1} = 5$ kN
$F_{G2} = 17$ kN

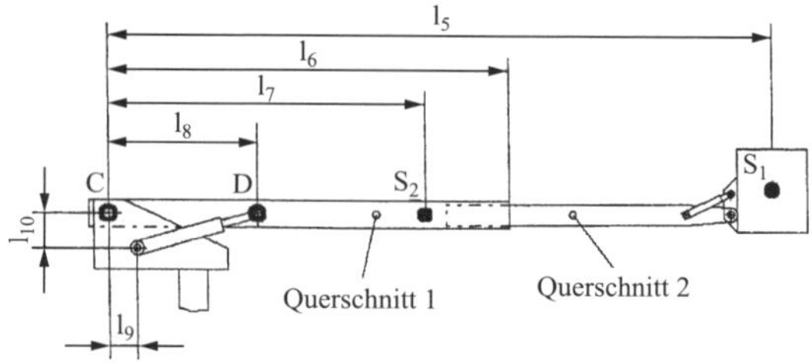

2 Berechnen Sie die Lagerkräfte in C und D. (5)

3 Ausleger

Querschnitt 1	Querschnitt 2
$H_1 = 260$ mm	$H_2 = 195$ mm
$B_1 = 180$ mm	$B_2 = 135$ mm
$h_1 = 200$ mm	$h_2 = 170$ mm
$b_1 = 140$ mm	$b_2 = 120$ mm

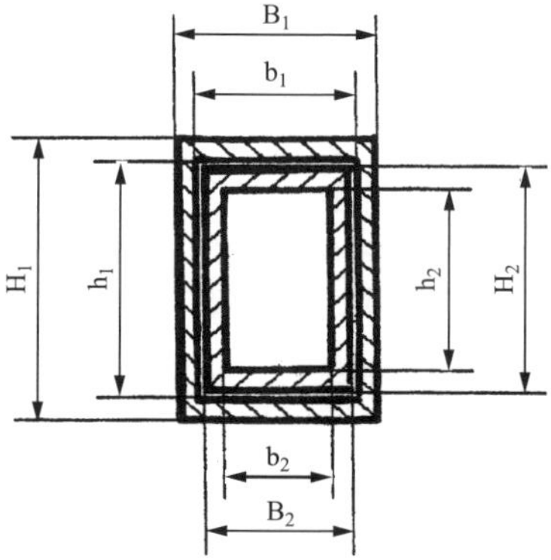

3.1 Ermitteln Sie die Stelle und Größe des maximalen Biegemomentes im Ausleger. (3,5)

3.2 Bestimmen Sie die maximale Biegespannung im Ausleger. An welcher Stelle tritt sie auf? (4,0)

4 Der Hydraulikzylinder am Personenkorb wirkt mit einer Kraft FA = 20 kN auf das Lager A.

4.1 Bestimmen Sie den Bolzendurchmesser d_B bei 8-facher Sicherheit gegen Bruch, wenn der Bolzenwerkstoff aus E 295 (St 50-2) besteht. (3,5)

4.2 Wie groß ist die Gabeldicke s zu wählen, wenn der Bolzendurchmesser $d_B = 20$ mm beträgt und eine Flächenpressung von $p_{zul} = 35\ N/mm^2$ nicht überschritten werden darf? (2,0)

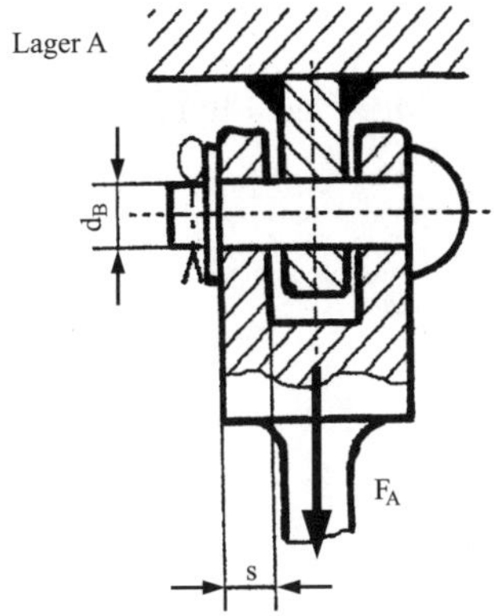

Die Teilaufgaben sind unabhängig voneinander lösbar.

(2)

(22,5)

Lösungen

1 Lageplan: ML: 1 cm $\hat{=}$ 100 mm Kräfteplan: MK: 1 cm $\hat{=}$ 2 000 N

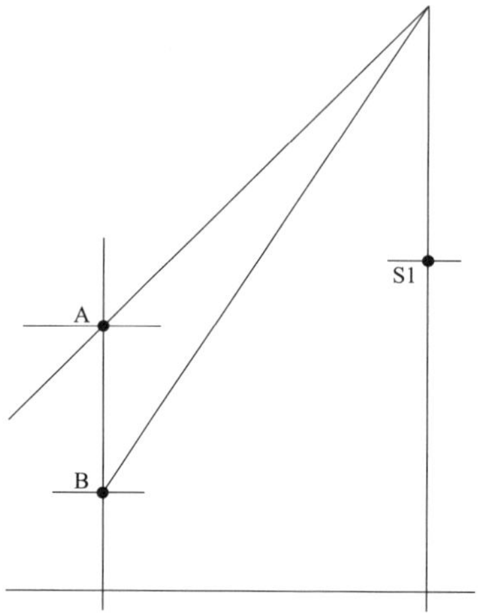

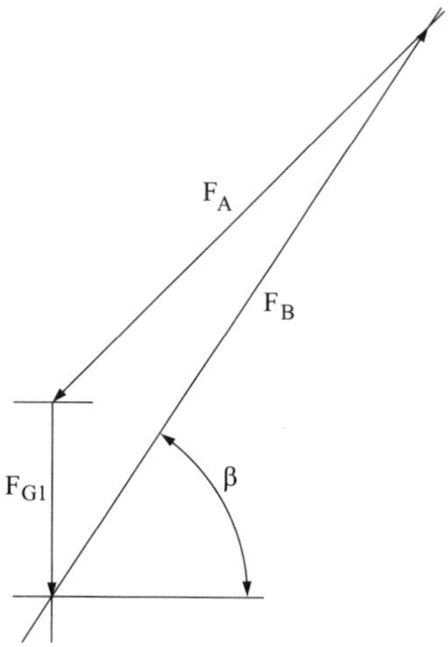

$$F_A \hat{=} 68\text{ mm} \rightarrow F_A = 13{,}6\text{ kN}$$
$$F_B \hat{=} 87\text{ mm} \rightarrow F_B = 17{,}4\text{ kN}$$
$$\beta = 57°$$

2 Lageskizze:

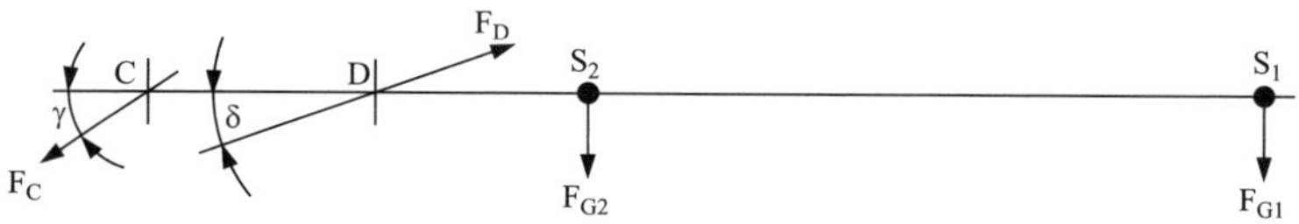

$$\tan\delta = \frac{l_{10}}{l_8 - l_9} = \frac{450\text{ mm}}{(1700-400)\text{ mm}} = 0{,}3461 \qquad \delta = 19{,}09°$$

$$\sum F_X = 0 = F_{CX} - F_D \cdot \cos\delta = 0$$
$$\sum F_Y = 0 = F_{CY} - F_D \cdot \sin\delta + F_{G2} + F_{G1} = 0$$
$$\sum M_C = 0 = F_D \cdot \sin\delta \cdot l_8 - F_{G2} \cdot l_7 - F_{G1} \cdot l_5 = 0$$

$$F_D = \frac{F_{G2} \cdot l_7 + F_{G1} \cdot l_5}{\sin\delta \cdot l_8} = \qquad F_D = 176{,}44\text{ kN}$$

$$F_{CX} = F_D \cdot \cos\delta = \qquad F_{CX} = 166{,}74\text{ kN}$$

$$F_{CY} = F_D \cdot \sin\delta - F_{G2} - F_{G1} \qquad F_{CY} = 35{,}71\text{ kN}$$

$$F_C^2 = F_{CX}^2 + F_{CY}^2 \qquad F_C = 170{,}52\text{ kN}$$

$$\tan\gamma = F_{CY} : F_{CX} = 0{,}21416 \qquad \gamma = 12{,}09°$$

3.1 M_{bmax} bei der Stelle D:

$$M_{bmax} = +F_{G1} \cdot (l_5 - l_8) + F_{G2} \cdot (l_7 - l_8)$$

$$M_{bmax} = 60{,}7\ \text{kNm}$$

3.2 $M_{b1} = M_{bmax} = 60{,}7\ \text{kNm}$

$$M_{b2} = F_{G1} \cdot (l_5 - l_6) = 20{,}0\ \text{kNm}$$

$$W_{B1} = \frac{B_1 \cdot H_1^3 - b_1 \cdot h_1^3}{6H_1} = 1310\ \text{cm}^3$$

$$W_{B2} = \frac{B_2 \cdot H_2^3 - b_2 \cdot h_2^3}{6H_2} = 351\ \text{cm}^3$$

$$\sigma_{b1} = \frac{M_{b1}}{W_{B1}} = 46 \frac{\text{N}}{\text{mm}^2}$$

$$\sigma_{b2} = \frac{M_{b2}}{W_{B2}} = 57 \frac{\text{N}}{\text{mm}^2}$$

Die maximale Biegespannung tritt bei l_6 auf.

4.1 S295 (St50-2) $R_m = 470 \ldots 610\ \text{N/mm}^2$

$$\tau_{aB} \approx 0{,}8\, R_m \approx 0{,}8 \cdot 470 \frac{\text{N}}{\text{mm}^2} \approx 376 \frac{\text{N}}{\text{mm}^2}$$

$$\tau_{azul} = \frac{\tau_{aB}}{\nu} = 47 \frac{\text{N}}{\text{mm}^2}$$

$$\tau_{azul} = \frac{F}{2S} \quad \text{(2-schnittig)} \qquad S = \frac{d_B^2 \pi}{4}$$

$$= \frac{F}{2 \frac{d_B^2 \pi}{4}} \Rightarrow d_B = \sqrt{\frac{2F}{\tau_{azul} \cdot \pi}} = 16{,}4\ \text{mm}$$

gewählt $d_B = 18$ mm

4.2 $p = \frac{F_A}{A} = \frac{F_A}{d_B \cdot 2 \cdot s}$

$$s = \frac{F_A}{d_B \cdot 2 \cdot p} = 14{,}3\ \text{mm}$$

gewählt s = 15 mm

Drehkran

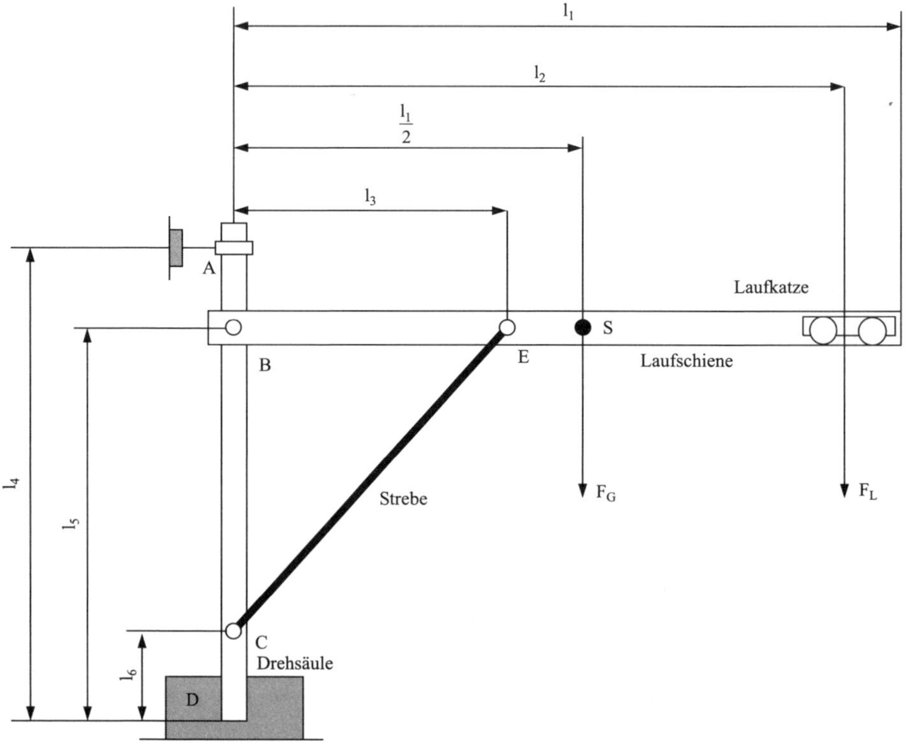

Daten: $l_1 = 4\,500$ mm $\quad l_2 = 4\,200$ mm $\quad l_3 = 2\,000$ mm
$l_4 = 4\,000$ mm $\quad l_5 = 3\,500$ mm $\quad l_6 = 200$ mm
$F_G = 2{,}2$ kN $\quad F_L = 17$ kN
Laufschiene: I-Profil DIN 1025 – S275 (St44-2) – I 280

Teilaufgaben

1 Berechnen Sie die Stützkraft F_E in der Strebe. (3)

2 Ermitteln Sie zeichnerisch die Kräfte F_B und F_E. (5)

3 Berechnen Sie das maximale Biegemoment in der Laufschiene und ermitteln Sie die Sicherheit gegen Verformung. (4)

4 Berechnen Sie die Lagerkraft F_A. (2,5)

5 Ein Elektromotor treibt über ein zweistufiges Getriebe die Seiltrommel an der Laufkatze an.

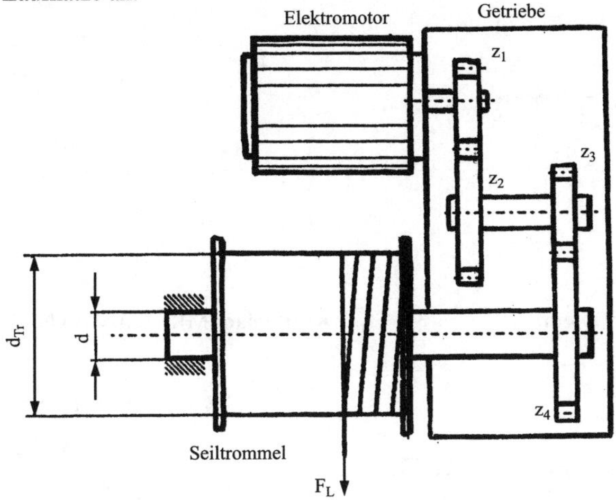

Daten: $n_M = 1400\ min^{-1}$ $z_1 = 12$ $z_3 = 14$
$d_{Tr} = 200\ mm$ $z_2 = 75$ $z_4 = 90$

5.1 Bestimmen Sie die Geschwindigkeit in m/min mit der die Last angehoben wird. (3)

5.2 Welche Leistung gibt der Motor bei einem Getriebewirkungsgrad von 90 % ab? (2)

5.3 Berechnen Sie den Durchmesser d der Seiltrommelwelle für $\tau_{tzul} = 160\ N/mm^2$. (3)

(22,5)

Die Teilaufgaben sind unabhängig voneinander lösbar.

Lösungen

1 $\sum M_B = 0 = F_{Ey} \cdot l_3 - F_G \cdot \frac{l_1}{2} - F_L \cdot l_2$

$F_{Ey} = F_E \cdot \sin\beta \quad \text{mit } \tan\beta = \frac{l_5 - l_6}{l_3}$

$\beta = 58{,}78°$
$F_E = 44{,}64 \text{ kN}$

2 Lageplan: ML: 1 cm ≙ 500 mm

Kräfteplan: MK: 1cm ≙ 4 kN

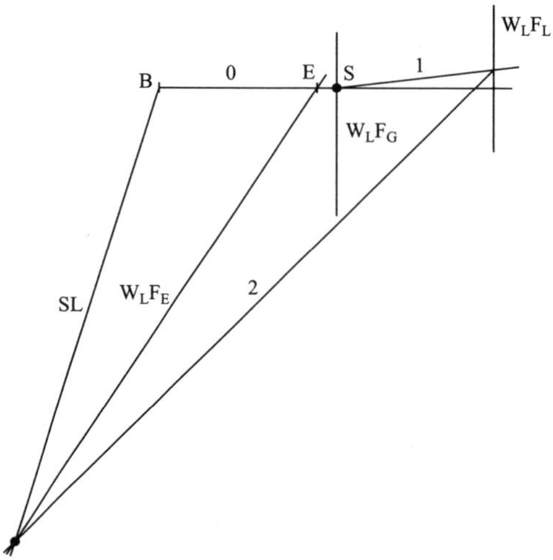

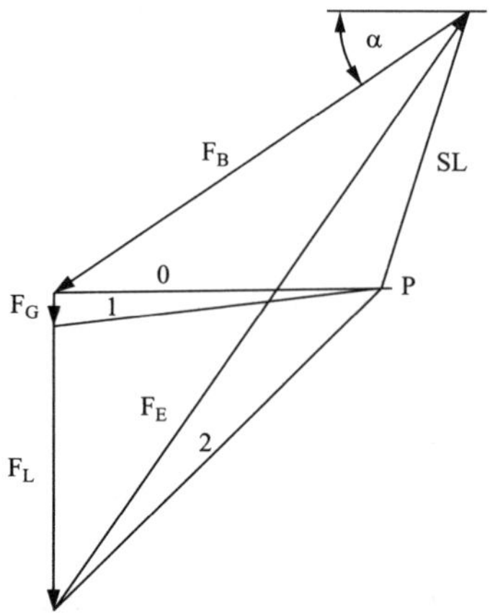

$F_B = 30 \text{ kN}$

$F_E = 44 \text{ kN}$

$\alpha = 39°$

3 $M_{bE} = M_{bmax} = F_L(l_2 - l_3) + F_G\left(\frac{l_1}{2} - l_3\right)$

$\sigma_{bvorh} = \frac{M_{bmax}}{W}$ mit $W = 542 \text{ cm}^3$

$M_{bmax} = 37{,}95 \text{ kNm}$

$\sigma_{bvorh} = 70 \frac{N}{mm^2}$ $\sigma_b \mathrel{\hat{=}} Re = 275 \text{ N/mm}^2$

(S 275)

$\nu = \frac{\sigma_b}{\sigma_{bvorh}}$

$\nu = 3{,}9$

4 $\Sigma M_D = 0 = F_A \cdot l_4 - F_G \cdot \frac{l_1}{2} - F_L \cdot l_2$

$F_A = 19{,}1\ \text{kN}$

5.1 $i_{ges} = i_1 \cdot i_2 = \frac{z_2}{z_1} \cdot \frac{z_4}{z_3}$

$i_{ges} = 40{,}18$

$n_{Tr} = \frac{n_M}{i_{ges}}$

$n_{Tr} = 34{,}84\ \text{min}^{-1}$

$v_{Hub} = \pi \cdot d_{Tr} \cdot n_{Tr}$

$v_{Hub} = 21{,}89\ \frac{\text{m}}{\text{min}}$

5.2 $\eta = \frac{P_{Tr}}{P_M}$

$P_{Tr} = F_L \cdot v_{Hub}$

$P_{Tr} = 6{,}2\ \text{kW}$

$P_M = \frac{P_{Tr}}{\eta}$

$P_M = 6{,}9\ \text{kW}$

5.3 $\tau_{tzul} = \frac{M_T}{W_P}$

$M_T = F_L \cdot \frac{d_{Tr}}{2}$

$W_P = \frac{\pi \cdot d^3}{16}$

$d = \sqrt[3]{\frac{16 \cdot M_T}{\pi \cdot \tau_{tzul}}}$

$d = 37{,}82\ \text{mm} \Rightarrow$ gewählt $d = 38\ \text{mm}$

Berufliche Gymnasien (Baden-Württemberg) – Abiturprüfung 2002
Leistungskurs Technik: Maschinenbau Aufgabe 3

Motorradmotor

Bei der Restaurierung eines alten Motorrades werden am Motor der Kolben und die Zylinderkopfschrauben erneuert.

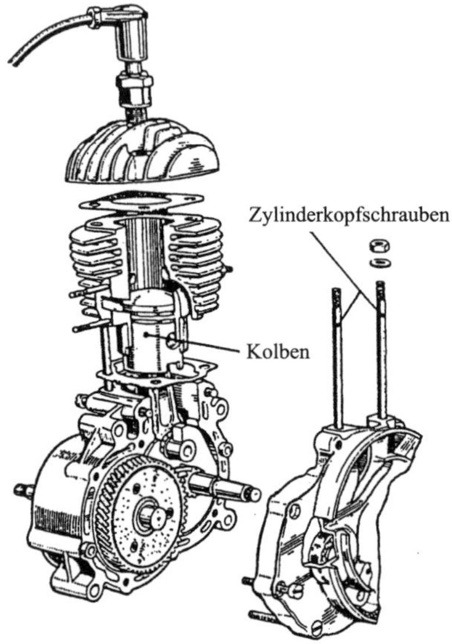

Anlassdiagramm für C 45

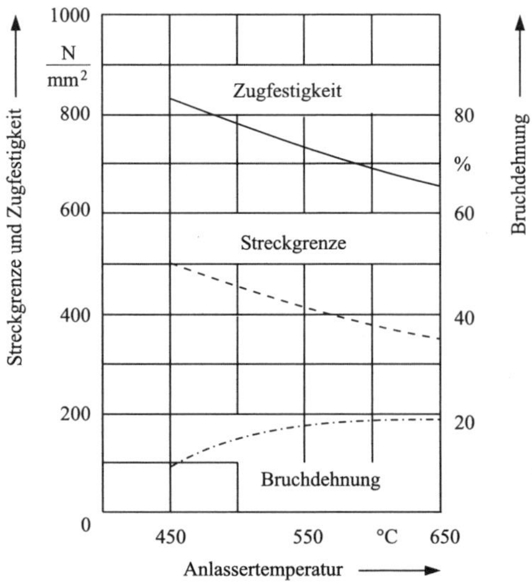

Teilaufgaben

1 Für die Zylinderkopfschrauben wird C 45 verwendet.

1.1 Skizzieren Sie schematisch das Gefüge von C 45 im Anlieferzustand. Benennen und beschreiben Sie die Gefügebestandteile. (2)

1.2 Für den Betrieb ist eine Streckgrenze von mindestens 400 N/mm² erforderlich. Durch welche Wärmebehandlungsverfahren kann die Streckgrenze von C 45 auf diesen Wert gesteigert werden? Beschreiben Sie die einzelnen Arbeitsschritte und geben Sie die entsprechenden Temperaturen an. Verwenden Sie dazu das obige Anlassdiagramm. (3,5)

1.3 Beschreiben Sie für jeden Arbeitsgang die inneren Vorgänge im Gefüge. (3,5)

2 Um den Erfolg der Wärmebehandlung zu überprüfen, wurde aus einer Zylinderkopfschraube ein kurzer Probestab mit $d_0 = 8$ mm gedreht.

2.1 Beim anschließenden Zugversuch ergaben sich folgende Werte:

Messung	1	2	3	4	5	6	7	8
F in kN	15,1	20,5	25,1	32,5	37,0	40,2	38,7	35,0
Δl in mm	0,06	0,08	0,20	0,80	1,60	4,00	5,20	6,40

Zeichnen Sie das Spannungs-Dehnungs-Diagramm und bestimmen Sie folgende Werkstoffkennwerte: E-Modul, $R_{p0,2}$, R_m und A_5. (5)

2.2 Berechnen Sie die elastische Verlängerung der Zugprobe bei einer Zugkraft von 10 kN. (1,5)

2.3 Mit welchem anderen Verfahren lässt sich die Zugfestigkeit des untersuchten Werkstoffes zerstörungsfrei überprüfen?
Welchen Wert liefert dieses Verfahren? (1,5)

3 Zur Herstellung des Kolbens wird eine Al-Si Legierung verwendet, die als Kristallgemisch erstarrt.

3.1 Welche Voraussetzungen müssen die beiden Legierungsbestandteile erfüllen, damit ein Kristallgemisch entsteht? (1,5)

3.2 Skizzieren Sie das Zustandsschaubild von 0 … 40 % Si, wenn das Eutektikum bei 578 °C und 11,7 % Si entsteht und eine Schmelze mit 40 % Si bei 950 °C zu erstarren beginnt. (2)

3.3 Beschriften Sie die Linien und Felder im Diagramm. (2)

(22,5)

Die Teilaufgaben sind unabhängig voneinander lösbar.

Lösungen

1.1 Ferrit: Reines Eisen (krz)
Perlit: Feinschichtiges Gemenge aus Zementit (Fe_3C) und Ferrit
Eutektoid mit 0,8 % C

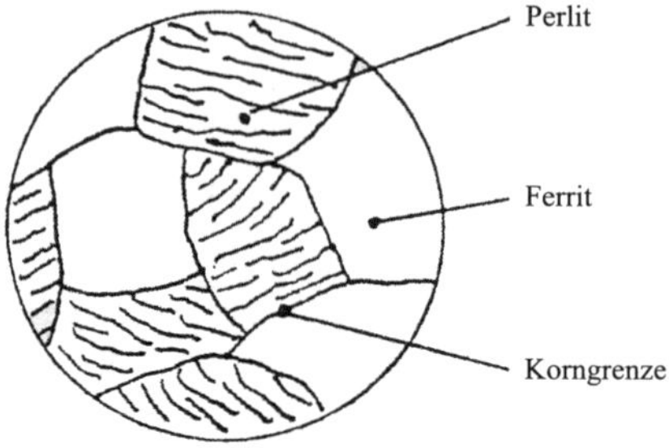

1.2 Die erforderliche Streckgrenze erhält man durch das Vergüten.
Ablauf: Erwärmen auf Härtetemperatur (820 … 860 °C).
Temperatur halten, bis Werkstück durchgewärmt.
Abschrecken im Wasser.
Erwärmen auf 550 … 660 °C Anlasstemperatur.
Langsam auf Raumtemperatur abkühlen.

1.3 Beim Erwärmen über die G-S-Linie auf Härtetemperatur wandelt sich das Ferrit-Perlit-Gefüge vollständig in Austenit um.
Beim Halten der Temperatur verteilt sich der Kohlenstoff gleichmäßig.
Beim Abschrecken klappt das kfz-Austenitgitter so schnell in das krz-Ferritgitter um, dass der Kohlenstoff nicht mehr aus dem Gitter diffundieren kann. Das Kristallgitter wird dadurch verzerrt. Es entsteht der nadelige, harte und spröde Martensit.
Beim Anlassen zerfällt ein Teil des Martensits. Es entsteht ein feinkörniges Vergütungsgefüge mit kleinsten Zementitausscheidungen. Zugfestigkeit und Härte sinken gegenüber dem gehärteten Werkstoff, Dehnbarkeit und Zähigkeit nehmen zu.
Zur Vermeidung von Wärmespannungen langsam auf Raumtemperatur abkühlen.

2.1 $d_0 = 8$ mm, $L_0 = 40$ mm, $S_0 = 50{,}26\ mm^2$

Messung	1	2	3	4	5	6	7	8
σ in N/mm^2	300	408	499	647	736	800	770	696
ε in %	0,15	0,2	0,5	2	4	10	13	16

Aus dem Diagramm: $E = \frac{\sigma}{\varepsilon} = \frac{300\ N}{0{,}0015\ mm^2} = 200000 \frac{N}{mm^2}$

$R_{p0,2} = 500 \frac{N}{mm^2}$ $\quad R_m = 800 \frac{N}{mm^2}$ $\quad A_5 = 15{,}4\,\%$

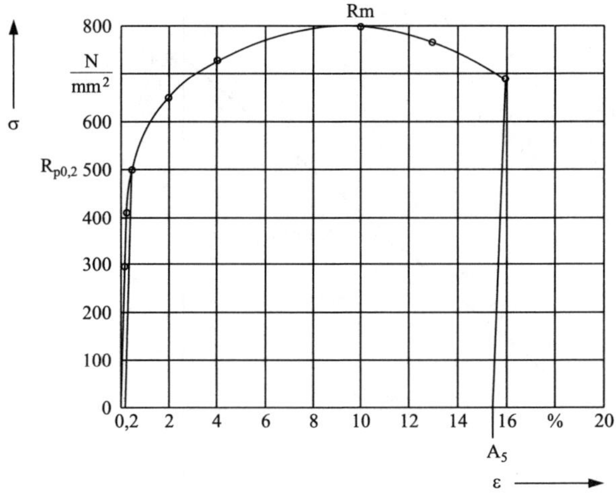

2.2 $\sigma = \frac{F}{S_0} = \frac{10000\,N}{50{,}26\,mm^2} = 199\frac{N}{mm^2}$

$$\Delta L = \frac{\sigma \cdot L_0}{E} = \frac{199\frac{N}{mm^2} \cdot 40\,mm}{210000\frac{N}{mm^2}} = \underline{\underline{0{,}04\,mm}}$$

2.3 Härteprüfung nach Brinell: $HB \approx \frac{R_m}{3{,}5} \approx 228$

oder aus Tabelle: $HB \approx 238$

3.1 Die Legierungsbestandteile müssen im flüssigen Zustand vollkommen löslich und im festen Zustand vollkommen unlöslich sein.

3.2

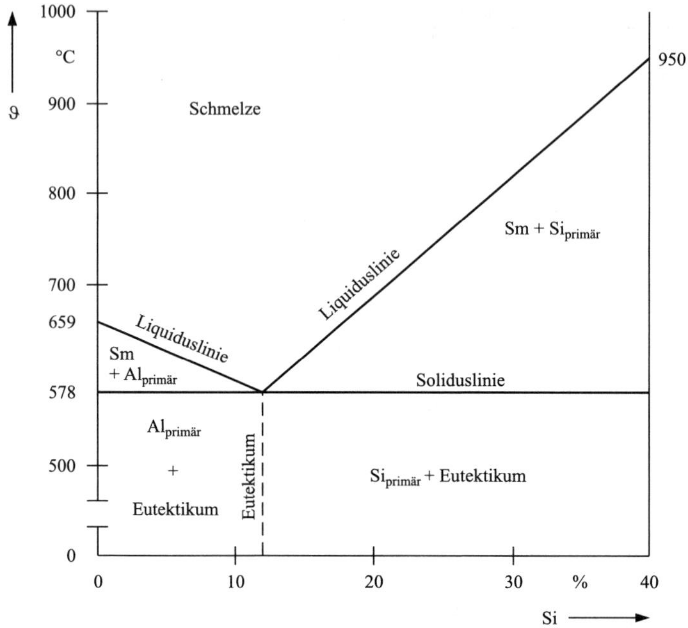

ϑ
°C
1000
900
800
700
659
578
500
0
950
Schmelze
Sm + Si primär
Liquiduslinie
Liquiduslinie
Sm
+ Al primär
Soliduslinie
Al primär
+
Eutektikum
Eutektikum
Si primär + Eutektikum
0
10
20
30
%
40
Si

Versorgung einer Stadt mit Energie

Die Stadtwerke einer süddeutschen Kleinstadt mit 22 000 Einwohnern und meist kleineren Gewerbebetrieben verkaufen insgesamt jährlich 74 Mio. kWh elektrische Energie. Sie kaufen den größten Teil davon auf dem internationalen Strommarkt ein. Die Stadtwerke betreiben auch ein erdgasbetriebenes Blockheizkraftwerk (BHKW) und eine Fotovoltaikanlage.

Teilaufgaben

1 Wie viel Liter Öl müssten insgesamt und je Einwohner verbrannt werden, wenn die gesamte verkaufte Energiemenge in einem ölbefeuerten Großkraftwerk erzeugt würde. Der Wirkungsgrad des Kraftwerks betrage 33 %, die Transportverluste 4 % sowie der Eigenbedarf 2 %.
Der Heizwert für das Öl beträgt 37 MJ/kg, seine Dichte 0,9 kg/dm^3. (3,5)

2 Die Fotovoltaikanlage hat eine wirksame Fläche vom 300 m^2. Die Sonne scheint durchschnittlich 1 100 Stunden pro Jahr mit einer Strahlungsleistung von 1 000 W/m^2. Der Gesamtwirkungsgrad der Anlage beträgt 11 %. Wie viel Prozent trägt die Fotovoltaikanlage zur gesamten verbrauchten Energiemenge bei? (2,5)

3 Die Stadtwerke haben für ihr Blockheizkraftwerk das unten dargestellte Diagramm veröffentlicht. Erstellen Sie daraus ein Energieflussschaubild und beschriften Sie dieses.
Stellen Sie darin die Primärenergie und die Nutzenergie dar.
Geben Sie den Gesamtwirkungsgrad des BHKWs an. (3)

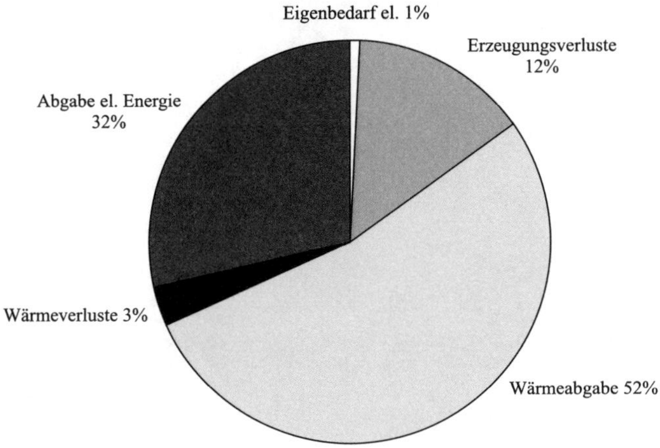

4 Erläutern Sie Vor- und Nachteile von Blockheizkraftwerken. (2,5)

5 Das Blockheizkraftwerk besteht aus **fünf** baugleichen Erdgasmotoren.

Daten je Motor:

Verfahren:	4-Takt-Otto
maximales Gasvolumen je Zylinder:	1 902 cm^3
Verdichtungsverhältnis ε:	12,5
Temperatur der angesaugten Luft:	40 °C
Höchste Gastemperatur:	1 755 K
Druck nach der Verdichtung:	34,3 bar
Höchstdruck:	70 bar
Druck nach der Expansion:	2 bar
elektrische Leistung:	180 kW
Jahresauslastung:	43 %

Das angesaugte Gas-Luft-Gemisch soll die gleichen Eigenschaften wie reine Luft haben.

5.1 Der idealisierte Otto-Kreisprozess (Vergleichsprozess) besteht aus zwei Adiabaten und zwei Isochoren. Zeichnen Sie das p-V-Diagramm maßstäblich unter Berücksichtigung der oben gegebenen Daten. Nummerieren Sie die Eckpunkte in der Reihenfolge des Kreisprozesses beginnend mit dem Kompressionsvorgang. Kennzeichnen Sie die Wärmezu- und abfuhr sowie Nutzarbeit. (4,5)

5.2 Berechnen Sie die Gastemperatur am Ende des Verdichtungstaktes. (2)

5.3 Ermitteln Sie die aufzuwendende spezifische Arbeit in kJ/kg beim Kompressionsvorgang, wenn dabei eine Temperatur von 860 K erreicht wird. Berechnen Sie die abgegebene spezifische Arbeit beim Arbeitstakt und die spezifische Nutzarbeit in kJ/kg. (4,5)

(22,5)

Formelsammlung Energietechnik

1. Erster Hauptsatz der Wärmelehre

allgemein:

$Q + W = \Delta U$

Isobarer Prozess (p = konst.)

$Q = c_p \cdot m \cdot \Delta T$

Isochorer Prozess (V = konst.)

$Q = c_v \cdot m \cdot \Delta T$

Isothermer Prozess (T = konst.)

$Q = -W$

Adiabater Prozess

$Q = 0$

Kreisprozess

$\sum Q + \sum W = 0$

Q: ausgetauschte Wärmemenge
$1\ J = 1\ Ws = 1\ Nm$
$1\ tSKE = 2{,}93 \cdot 10^{10}\ J$

q: ausgetauschte spezif. Wärmemenge in kJ/kg

W: Arbeit in J

U: Innere Energie

T: absolute Temperatur in K
(273 K ⇔ 0 °C)

c_p: spezifische Wärmekapazität bei konstantem Druck, Luft: $c_p = 1{,}01$ kJ/(kgK)

c_v: spezifische Wärmekapazität bei konstantem Volumen,
Luft: $c_v = 0{,}72$ kJ/(kgK)

2. Wärme im T-s-Diagramm

$q = T \cdot \Delta s$

q: ausgetauschte spezif. Wärme in kJ/kg

T: absolute Temperatur

Δs Änderung d. spezif. Entropie in kJ/(kgK)

3. Zustandsänderungen idealer Gase

Allgemeine Gasgleichung

$\frac{p \cdot V}{T} = \text{konst.} \qquad p \cdot V = m \cdot R_S \cdot T$

Isobarer Prozess

$\frac{V_1}{T_1} = \frac{V_2}{T_2} \qquad W_{12} = -p \cdot \Delta V$

Isochorer Prozess

$\frac{p_1}{T_1} = \frac{p_2}{T_2} \qquad W_{12} = 0$

Isothermer Prozess

$p_1 \cdot V_1 = p_2 \cdot V_2 \qquad W_{12} = -m \cdot R_S \cdot T \cdot \ln \frac{V_2}{T_1}$

$W_{12} = -m \cdot R_S \cdot T \cdot \ln \frac{p_1}{p_2}$

p: Druck

V: Volumen

T: Temperatur in K

m: Masse

R_S: spezifische Gaskonstante;
Luft: $R_S = 0{,}287$ kJ/(kgK)

W_{12}: verrichtete Arbeit bei Zustandsänderung von 1 nach 2

κ: Adiabatenexponent
Luft: $\kappa = 1{,}4$

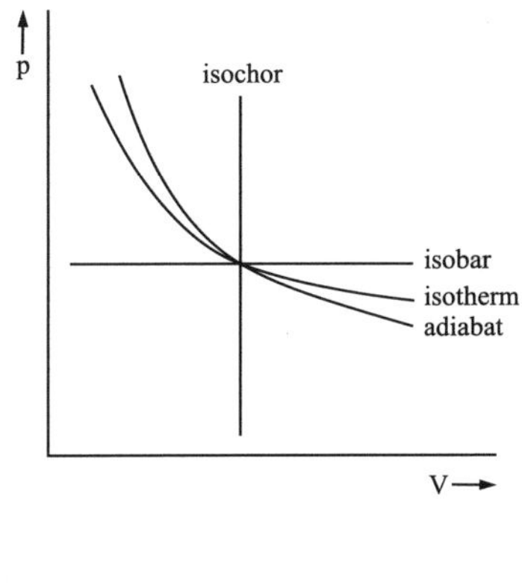

Adiabater Prozess

$$p \cdot V^{\kappa} = \text{konst.} \qquad \frac{T_1}{T_2} = \left(\frac{p_1}{p_2}\right)^{\frac{\kappa-1}{\kappa}} = \left(\frac{V_2}{V_1}\right)^{\kappa-1}$$

$$W_{12} = \frac{m \cdot R_S}{1-\kappa} \cdot (T_2 - T_1) = -\frac{m \cdot R_S \cdot T_1}{1-\kappa} \cdot \left[\left(\frac{V_1}{V_2}\right)^{\kappa-1} - 1\right] = -\frac{m \cdot R_S \cdot T_1}{1-\kappa} \cdot \left[\left(\frac{p_2}{p_1}\right)^{\frac{\kappa-1}{\kappa}} - 1\right]$$

Lösungen

1 $\eta_{ges} = \eta_{Kr}\,\eta_{Tr}\,\eta_{ei} = 0{,}33 \cdot 0{,}96 \cdot 0{,}98 = 0{,}31$

$$\eta_{ges} = \frac{W_{verk}}{Q_{Öl}} \rightarrow Q_{Öl} = \frac{W_{verk}}{\eta_{ges}} = \frac{74 \cdot 10^6\ \text{kWh}}{0{,}31} = 238{,}7 \cdot 10^6\ \text{kWh}$$

$$= 238{,}7 \cdot 3{,}6 \cdot 10^6\ \text{MJ} = 859{,}3 \cdot 10^6\ \text{MJ}$$

$Q_{Öl} = m \cdot H$

$$m = \frac{Q_{Öl}}{H} = \frac{859{,}3 \cdot 10^6\ \text{MJ}}{37\ \text{MJ/kg}} = 23{,}2 \cdot 10^6\ \text{kg}$$

$$V_{ges} = \frac{m}{\rho} = \frac{23{,}2 \cdot 10^6\ \text{kg}}{0{,}9\ \text{kg/l}} = \underline{\underline{25{,}8 \cdot 10^6\ \text{Liter}}} \qquad V_{Einw} = \frac{25{,}8 \cdot 10^6\ \text{l}}{22 \cdot 10^3\ \text{E}} = \underline{\underline{1173\frac{\text{l}}{\text{E}}}}$$

2 $W_{PV} = A \cdot \frac{P_{Str}}{A} \cdot t \cdot \eta$

$$W_{PV} = 300\ \text{m}^2 \cdot 1000\frac{\text{W}}{\text{m}^2} \cdot 1100\ \text{h} \cdot 0{,}11 = 36{,}3 \cdot 10^6\ \text{Wh} = \underline{\underline{36000\ \text{kWh}}}$$

$$\frac{W_{verk}}{W_{PV}} = \frac{100\,\%}{x\,\%} \rightarrow x = \frac{36000\ \text{kWh} \cdot 100\,\%}{74 \cdot 10^6\ \text{kWh}} = \underline{\underline{0{,}049\,\%}}$$

3

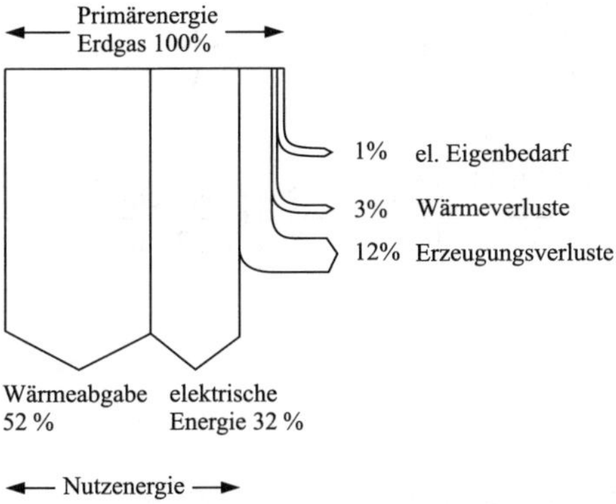

$\eta_{ges} = 52\,\% + 32\,\% = 84\,\%$

4 Vorteile: dezentrale Energieversorgung, hoher Gesamtwirkungsgrad durch Motorabwärmenutzung, verschiedene Energieträger einsetzbar (Öl, Erdgas, Deponiegas, Diesel, Benzin, Klärgas), räumliche Nähe zum Wärmeabnehmer möglich, überschaubarer Kapitaleinsatz, kleine Anlagen auch im Privatbereich möglich, ökologisch vertretbar.

Nachteile: Wärmeabnahme muss gesichert sein (Treibhaus, Schwimmbad, Prozesswärme), Geräusche, Betrieb hauptsächlich in kalter Jahreszeit sinnvoll.

5.1 $\varepsilon = \frac{V_H + V_C}{V_C}$ pro Zylinder

wobei

$V_1 \triangleq V_H + V_C = V_{ges}$
$V_2 \triangleq V_C$

$\varepsilon = \frac{V_1}{V_2} \rightarrow V_2 = \frac{V_1}{\varepsilon}$

$= \frac{1902\,\text{cm}^3}{12{,}5} = 152\,\text{cm}^3$

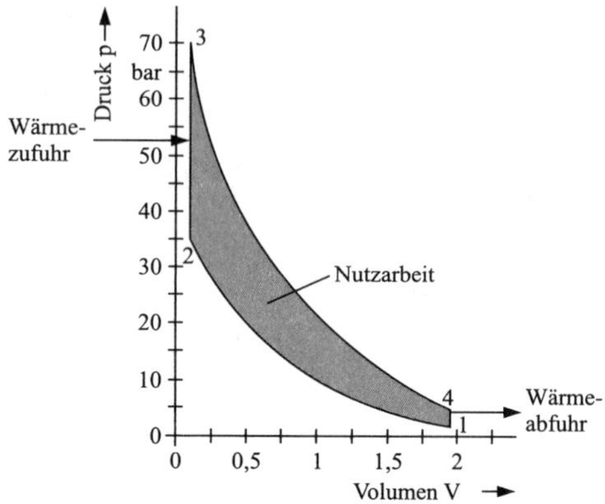

5.2 $\frac{T_1}{T_2} = \left(\frac{p_1}{p_2}\right)^{\frac{\kappa-1}{\kappa}} \rightarrow T_2 = \frac{T_1}{\left(\frac{p_1}{p_2}\right)^{\frac{\kappa-1}{\kappa}}} = \frac{313\,\text{K}}{\left(\frac{1\,\text{bar}}{34{,}3\,\text{bar}}\right)^{\frac{1{,}4-1}{1{,}4}}} = \underline{\underline{860\,\text{K}}}$

5.3 aufzuwendende spez. Arbeit:

$$w_{12} = \frac{W_{12}}{m} = -\frac{R_s}{1-\kappa}(T_2 - T_1) = -\frac{0{,}287\,\frac{\text{kJ}}{\text{kg}\cdot\text{K}}}{1-1{,}4}(860\,\text{K} - 313\,\text{K}) = \underline{\underline{392\,\frac{\text{kJ}}{\text{kg}}}}$$

oder

$$w_{12} = \frac{W_{12}}{m} = -\frac{R_s \cdot T_1}{1-\kappa}\cdot\left[\left(\frac{V_1}{V_2}\right)^{\kappa-1} - 1\right] = -\frac{0{,}287\,\frac{\text{kJ}}{\text{kg}\cdot\text{K}}\cdot 313\,\text{K}}{1-1{,}4}\cdot\left[\left(\frac{1902\,\text{cm}^3}{152\,\text{cm}^3}\right)^{1{,}4-1} - 1\right]$$

$$w_{12} = \underline{\underline{392\,\frac{\text{kJ}}{\text{kg}}}}$$

oder Berechnung über die Drücke
abgegebene spez. Arbeit:

$$w_{34} = -\frac{R_s \cdot T_3}{1-\kappa}\cdot\left(\left(\frac{p_4}{p_3}\right)^{\frac{\kappa-1}{\kappa}} - 1\right) = -\frac{0{,}287\,\frac{\text{kJ}}{\text{kg}\cdot\text{K}}\cdot 1\,755\,\text{K}}{1-1{,}4}\cdot\left(\left(\frac{2\,\text{bar}}{70\,\text{bar}}\right)^{\frac{1{,}4-1}{1{,}4}} - 1\right)$$

$$= \underline{\underline{-803\,\frac{\text{kJ}}{\text{kg}}}}$$

spez. Nutzarbeit:

$$w_N = w_{34} + w_{12} = -803\,\frac{\text{kJ}}{\text{kg}} + 392\,\frac{\text{kJ}}{\text{kg}} = \underline{\underline{-411\,\frac{\text{kJ}}{\text{kg}}}}$$

Wien-Robinson-Brücke als Demodulator

Binärsignale werden häufig so umcodiert, dass ihre Informationen in einer sinusförmigen Wechselspannung enthalten sind.

Eine Möglichkeit besteht darin, die Frequenz der Wechselspannung in Abhängigkeit der Binärinformation 0 oder 1 **zu verändern**.

Diese Art der Verschlüsselung nennt man Frequenzmodulation oder Frequenzumtastung. (FSK = Frequency Shift Keying)

Das FSK-Signal kann mit einer Wien-Robinson-Brücke demoduliert werden.

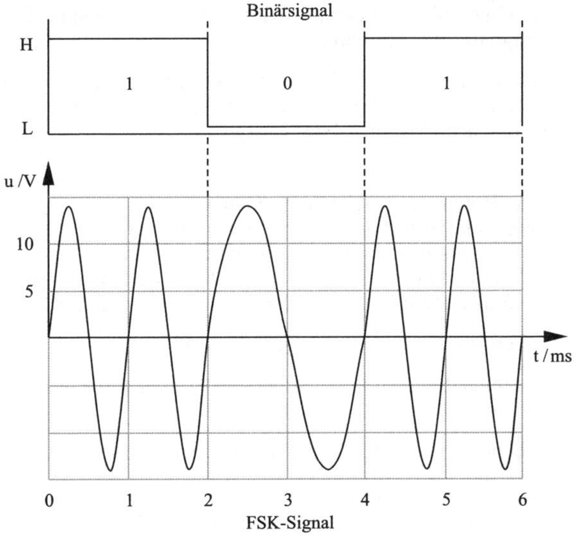

Wien-Robinson-Brücke:

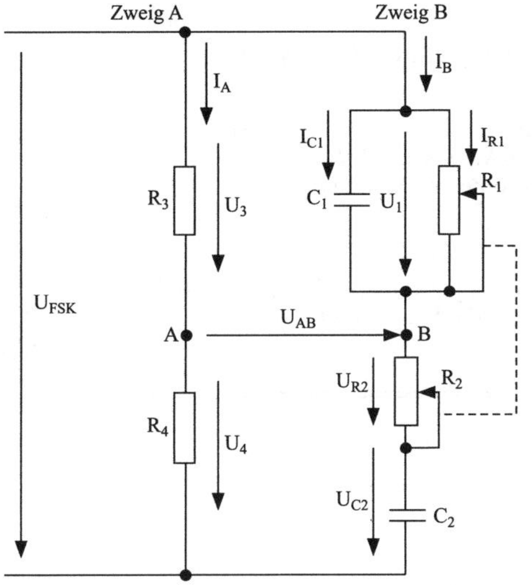

Daten der Brücke:

$R_3 = 1\ k\Omega$; $R_4 = 2\ k\Omega$; $C_2 = 100\ nF$

Die Widerstände R_1 und R_2 befinden sich in einem Doppelpotentiometer und nehmen bei einer Einstellung **immer gleiche Werte** ($R_1 = R_2$) an.

Teilaufgaben

1 FSK-Signal

1.1 Ermitteln Sie aus dem Diagramm für die H(1)-Codierung und die L(0)-Codierung die Effektivwerte U_H und U_L und die Frequenzen f_H und f_L. (2)

1.2 Das Signal wird an einen Ohm'schen Widerstand von $R = 100\ \Omega$ gelegt. Berechnen Sie die Leistungsaufnahme des Widerstands während des H-Signals und während des L-Signals. (1)

1.3 Das Signal wird an einen Kondensator mit $C = 1{,}59\ \mu F$ gelegt. Berechnen Sie die Leistungsaufnahme des Kondensators während des H-Signals und während des L-Signals. (2)

2 Wien-Robinson-Brücke bei L-Signal
Die Brücke ist mit dem Doppelpotentiometer so eingestellt, dass bei dem Teil des FSK-Signals, das dem L-Signal entspricht ($U_{FSK\,L} = 10$ V, $f_L = 500$ Hz), die Spannung UAB = 0 V ist, d. h. **die Brücke ist abgeglichen**.
Die Widerstände des Doppelpotentiometers betragen $R_1 = R_2 = 3183\ \Omega$.

2.1 Berechnen Sie die Spannungen U_3 und U_4. (1,5)

2.2 Berechnen Sie den Scheinwiderstand Z_2 der Reihenschaltung von R_2 und C_2 sowie den Strom I_B. (2,5)

2.3 Berechnen Sie die Kapazität des Kondensators C_1. (3)

3 Wien-Robinson-Brücke bei H-Signal
Daten der Brücke: $R_3 = 1 k\Omega$; $R_4 = 2 k\Omega$; $R_1 = R_2 = 3183\ \Omega$; $C_1 = C_2 = 100$ nF
Bei dem Teil des FSK-Signals, das dem H-Signal entspricht ($U_{FSKH} = 10$ V, $f_H = 1$ kHz), entsteht eine Brückenspannung $U_{AB} \neq 0$ V, d. h. **die Brücke ist nicht abgeglichen**.

3.1 Berechnen Sie den Scheinwiderstand Z_B und den Strom I_B des Brückenzweiges B. (5)

3.2 Folgende Ströme und Spannungen sind im Brückenzweig B gemessen worden: $U_1 = 3$ V; $I_{C1} = 1{,}9$ mA; $I_{R1} = 1$ mA; $U_{R2} = 6{,}7$ V; $U_{C2} = 3{,}3$ V
Zeichnen Sie das Zeigerdiagramm aller Ströme und Spannungen des Brückenzweiges B. (3,5)
Maßstab: 1 cm $\hat{=}$ 1 V; 1 cm $\hat{=}$ 0,5 mA

3.3 Tragen Sie vom Brückenzweig A die Spannungen $U_3 = 3{,}3$ V und $U_4 = 6{,}7$ V in das Zeigerdiagramm ein und ermitteln Sie die Spannung U_{AB}. (2)

(22,5)

Lösungen

1.1 Aus Diagramm abgelesen: $\hat{u} \approx 14,2\text{ V}$, $T_H = 1\text{ ms}$, $T_L = 2\text{ms}$

$$U_H = U_L = \frac{\hat{u}}{\sqrt{2}} = \frac{14,2\text{ V}}{\sqrt{2}} = 10\text{ V}$$

$$f_H = \frac{1}{T_H} = \frac{1}{1\text{ ms}} = 1\text{ kHz}; \quad f_L = \frac{1}{T_L} = \frac{1}{2\text{ ms}} = 500\text{ Hz}$$

1.2 $$P_H = P_L = \frac{U^2}{R} = \frac{(10\text{ V})^2}{100\,\Omega} = 1\text{ W}$$

1.3 H-Signal

$$X_C = \frac{1}{\omega \cdot C} = \frac{1}{2 \cdot \pi \cdot 1\text{ kHz} \cdot 1,59\,\mu\text{F}} = 100\,\Omega$$

$$Q_H = \frac{U^2}{X_C} = \frac{(10\text{ V})^2}{100\,\Omega} = 1\text{ Var}$$

L-Signal

$$X_C = \frac{1}{\omega \cdot C} = \frac{1}{2 \cdot \pi \cdot 500\text{ Hz} \cdot 1,59\,\mu\text{F}} = 200\,\Omega$$

$$Q_L = \frac{U^2}{X_C} = \frac{(10\text{ V})^2}{200\,\Omega} = 0,5\text{ Var}$$

2.1 $$I_A = \frac{U}{R_2 + R_4} = \frac{10\text{ V}}{3\text{ k}\Omega} = \underline{\underline{3,3\bar{3}\text{ mA}}}$$

$$U_3 = R_3 \cdot I_A = 1\text{ k}\Omega \cdot 3,33\text{ mA} = 3,3\bar{3}\text{ V}$$

$$U_4 = U - U_3 = 10\text{ V} - 3,33\text{ V} = 6,6\bar{6}\text{ V}$$

2.2 $$X_{C2} = \frac{1}{\omega \cdot C} = \frac{1}{2 \cdot \pi \cdot 500\text{ Hz} \cdot 100\text{ nF}} = 3183\,\Omega$$

$$Z_2 = \sqrt{{R_2}^2 + {X_{C2}}^2} = \sqrt{(3183\,\Omega)^2 + (3183\,\Omega)^2} = 4501,4\,\Omega$$

$$I_B = \frac{U_4}{Z_2} = \frac{6,6\bar{6}\text{ V}}{4501,4\,\Omega} = 1,481\text{ mA}$$

2.3 $$Z_1 = \frac{U_1}{I_B} = \frac{3,3\bar{3}\text{ V}}{1,481\text{ mA}} = 2250,7\,\Omega$$

$$\left(\frac{1}{X_{C1}}\right)^2=\left(\frac{1}{Z_1}\right)^2-\left(\frac{1}{R_1}\right)^2 \Rightarrow \frac{1}{X_{X1}}=\sqrt{\left(\frac{1}{2250,7\,\Omega}\right)^2-\left(\frac{1}{3183\,\Omega}\right)^2}=0,3142\text{ mS}$$

$$X_{C1}=3183\,\Omega \quad\Rightarrow\quad C_1=\frac{1}{2\cdot\pi\cdot 500\text{ Hz}\cdot 3183\,\Omega}=100\text{ nF}$$

3.1 Parallel-Reihen Umwandlung:

$$X_{C1}=\frac{1}{2\cdot\pi\cdot 1\text{ kHz}\cdot 100\text{ nF}}=1\,591,5\,\Omega$$

$$R_{1r}=\frac{R_1\cdot X_{C1}{}^2}{X_{C1}{}^2+R_1{}^2}=\frac{3\,183\,\Omega\cdot(1\,591,5\,\Omega)^2}{(1\,591,5\,\Omega)^2+(3\,183\,\Omega)^2}=636,6\,\Omega$$

$$X_{1r}=\frac{R_1{}^2\cdot X_{C1}}{X_{C1}{}^2+R_1{}^2}=\frac{(3\,183\,\Omega)^2\cdot 1\,591,5\,\Omega}{(1\,591,5\,\Omega)^2+(3\,183\,\Omega)^2}=1\,273,2\,\Omega$$

$$Z_B=\sqrt{(R_{1r}+R_2)^2+(X_{1r}+X_{C2})^2}$$
$$=\sqrt{(636,6\,\Omega+3\,183\,\Omega)^2+(1\,273,2\,\Omega+1\,591,5\,\Omega)^2}$$
$$Z_B=\sqrt{(3\,819,6\,\Omega)^2+(2\,864,7\,\Omega)^2}=4\,774,5\,\Omega$$

$$I_B=\frac{U}{Z_B}=\frac{10\text{ V}}{4\,774,5\,\Omega}=2,094\text{ mA}$$

3.2 und 3.3 Zeigerdiagramm

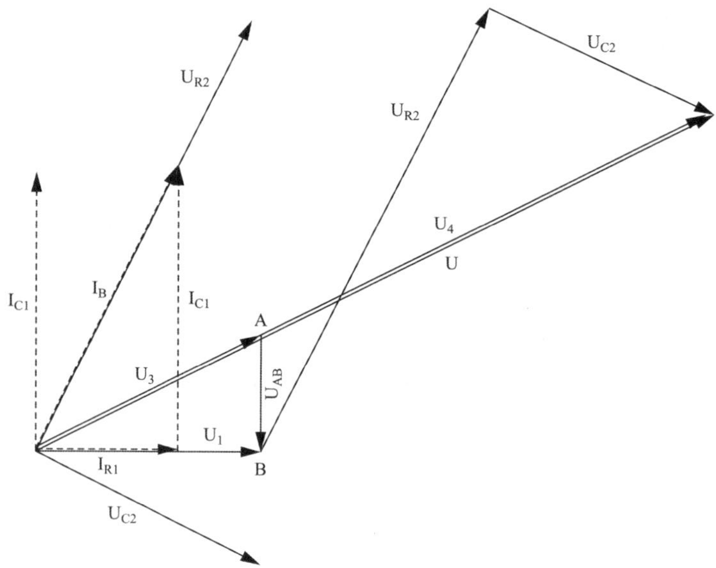

3.3 Auswertung:
U_{AB} = 1,5 V

Verbraucher im Drehstromnetz

Ein Elektromotor soll für den Antrieb einer Schwerlastmaschine verwendet werden. Der Motor (Ohm'scher-induktiver Verbraucher) stellt eine symmetrische Last dar und ist in Sternschaltung an das Drehstromnetz angeschlossen (siehe Bild 1).
Die Netzspannung beträgt 230 V/400 V ~ 50 Hz.
Für den Motor gilt: $R_1 = 1{,}3\ \Omega$; $L_1 = 7{,}96$ mH

1.1 Bestimmen Sie den Leiterstrom I_1 und den Leistungsfaktor cos φ. (2,5)

1.2 Berechnen Sie die vom Motor aufgenommene Scheinleistung und Wirkleistung. (1,5)

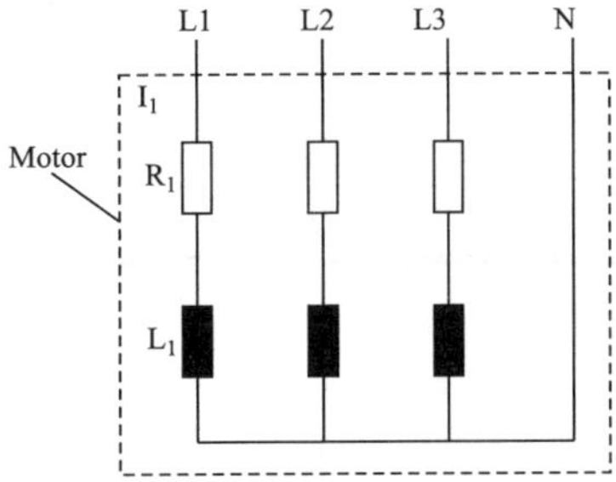

Bild 1

Der Elektromotor soll nach dem Hochlaufen von Stern nach Dreieck umgeschaltet werden.

2 Bestimmen Sie den Strom I_{1Str} im Motorstrang (R_1, L_1) und I_{1L} im Außenleiter. Welche Werte erreichen in diesem Fall die Scheinleistung und die Wirkleistung des Motors? (2)

Im Folgenden soll ein einzelner Motorstrang für sich alleine betrachtet werden. Zu diesem werden weitere rein Ohm'sche Verbraucher – zusammengefasst zu $R_L = 10{,}5\ \Omega$ – und zur Blindleistungskompensation ein Kondensator C parallel geschaltet (siehe Bild 2).
Es gilt U = 230 V.

3.1 Bestimmen Sie die Spannungen U_{R1} und U_{L1} und zeichnen Sie das Zeigerdiagramm der Spannungen
Maßstab: 1 cm ≙ 20 V (3)

3.2 Für die Gesamtschaltung aller Bauteile soll der Leistungsfaktor cos φ = 0,88 induktiv betragen. Tragen Sie für diesen Fall alle Ströme in das Zeigerdiagramm aus 3.1 ein und bestimmen Sie den Kondensatorstrom I_C sowie den Gesamtstrom I.
Maßstab: 1 cm ≙ 10 A (6,5)

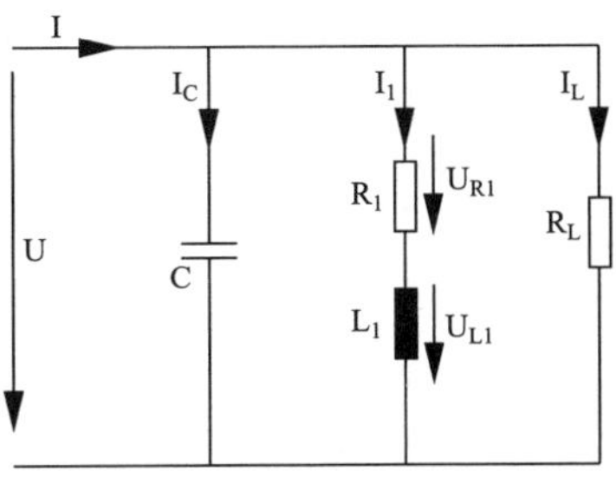

Bild 2

3.3 Berechnen Sie für den Leistungsfaktor cos φ = 0,88 die notwendige Kapazität des Kondensators. (2)

Wegen des Leitungswiderstandes R_3 (siehe Bild 3) entsteht ein weiterer Spannungsabfall in der Zuleitung. Dieser soll den Wert von 23 V nicht überschreiten.

4 Welchen Wert darf der Leitungswiderstand höchstens haben und wie groß muss die Spannung U_0 sein, damit weiterhin U = 230 V ist?
Verwenden Sie das Zeigerdiagramm aus 3.1/3.2.

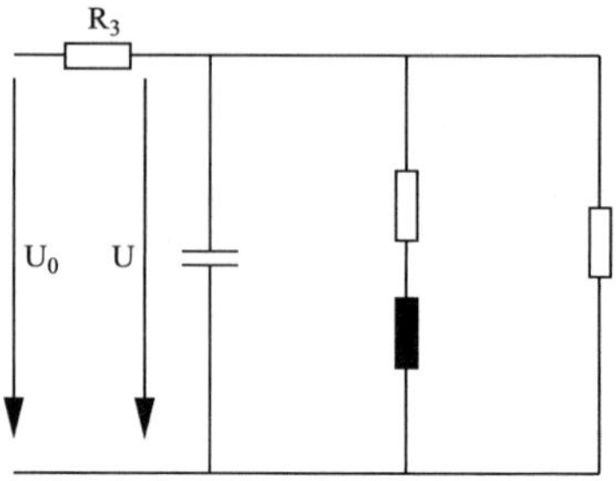

Bild 3

(4)
(22,5)

Lösungen

1.1 Sternschaltung:

$$X_{L1} = 2 \cdot \pi \cdot f \cdot L_1 = 2 \cdot \pi \cdot 50 \frac{1}{s} \cdot 7{,}96\,\text{mH} = 2{,}5\,\Omega$$

$$Z_1 = \sqrt{R_1^2 + X_{L1}^2} = \sqrt{(1{,}3\,\Omega)^2 + (2{,}5\,\Omega)^2} = 2{,}82\,\Omega$$

$$I_1 = I_{Str} = \frac{U_{Str}}{Z_1} = \frac{230\,\text{V}}{2{,}82\,\Omega} = 81{,}6\,\text{A}$$

$$\cos(\varphi) = \frac{R_1}{Z_1} = \frac{1{,}3\,\Omega}{2{,}82\,\Omega} = 0{,}464 \quad \Rightarrow \quad \varphi = 62{,}4°$$

1.2 $S_{Stern} = \sqrt{3} \cdot U \cdot I = \sqrt{3} \cdot 400\,\text{V} \cdot 81{,}6\,\text{A} = 56{,}5\,\text{kVA}$

Oder:

$S_{Stern} = 3 \cdot U_{Str} \cdot I_{Str} = 3 \cdot 230\,\text{V} \cdot 81{,}6\,\text{A} = 56{,}3\,\text{kVA}$

$P_{Stern} = S_{Stern} \cdot \cos(\varphi) = 56{,}5\,\text{kVA} \cdot 0{,}464 = 26{,}2\,\text{kW}$

2 Dreieckschaltung:

$$I_{Str} = \frac{U}{Z_1} = \frac{400\,\text{V}}{2{,}82\,\Omega} = 141{,}8\,\text{A}$$

$I_L = \sqrt{3} \cdot I_{Str} = \sqrt{3} \cdot 141{,}8\,\text{A} = 245{,}6\,\text{A}$

$S_{Dreieck} = 3 \cdot S_{Stern} = 3 \cdot 56{,}5\,\text{kVA} = 169{,}5\,\text{kVA}$

$P_{Dreieck} = 3 \cdot P_{Stern} = 3 \cdot 26{,}2\,\text{kW} = 78{,}6\,\text{kW}$

oder

$S_{Dreieck} = 3 \cdot I_{Str} \cdot U_{Str} = 3 \cdot 141{,}8\,\text{A} \cdot 400\,\text{V} = 170\,\text{kVA}$

$P_{Dreieck} = S_{Dreieck} \cdot \cos(\varphi) = 170\,\text{kVA} \cdot 0{,}464 = 78{,}8\,\text{kW}$

3.1 $U_{R1} = R_1 \cdot I_1 = 1{,}3\,\Omega \cdot 81{,}6\,\text{A} = 106{,}1\,\text{V}$

$U_{L1} = X_{L1} \cdot I_1 = 2{,}5\,\Omega \cdot 81{,}6\,\text{A} = 204{,}0\,\text{V}$

3.2 $I_L = \dfrac{U}{R_L} = \dfrac{230\,\text{V}}{10{,}5\,\Omega} = 21{,}9\,\text{A}$

$\cos(\varphi) = 0{,}88 \quad \Rightarrow \quad \varphi = 28{,}3°$

Diagramm zu 3.1, 3.2, 4

Aus Diagramm:

$$I_C = 4\,\text{cm} \cdot 10\frac{\text{A}}{\text{cm}} = \underline{\underline{40\,\text{A}}}$$

$$I = 6{,}9\,\text{cm} \cdot 10\frac{\text{A}}{\text{cm}} = \underline{\underline{69\,\text{A}}}$$

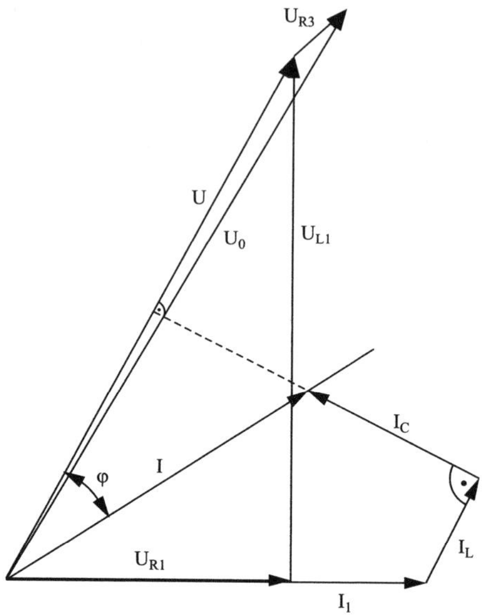

3.3 $$X_C = \frac{U}{I_C} = \frac{230\,\text{V}}{40\,\text{A}} = 5{,}75\,\Omega$$

$$C = \frac{1}{2 \cdot \pi \cdot f \cdot X_C} = \frac{1}{2 \cdot \pi \cdot 50\frac{1}{\text{s}} \cdot 5{,}75\,\Omega} = 554\,\mu\text{F}$$

4 Mit $U_{R3} = 23$ V

$$R_3 = \frac{U_{R3}}{I} = \frac{23\,\text{V}}{69\,\text{A}} = 0{,}33\,\Omega$$

Aus Diagramm:

$$U_0 = 12{,}5\,\text{cm} \cdot 20\frac{\text{V}}{\text{cm}} = 250\,\text{V}$$

Motorsteuerung

Bei einem Versuchsmotor mit 6 Zylindern (Z_1 … Z_6) soll die Ansteuerung der Einlassventile (EV) sowie der Auslassventile (AV) durch eine logische Schaltung und Stellmotoren erfolgen. Der Takt zur Ansteuerung der Schaltung wird durch eine Lochscheibe auf der Antriebswelle, in Verbindung mit einer Lichtschranke erzeugt.

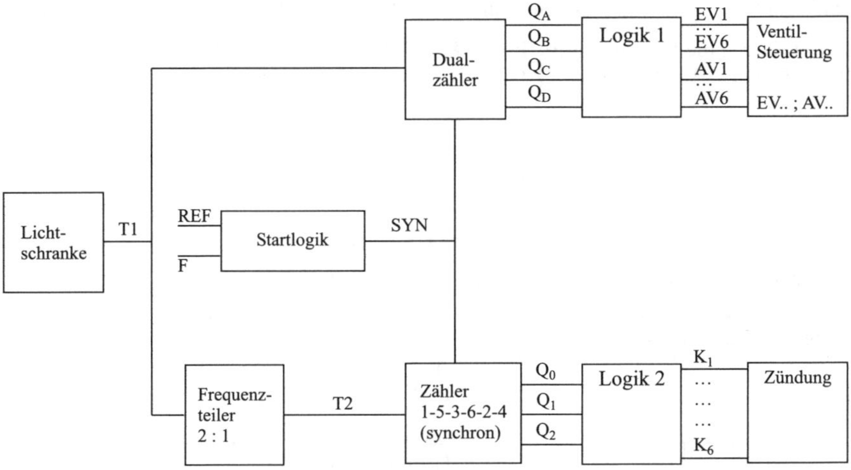

Bild 1: Blockschaltbild

Ein **geöffnetes Ventil** soll einer **logischen 1** entsprechen.
Das Einlassventil (EV..) ist nur während des Ansaugens geöffnet, das Auslassventil (AV..) ist nur während des Ausstoßens geöffnet.
Die zeitliche Abfolge der Arbeitsphasen der Zylinder 1, 5 und 3 (Z_1, Z_5, Z_3) ist dem Diagramm in Bild 2 zu entnehmen.
Der Einfachheit halber werden die Arbeitsphasen der Zylinder 2, 4 und 6 nicht betrachtet.

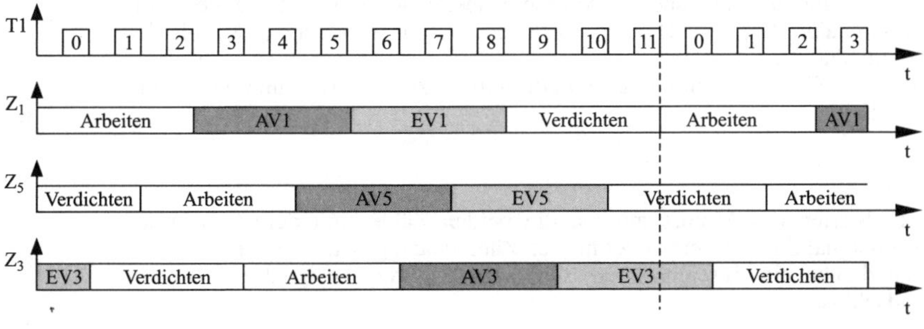

Bild 2: Arbeitsphasen

Teilaufgaben

1 Ventilsteuerung
Die Taktsignale T1 der Lichtschranke werden auf den Eingang eines **Dualzählers (dez 0 … 11)** gegeben. Seine vier Ausgänge Q_D, Q_C, Q_B und Q_A werden in der Logik 1 so verknüpft, dass damit die Einlassventile (EV..) und Auslassventile (AV..) der sechs Zylinder angesteuert werden können.

1.1 Erstellen Sie für die Logik 1 die vollständige Wahrheitstabelle mit den Eingangssignalen Q_D, Q_C, Q_B, Q_A und den Ausgangssignalen EV1 und AV1 (Arbeitsblatt 1). (1,5)

1.2 Ermitteln Sie die minimierten Schaltfunktionen für EV1 und AV1. (1,5)

1.3 Skizzieren Sie die Schaltung **nur für AV1** in FULL-NAND-TECHNIK. Es stehen nur NAND-Gatter mit zwei Eingängen zur Verfügung. (3)

2 Zündung
Zur Ansteuerung der Zündkerzen wird die Taktfrequenz T1 der Lichtschranke halbiert.

2.1 Zeichnen Sie die Schaltung des Frequenzteilers 2 : 1. (1)

2.2 Die Zündkerzen K_1 … K_6 werden in folgender Reihenfolge angesteuert:

Reihenfolge	Zündkerze
1	1
2	5
3	3
4	6
5	2
6	4

Entwickeln Sie mithilfe des Arbeitsblattes 2 einen Synchronzähler, der binär in der Reihenfolge 1-5-3-6-2-4 zählt.

(Zu verwenden sind JK- oder D-Flip-Flops) (6)

2.3 Die Logik 2 steuert die Zündkerzen K_1 bis K_6. Abhängig vom Zählergebnis des Synchronzählers (Q_2, Q_1, Q_0) erhalten die Zündkerzen ihre Zählimpulse. Erstellen Sie die vollständige Wahrheitstabelle der Logik 2 mit den Eingangssignalen Q_2, Q_1, Q_0 zur Ansteuerung der Zündkerzen K_1 bis K_6 (Arbeitsblatt 2).
Ermitteln Sie die minimierte Schaltfunktion zur Ansteuerung der Zünd kerze K_1. (3)

3 Startlogik
Beim Starten des Motors müssen die beiden Zähler mit dem Synchronisationssignal SYN auf einen definierten Zählerstand gesetzt werden.
Dazu dienen ein Referenzsignal REF und das Freigabesignal F = 1 vom Zündschloss.

3.1 Tragen Sie die Signalverläufe der Signale X, Y sowie SYN in das Zeitablaufdiagramm auf dem Arbeitsblatt 1 ein. (3)

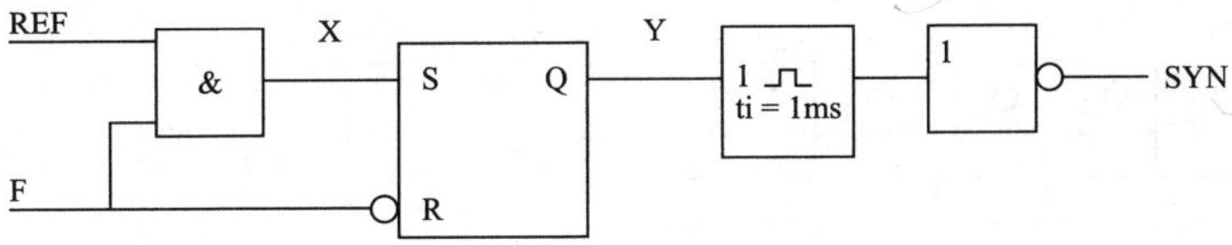

4 Lichtschranke

Die Lichtschranke liefert das Taktsignal T1 zur Steuerung der sechs Zylinder.

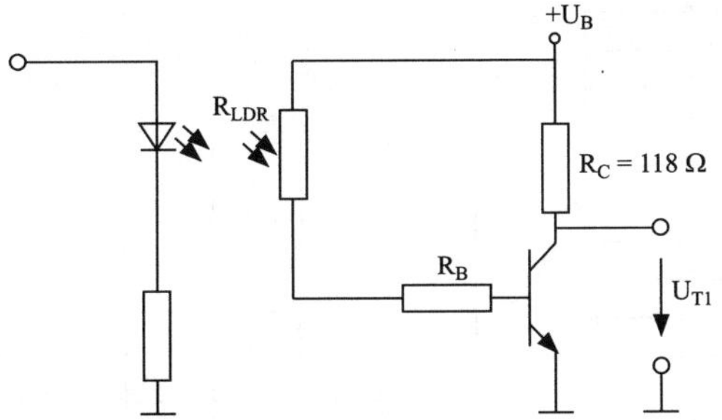

U_B = 12 V
U_{BE} = 0,7 V
U_{CESat} = 0,2 V
B = 100
ü = 2,5

$R_{LDRhell}$ = 220 Ω
$R_{LDRdunkel}$ = 221,7 kΩ

4.1 Bestimmen Sie R_B bei beleuchtetem LDR. (3,5)

(22,5)

Arbeitsblatt 1

zu 1.1 und 1.2: Ventilsteuerung   Logik 1

dez	Q_D	Q_C	Q_B	Q_A	EV_1	AV_1

zu 3.1:

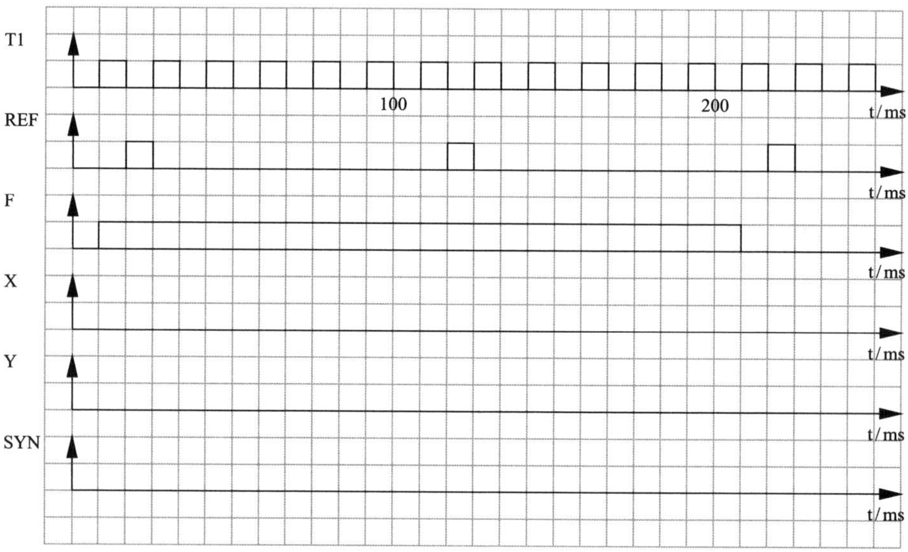

Arbeitsblatt2

zu 2.2: Synchronzähler

dez	Q_2	Q_1	Q_0									

zu 2.3: Logik 2

dez	Q_2	Q_1	Q_0	K_1	K_2	K_3	K_4	K_5	K_6

KV-Diagramme zu 2.2 und 2.3

Lösungen

1.1 und 1.2 Logik 1:

dez	Q_D	Q_C	Q_B	Q_A	EV_1	AV_1
0	0	0	0	0	0	0
1	0	0	0	1	0	0
2	0	0	1	0	0	0
3	0	0	1	1	0	1
4	0	1	0	0	0	1
5	0	1	0	1	0	1
6	0	1	1	0	1	0
7	0	1	1	1	1	0
8	1	0	0	0	1	0
9	1	0	0	1	0	0
10	1	0	1	0	0	0
11	1	0	1	1	0	0
12						
13						
14						
15						

EV1:

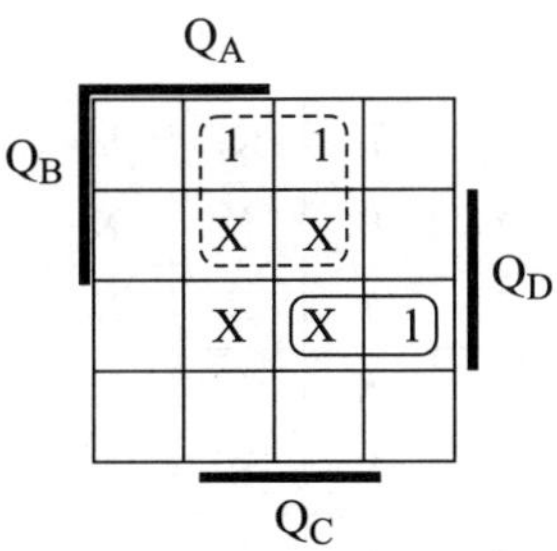

AV1:

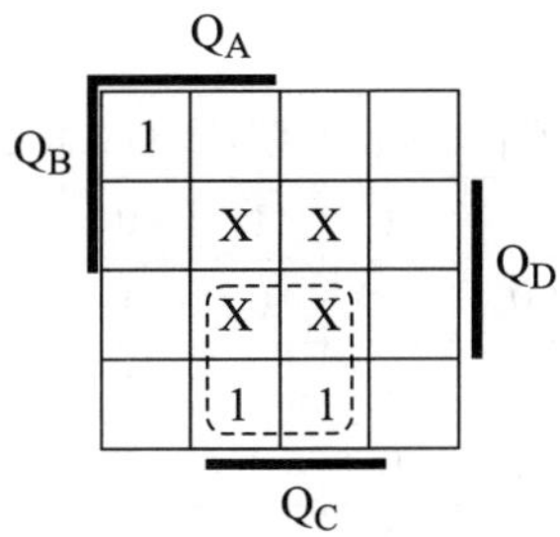

$$EV1 = (Q_B \wedge Q_C) \vee (\overline{Q}_A \wedge \overline{Q}_B \wedge Q_D)$$

$$AV1 = (\overline{Q}_B \wedge Q_C) \vee (Q_A \wedge Q_B \wedge \overline{Q}_C \wedge \overline{Q}_D)$$

1.3 Full-Nand-Technik:

$$AV1 = \overline{\overline{(\overline{Q}_B \wedge Q_C)} \wedge \overline{\overline{\overline{(Q_A \wedge Q_B)}} \wedge \overline{\overline{(\overline{Q}_C \wedge \overline{Q}_D)}}}}$$

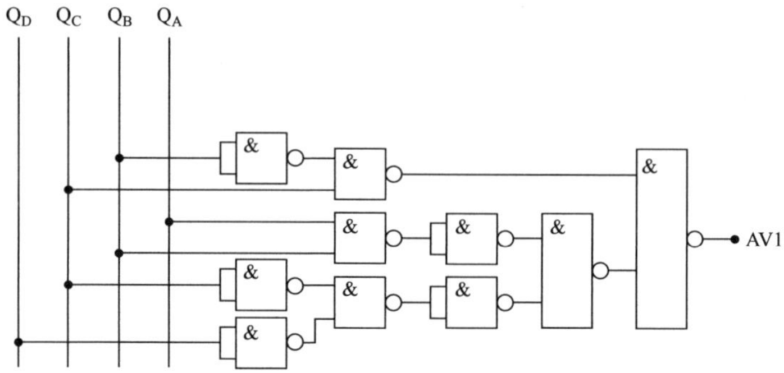

2.1 Frequenzteiler 2:1:

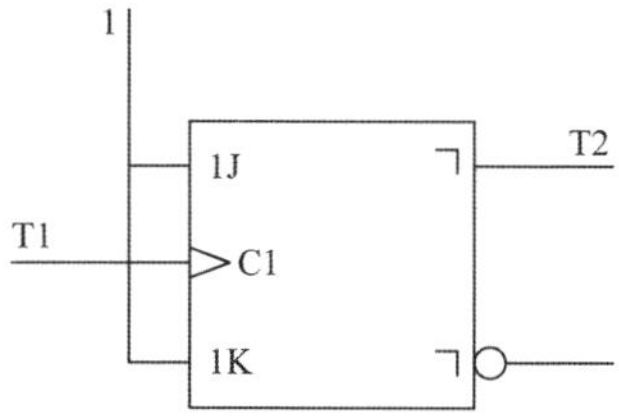

2.2 Zähler 1-5-3-6-2-4:

Dez.	Q_2	Q_1	Q_0	Q'_2	Q'_1	Q'_0	J_2	K_2	J_1	K_1	J_0	K_0
1	0	0	1	1	0	1	1	X	0	X	X	0
5	1	0	1	0	1	1	X	1	1	X	X	0
3	0	1	1	1	1	0	1	X	X	0	X	1
6	1	1	0	0	1	0	X	1	X	0	0	X
2	0	1	0	1	0	0	1	X	X	1	0	X
4	1	0	0	0	0	1	X	1	0	X	1	X
0	0	0	0	X	X	X	X	X	X	X	X	X
7	1	1	1	X	X	X	X	X	X	X	X	X

1. grafisches Verfahren für JK-MS-FF

J_0 (Spalten 1–2: Q_0; Spalten 2–3: Q_2)

Q_1	X	X		
	X	X	1	X

$J_0 = \overline{Q_1}$

K_0 (Spalten 1–2: Q_0; Spalten 2–3: Q_2)

Q_1	1	X	X	X
			X	X

$K_0 = Q_1$

J_1 (Spalten 1–2: Q_0; Spalten 2–3: Q_2)

Q_1	X	X	X	X
		1		X

$J_1 = Q_0 \wedge Q_2$

K_1 (Spalten 1–2: Q_0; Spalten 2–3: Q_2)

Q_1		X		1
	X	X	X	X

$K_1 = \overline{Q}_0 \wedge \overline{Q}_2$

J_2 (Spalten 1–2: Q_0; Spalten 2–3: Q_2)

Q_1	1	X	X	1
	1	X	X	X

$J_2 = 1$

K_2 (Spalten 1–2: Q_0; Spalten 2–3: Q_2)

Q_1	X	X	1	X
	X	1	1	X

$K_2 = 1$

Alternativ mit D-MS-FF:

Dez	Q_2	Q_1	Q_0	D_2	D_1	D_0
1	0	0	1	1	0	1
5	1	0	1	0	1	1
3	0	1	1	1	1	0
6	1	1	0	0	1	0
2	0	1	0	1	0	0
4	1	0	0	0	0	1
0	0	0	0	X	X	X
7	1	1	1	X	X	X

D_0 (Spalten 1–2: Q_0; Spalten 2–3: Q_2)

Q_1		X		
	1	1	1	X

$D_0 = \overline{Q}_1$

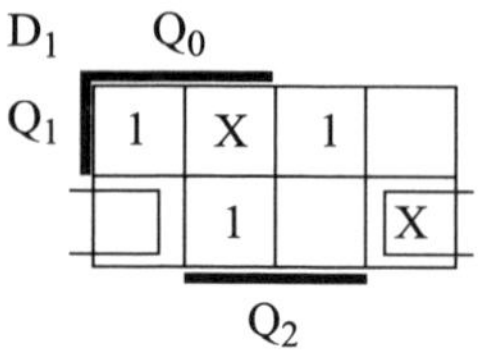

$$D_1 = (Q_0 \wedge Q_2) \vee (Q_0 \wedge Q_1) \vee (Q_1 \wedge Q_2)$$

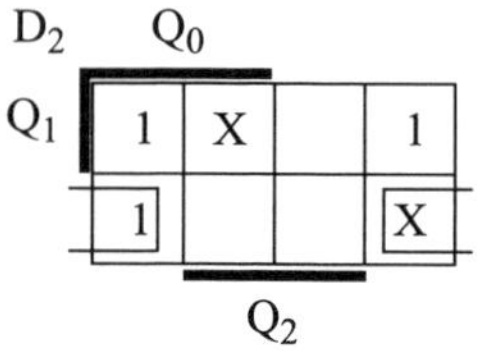

$$D_2 = \overline{Q}_2$$

2.3 Logik 2:

dez	Q_2	Q_1	Q_0	K_1	K_2	K_3	K_4	K_5	K_6
0	0	0	0	X	X	X	X	X	X
1	0	0	1	1	0	0	0	0	0
2	0	1	0	0	1	0	0	0	0
3	0	1	1	0	0	1	0	0	0
4	1	0	0	0	0	0	1	0	0
5	1	0	1	0	0	0	0	1	0
6	1	1	0	0	0	0	0	0	1
7	1	1	1	X	X	X	X	X	X

Oder andere Anordnung.

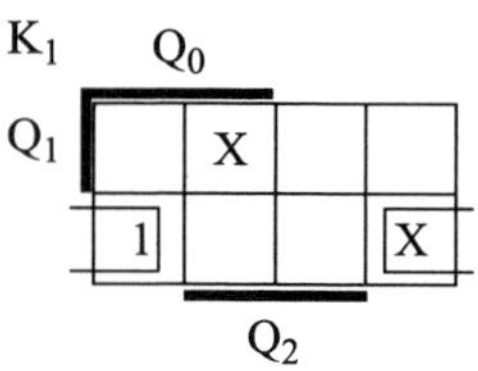

$$K_1 = \overline{Q}_1 \wedge \overline{Q}_2$$

3.1

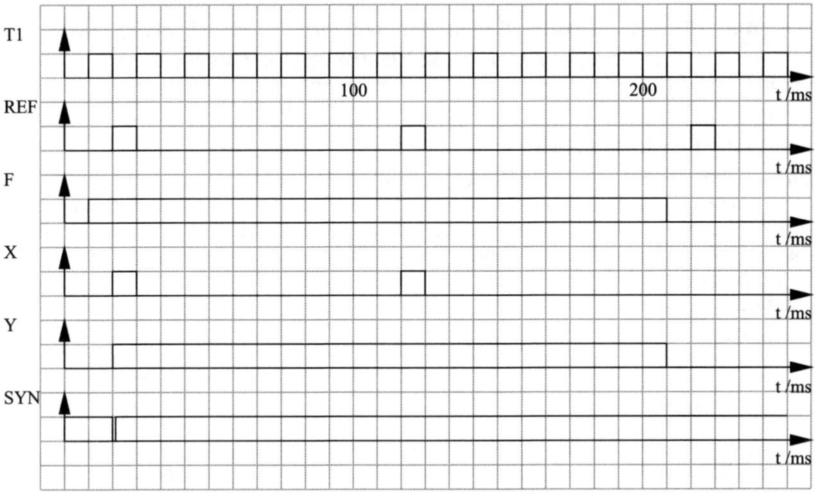

4.1 $I_C = \frac{U_B - U_{CESat}}{R_C} = \frac{11{,}8\ V}{118\ \Omega} = \underline{100\ mA}$

$I_{B0} = \frac{I_C}{B} = \frac{100\ mA}{100} = \underline{1\ mA}; \quad I_{BÜ} = ü \cdot I_{B0} = 2{,}5 \cdot 1\ mA = \underline{2{,}5\ mA}$

$R_{Bges} = R_{LDRhell} + R_B; \quad R_{Bges} = \frac{U_{RB}}{I_{BÜ}} = \frac{U_B - U_{BE}}{I_{BÜ}} = \frac{11{,}3\ V}{2{,}5\ mA} = \underline{4520\ \Omega}$

$R_B = R_{Bges} - R_{LDRhell} = 4520\ \Omega - 220\ \Omega = \underline{4{,}3\ k\Omega}$

Elektronischer Fensterschmuck

Für einen elektronischen Fensterschmuck sollen jeweils zwei Lampenpaare auf zwei kreisförmigen, konzentrischen Bahnen so angesteuert werden, dass zwei scheinbar gegenläufige Umlaufbewegungen entstehen, ein Lampenpaar auf Kreisbahn A und ein Lampenpaar auf Kreisbahn B. Der innere Kreis B startet seine scheinbare Drehbewegung kurze Zeit nach Kreis A. Beide Kreise laufen gegeneinander, was durch Verdrahtung der Lampenpaare erreicht wird.

Blockschaltbild

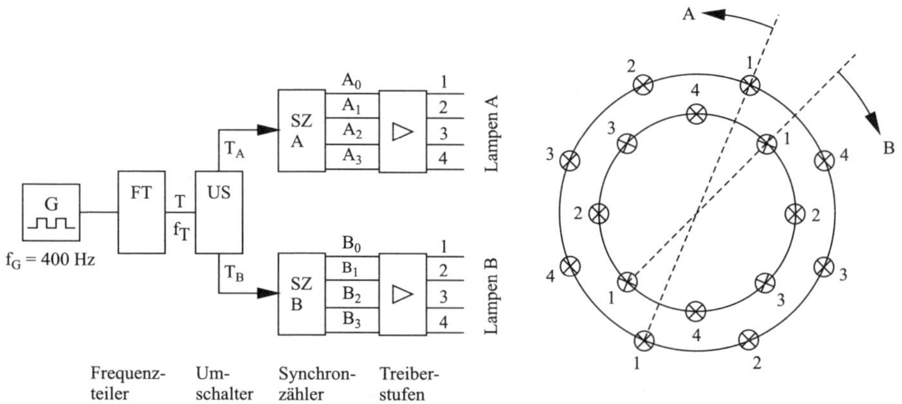

Teilaufgaben

1 Treiberstufen (Lampenansteuerung)
Je zwei Lampen, die um 180° versetzt auf einer Kreisbahn sitzen, werden von einer Transistorstufe angesteuert.

Transistordaten:	Lampendaten:
$B = 120$	6 V / 1,5 W
$U_{CEsat} = 0{,}25$ V	
$U_{BE} = 0{,}68$ V	Eingangsspannung:
$ü_{min} = 2{,}5$	$U_{EH} = 5$ V
$P_{tot} = 2$ W	$U_{EL} = 0$ V

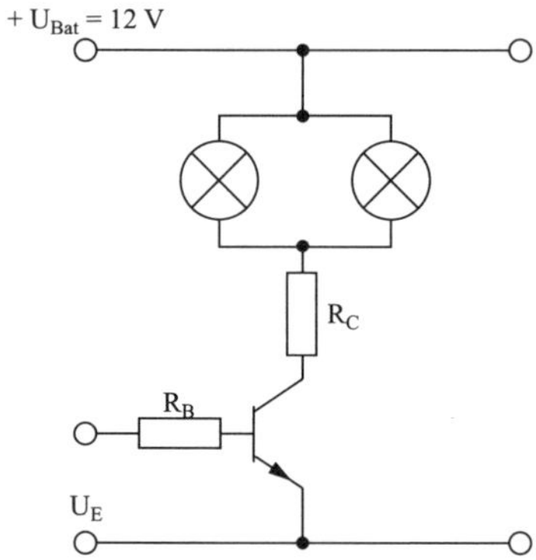

1.1 Berechnen Sie die Widerstände R_C und R_B. (4)

1.2 Besteht die Gefahr, dass der Transistor überlastet wird? Begründung! (1)

2 Synchronzähler (SZ)
Zu entwerfen ist Synchronzähler A mit vier Flipflops, die nach dem Einschalten alle zurückgesetzt sind.

2.1 Erstellen Sie auf dem Arbeitsblatt die Funktionstabelle zur Berechnung des Synchronzählers. (2)

2.2 Ermitteln Sie die minimierten Schaltfunktionen der Vorbereitungseingänge. (3)

2.3 Zeichnen Sie die Schaltung des Synchronzählers. (1)

2.4 Realisieren Sie die Funktion des Synchronzählers A mit einem Schieberegister und zeichnen Sie die Schaltung.
(Beim Einschalten sind wiederum die Ausgänge aller FF's auf „0" gesetzt.) (3)

3 Umschalter (US)

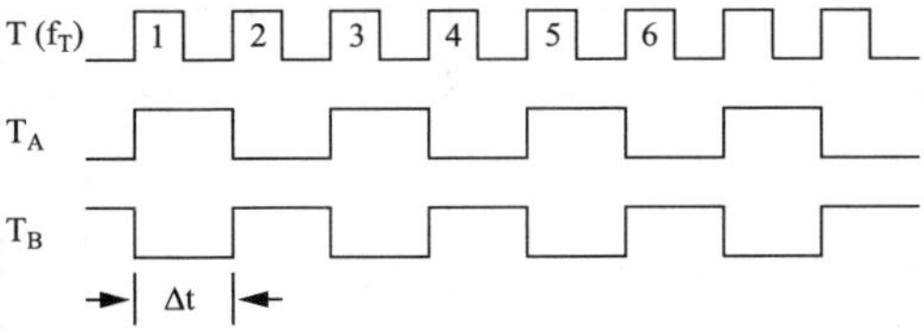

Der Umschalter soll abwechselnd den Taktimpuls T mit der Frequenz f_T auf den Synchronzähler SZ A und SZ B legen, sodass der vorgesehene Umlauf auf beiden Kreisen entsteht.

3.1 Entwerfen Sie einen einfachen binären Umschalter US entsprechend dem angegebenen Impulsdiagramm. (2)

4 Frequenzteiler (FT)
Der Frequenzteiler senkt die vom Generator gelieferte Frequenz $f_G = 400$ Hz so weit ab, dass die Drehbewegung erkennbar wird.

4.1 Wie groß muss die Ausgangsfrequenz f_T sein, damit pro Sekunde jeweils ein Kreisumlauf stattfindet? (2)

4.2 Ermitteln Sie die Zeit, die zwischen dem Start von Kreis A und Kreis B liegt. (2)

4.3 Wie viele Binärstufen benötigt der Frequenzteiler, damit die Generatorfrequenz von $f_G = 400$ Hz auf f_T heruntergeteilt wird? (0,5)

4.4 Wie lautet die Funktionsgleichung für den Rücksetzimpuls (Low-aktiv) des Teilers in Abhängigkeit der Ausgangssignale der Binärstufen (Q_0, Q_1, …)? (2)

(22,5)

Arbeitsblatt

zu 2.1 und 2.2

	t_n				t_{n+1}											
	A_3	A_2	A_1	A_0	A_3	A_2	A_1	A_0								
	0	0	0	0												

Lösungen

1.1 $I_{LN} = \frac{P_{LN}}{U_{LN}} = \frac{1{,}5\ \text{W}}{6\ \text{V}} = 0{,}25\ \text{A}$

$$I_C = 2 \cdot I_{LN} = 2 \cdot 0{,}25\ \text{A} = 0{,}5\ \text{A}$$

$$R_L = \frac{U_{LN}}{I_{LN}} = \frac{6\ \text{V}}{0{,}25\ \text{A}} = 24\ \Omega \quad \Rightarrow \quad 2R_L \text{ parallel} \quad \Rightarrow \quad 12\ \Omega$$

$$R_C = \frac{U_{Bat} - U_{LN} - U_{CEsat}}{I_C} = \frac{12\ \text{V} - 6\ \text{V} - 0{,}25\ \text{V}}{0{,}5\ \text{A}} = 11{,}5\ \Omega$$

$$I_B = \frac{I_C}{B} = \frac{0{,}5\ \text{A}}{120} = 4{,}16\ \text{mA}$$

$$I_{Bü} = ü_{min} \cdot I_B = 2{,}5 \cdot 4{,}16\ \text{mA} = 10{,}4\ \text{mA}$$

$$R_B = \frac{U_{EH} - U_{BE}}{I_{Bü}} = \frac{5\ \text{V} - 0{,}68\ \text{V}}{10{,}4\ \text{mA}} = 415\ \Omega$$

1.2 $P_{Tmax} = I_C \cdot U_{CEsat} + I_{Bü} \cdot U_{BE} = 125\ \text{mW} + 7{,}1\ \text{mW} = 132\ \text{mW}$

$\Rightarrow$ keine Gefahr für den Transistor, da $P_{Tmax} < P_{tot}$

2.1 und 2.2

		t_n				t_{n+1}											
	n	A_3	A_2	A_1	A_0	A_3	A_2	A_1	A_0	J_3	K_3	J_2	K_2	J_1	K_1	J_0	K_0
Start →	1	0	0	0	0	0	0	0	1	0	X	0	X	0	X	1	X
	2	0	0	0	1	0	0	1	0	0	X	0	X	1	X	X	1
	3	0	0	1	0	0	1	0	0	0	X	1	X	X	1	0	X
	4	0	1	0	0	1	0	0	0	1	X	X	1	0	X	0	X
neuer Durchlauf, zurück auf n = 2 →	5	1	0	0	0	0	0	0	1	X	1	0	X	0	X	1	X

J_0:

	A_0		$\overline{A}_0$		
A_1	X	X	X	0	$\overline{A}_3$
A_1	X	X	X	X	A_3
$\overline{A}_1$	X	X	X	1	A_3
$\overline{A}_1$	X	X	0	1	$\overline{A}_3$
	$\overline{A}_2$	A_2	A_2	$\overline{A}_2$	

$$J_0 = \overline{A}_1 \wedge \overline{A}_2$$

Aus der Funktionstabelle direkt ablesbar:
$J_1 = A_0,\ J_2 = A_1,\ J_3 = A_2$
$K_0 = K_1 = K_2 = K_3 = 1$

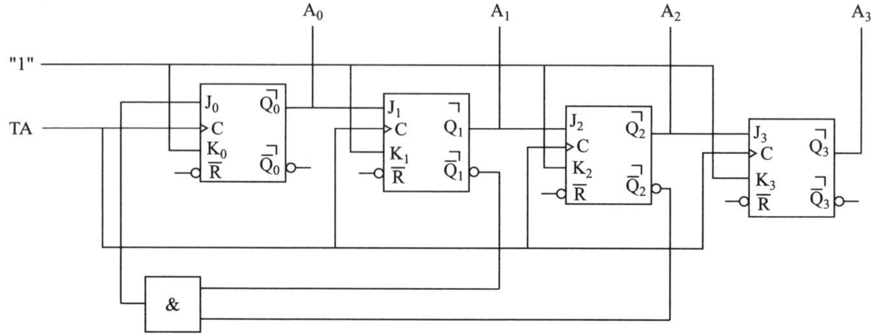

2.3 Alternativ mit D-MS-FF:

n	A_3	A_2	A_1	A_0	D_3	D_2	D_1	D_0
1	0	0	0	0	0	0	0	1
2	0	0	0	1	0	0	1	0
3	0	0	1	0	0	1	0	0
4	0	1	0	0	1	0	0	0
5	1	0	0	0	0	0	0	1

$D_0 = \overline{A}_0 \wedge \overline{A}_1 \wedge \overline{A}_2$

Aus der Funktionstabelle direkt ablesbar:
$D_1 = A_0,\ D_2 = A_1,\ D_3 = A_2$

2.4 $\Rightarrow$ Schieberegister mit seriellem Eingang und parallelen Ausgängen

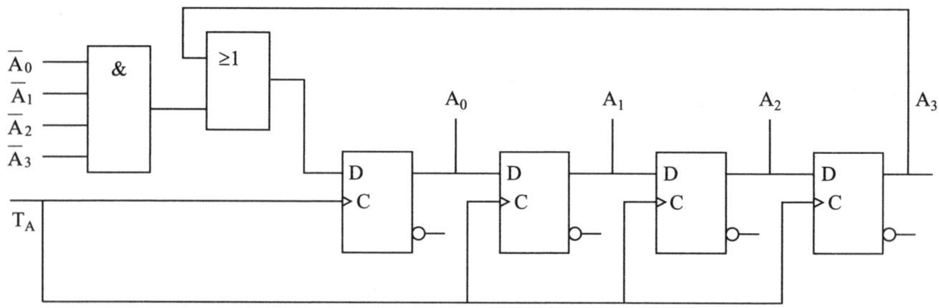

Oder andere Lösung.

3.1

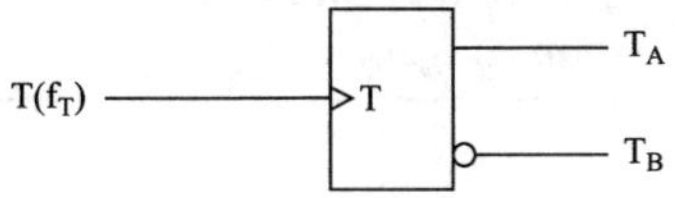

4.1 Ein voller Kreisumlauf (alle Lampen wieder auf „ihrem Platz“) entspricht acht Takten (f_{US} am Ausgang des Umschalters). US halbiert Frequenz f_T $\Rightarrow$ 16 Takte pro Sekunde notwendig.
$\Rightarrow$ $f_T = 16$ Hz

4.2 Die Zeitverschiebung entspricht der Impulsbreite von Signal T_A bzw. der Periodendauer von T_T.

$$T_T = \frac{1}{f_T} = \frac{1}{16\frac{1}{s}} = 62{,}5\ \text{ms}$$

$$\Delta t = T_t = 62{,}5\ \text{ms}$$

4.3 $\frac{f_G}{f_T} = \frac{400\ \text{Hz}}{16\ \text{Hz}} = 25 \quad \Rightarrow \quad$ entspricht 5 Flipflops

4.4 Rücksetzung beim 25. Eingangsimpuls

$$25_{10} = 2^4 + 2^3 + 2^0 \quad \Rightarrow \quad \overline{R} = Q_4 \wedge Q_3 \wedge Q_0$$

Bootskran

Eine elektrisch angetriebene Hubeinheit trägt die Bootslast. Als Laufschiene wird ein I-Träger verwendet. Die Zugstrebe ist in der Mitte des Portals befestigt.

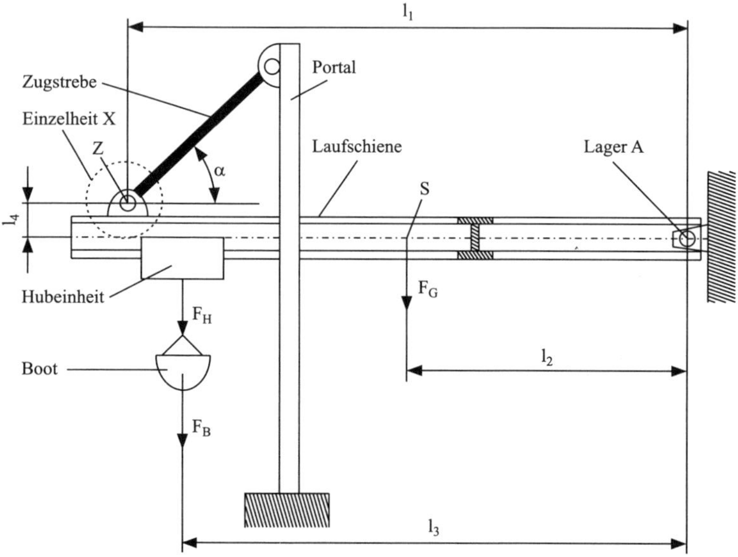

Daten: $l_1 = 7000$ mm Boot: $F_B = 9$ kN
$l_2 = 3500$ mm Laufschiene: $F_G = 2{,}5$ kN
$l_3 = 6000$ mm Hubeinheit: $F_H = 1$ kN
$l_4 = 300$ mm $\alpha = 50°$
Laufschiene: I-Profil DIN 1025 – S235JR – IPE

Teilaufgaben

1 Ermitteln Sie zeichnerisch die Kraft F_Z in der Zugstrebe und die Lagerkraft F_A. (5,5)

2 Die Hubeinheit befindet sich jetzt bei S.

2.1 Berechnen Sie die Kräfte in den Lagern A und Z. (3,5)

2.2 Bestimmen Sie den erforderlichen IPE-Träger bei 3-facher Sicherheit gegen Verformung. (2,5)

3 Die Zugstrebe ist in der dargestellten Weise mit der Laufschiene verbunden.

Daten: F_Z = 12,5 kN
b = 12 mm

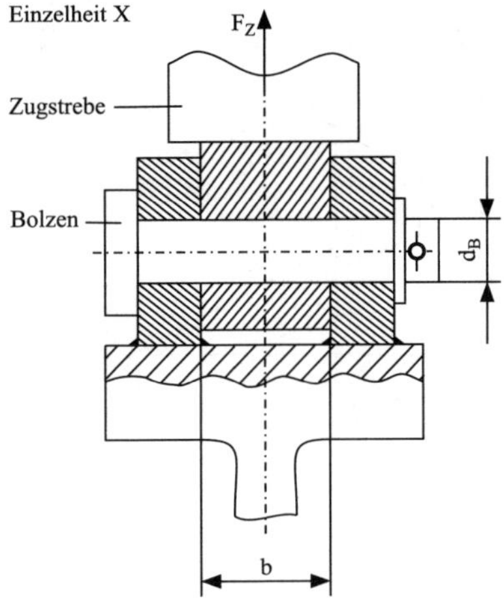

3.1 Ermitteln Sie den erforderlichen Durchmesser d_B des Bolzens aus S235JR (St 37) bei 6-facher Sicherheit gegen Abscheren. (2,5)

3.2 Welcher Durchmesser d_B ist für den Bolzen bei einer zulässigen Flächenpressung von p_{zul} = 60 N/mm² zu wählen? (2,5)

4 Schematischer Aufbau der Hubeinheit:

Daten: n_M = 1440 min⁻¹
d = 32 mm
v_{Hub} = 0,2 m/s
η_G = 0,8 (Getriebe)
F_B = 9 kN

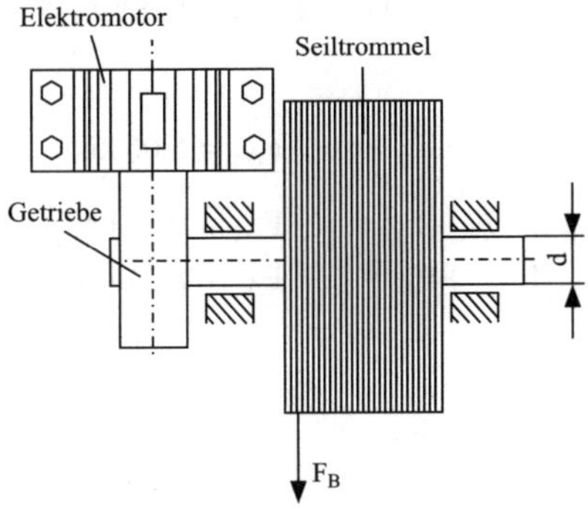

4.1 Welches maximale Drehmoment kann die Seiltrommelwelle bei τ_{tzul} = 30 N/mm² übertragen? (3)

4.2 Bestimmen Sie das erforderliche Drehmoment am Elektromotor der Hubeinheit. (3)

(22,5)

Die Teilaufgaben sind unabhängig voneinander lösbar.

Lösungen

1 Lageplan: LM: 1 cm ≙ 1 m

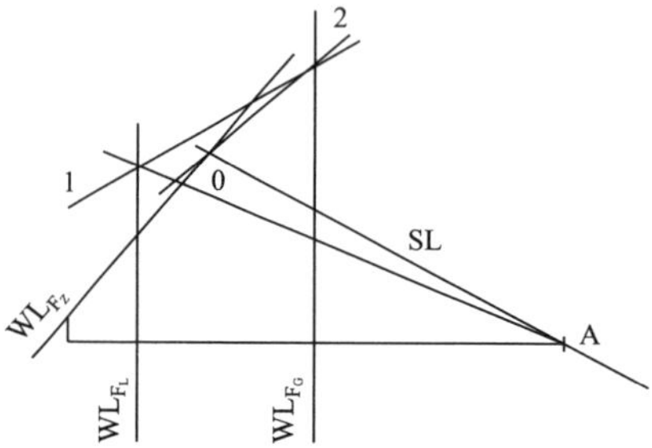

Kräfteplan: 1 cm ≙ 1 kN

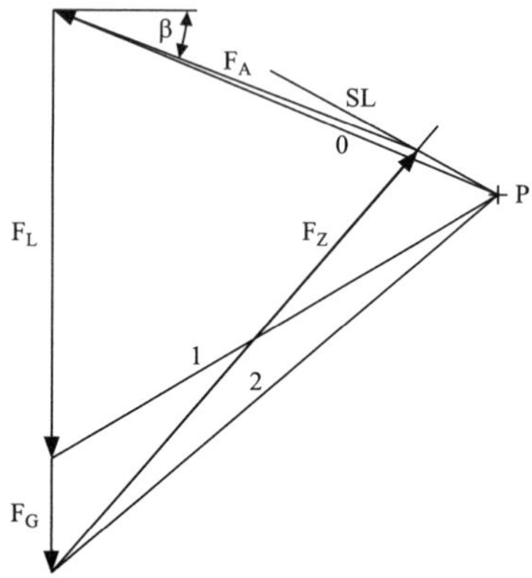

$F_L = F_B + F_H$

$F_A = 8{,}5$ kN
$F_z = 12{,}5$ kN
$\beta = 20°$

2.1
$$\sum F_x = 0 = F_{Zx} - F_{Ax}$$
$$\sum F_y = 0 = F_{Zy} - F_G - F_L + F_{Ay}$$
$$\sum M_A = 0 = (F_G + F_L) \cdot l_2 - F_Z \cdot l_1 \cdot \sin 50° - F_Z \cdot l_4 \cdot \cos 50°$$
$$F_Z = 7{,}88 \text{ kN}$$

$F_{Ax} = F_Z \cdot \cos 50°$ $\quad F_{Ax} = 5{,}06$ kN $\quad \tan\alpha = \dfrac{F_{Ay}}{F_{Ax}}$

$F_{Ay} = F_G + F_L - F_{Zy}$ $\quad F_{Ay} = 6{,}47$ kN

$F_A = \sqrt{F_{Ax}{}^2 + F_{Ay}{}^2}$ $\quad F_A = 8{,}21$ kN $\quad \alpha_A = 51{,}9°$

2.2 $M_{bmax} = F_{zy} \cdot (l_1 - l_2) + F_{zx} \cdot l_4$

$M_{bmax} = 22{,}6$ kNm

$\sigma_{bzul} = \dfrac{\sigma_{bF}}{\nu}$ $\quad \sigma_{bzul} = \dfrac{M_{b\,max}}{W}$

$\sigma_{bzul} = 110 \dfrac{N}{mm^2}$ $\quad W_p = 206 \text{ cm}^3$ $\quad$ gewählt: IPE 220

3.1 $\tau_{azul} = \dfrac{F_Z}{2 \cdot S} = \dfrac{\tau_{aB}}{\nu}$ $\quad$ mit $\quad S = \dfrac{\pi}{4} d_B{}^2$

$d_B = 14{,}3$ mm $\quad$ gewählt: $d_B = 15$ mm

3.2 $p_{zul} = \frac{F_Z}{A_{proj}} = \frac{F_Z}{d_B \cdot b}$

$d_B = 17{,}4\text{ mm}$ gewählt: $d_B = 18\text{ mm}$

4.1 $\tau_{tzul} = \frac{M_t}{W_p}$ mit $W_p = \frac{\pi \cdot d^3}{16}$

$M_t = 193\text{ Nm}$

4.2 $P_{ab} = F_B \cdot v_{Hub}$

$P_{ab} = 1{,}8\text{ kW}$

$\eta = \frac{P_{ab}}{P_{zu}}$

$P_{zu} = 2{,}25\text{ kW}$

$P_{zu} = M \cdot 2 \cdot \pi \cdot n$

$M = 14{,}9\text{ Nm} \approx 15\text{ Nm}$

Traktor

Ein Traktor transportiert zwei Heurundballen.

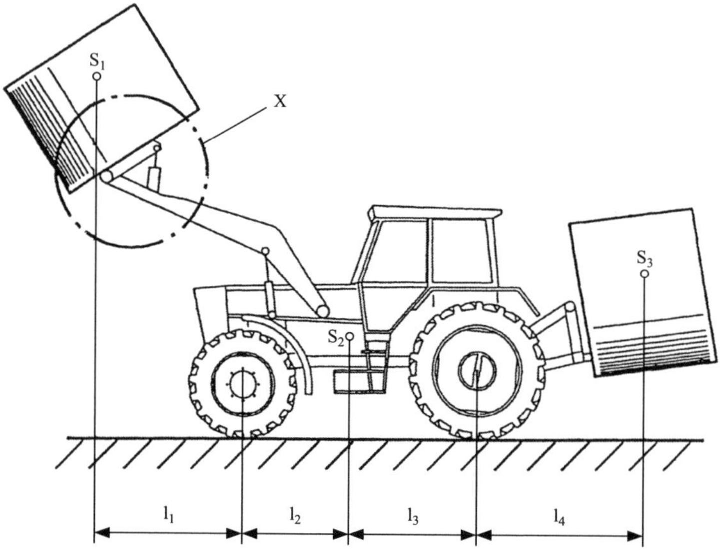

Einzelheit X (unmaßstäblich)

$F_G = 15$ kN (in S_2)
$F_{Rb} = 2$ kN (in S_1 und S_3)

$l_1 = 1100$ mm
$l_2 = 1200$ mm
$l_3 = 1000$ mm
$l_4 = 1500$ mm
$l_5 = 140$ mm
$l_6 = 320$ mm
$l_7 = 300$ mm
$\alpha = 10°$

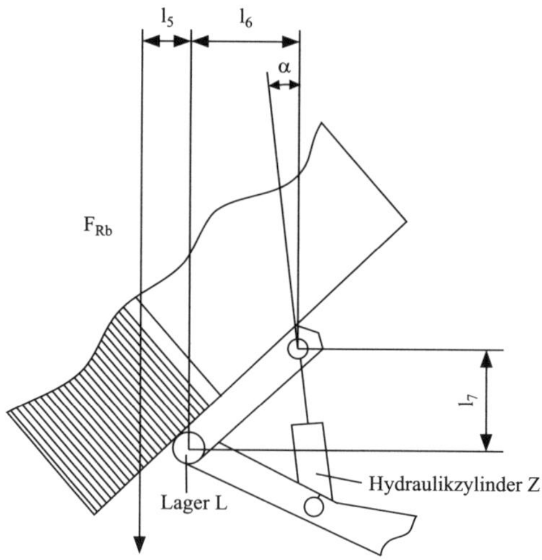

Teilaufgaben

1 Ermitteln Sie zeichnerisch die beiden Achslasten. (5,5)

2 Berechnen Sie die Zylinderkraft F_Z und die Lagerkraft F_L (siehe Einzelheit X). (5)

3 Beim Anheben einer schweren Last tritt eine maximale Zylinderkraft F_{Zmax} von 5 kN auf. Ermitteln Sie den erforderlichen Bolzendurchmesser d. (5)

Zulässige Flächenpressung:

$p_{zul} = 15 \frac{N}{mm^2}$

s = 8 mm

Bolzenwerkstoff: S 235 JR (St 37-2)

Sicherheit gegen Abscheren: ν = 5

Lagerung der Kolbenstange

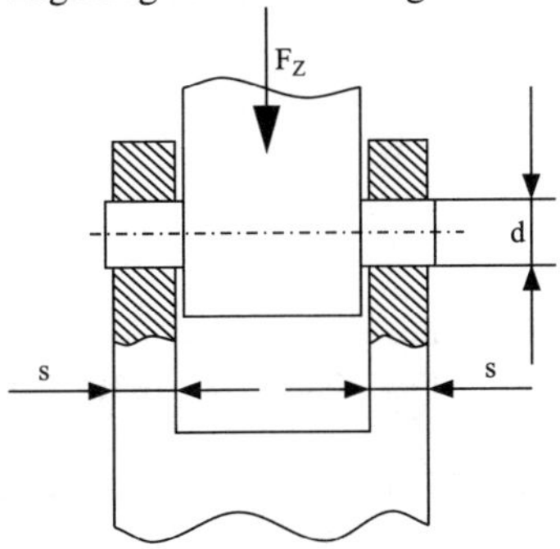

4 Der Traktor treibt über einen Keilriemen und ein Getriebe die Hydraulikpumpe an.

Daten:

$n_1 = 900\ min^{-1}$

$d_K = 80\ mm$

$\eta_G = 0{,}95$

$n_2 = 1200\ min^{-1}$

$M_G = 45\ Nm$

$\eta_P = 0{,}9$

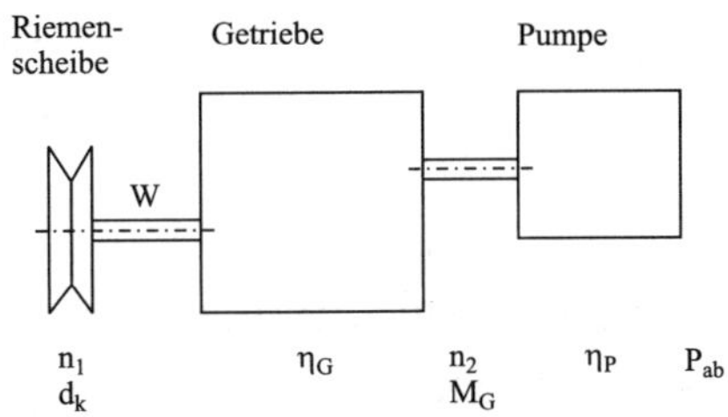

4.1 Berechnen Sie die aufzubringende Leistung P_1 und das erforderliche Drehmoment M_1 an der Keilriemenscheibe. (3)

4.2 Welche Leistung gibt die Hydraulikpumpe ab? (2)

4.3 Bestimmen Sie den Durchmesser der Riemenscheibenwelle W, wenn ein maximales Drehmoment von 75 Nm übertragen werden soll.

$\tau_{tzul} = 120 \frac{N}{mm^2}$ (3,0)

(22,5)

Die Teilaufgaben sind unabhängig voneinander lösbar.

Lösungen

1 Lageplan: LM: 1 cm ≙ 500 mm (unmaßstäblich) Kräfteplan: KM: 1 cm ≙ 2 000 N

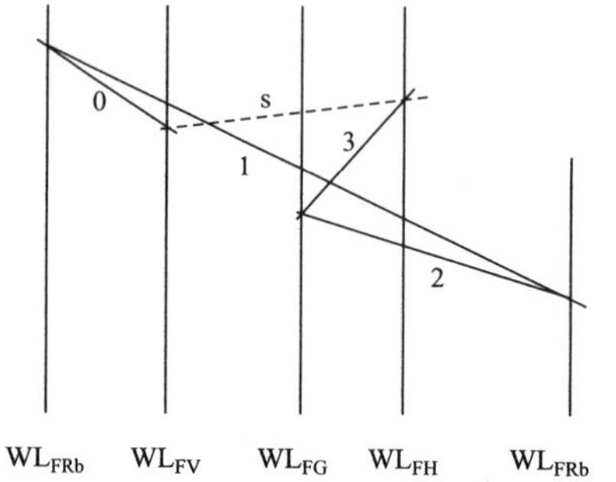

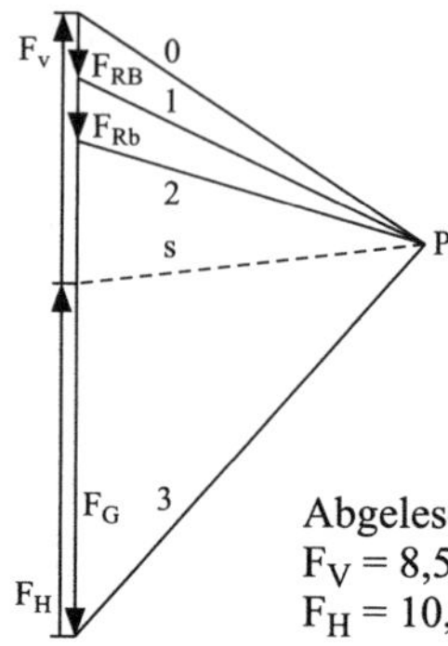

Abgelesen:
$F_V = 8{,}5$ kN
$F_H = 10{,}5$ kN

2 $\Sigma_{Fx} = 0$: $F_{Lx} = F_Z \cdot \sin 10°$

$\Sigma_{Fy} = 0$: $F_{Ly} - F_{Rb} - F_Z \cdot \cos 10° = 0$

$\Sigma M_{(L)} = 0$:

$F_{Rb} \cdot l_5 - F_Z \cdot \sin 10° \cdot l_7 - F_Z \cdot \cos 10° \cdot l_6 = 0$

$$F_Z = \frac{0{,}28\ \text{kNm}}{0{,}3\ \text{m} \cdot \sin 10° + 0{,}32\ \text{m} \cdot \cos 10°} = 0{,}762\ \text{kN}$$

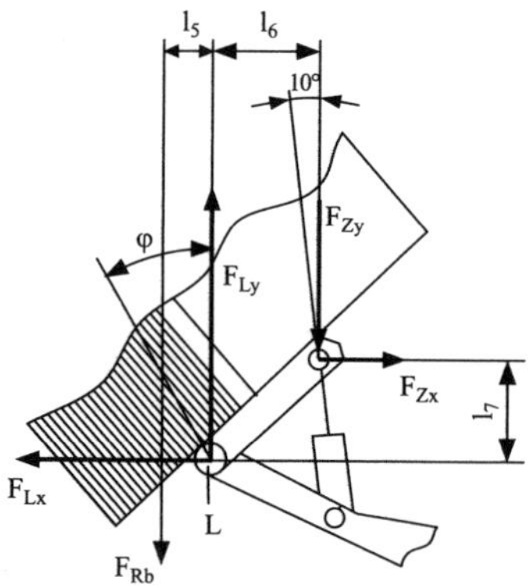

$F_{Lx} = 0{,}762\ \text{kN} \cdot \sin 10° = 0{,}132\ \text{kN}$

$F_{Ly} = 2\ \text{kN} + 0{,}762\ \text{kN} \cdot \cos 10° = 2{,}750\ \text{kN}$

$F_L = \sqrt{F_{Lx}^2 + F_{Ly}^2} = 2{,}754\ \text{kN}$

$\tan \varphi = \frac{F_{Lx}}{F_{Ly}} = \frac{0{,}132}{2{,}750} \Rightarrow \varphi = 2{,}8°$ $\beta = 90° + \varphi = 92{,}8°$

$F_Z = 762$N
$F_L = 2{,}75$ kN
$\beta = 92{,}8°$

3 Bolzendurchmesser aus der zulässigen Flächenpressung:

$$d_{erf} = \frac{F_{Z\max}}{2 \cdot s \cdot p_{zul}} = \frac{5000\ \text{N}}{2 \cdot 8\ \text{mm} \cdot 15 \frac{\text{N}}{\text{mm}^2}} = 20{,}8\ \text{mm}$$

Bolzendurchmesser aus Scherbeanspruchung (zweischnittig):

S235JR: $R_m = 340 \frac{N}{mm^2}$; $\tau_{azul} = \frac{\tau_{aB}}{\nu} = \frac{0{,}8 \cdot R_m}{\nu} = \frac{0{,}8 \cdot 340}{5} \frac{N}{mm^2} = 54{,}4 \frac{N}{mm^2}$

$$d_{erf} = \sqrt{\frac{2 \cdot F_{z\,max}}{\pi \cdot \tau_{azul}}} = \sqrt{\frac{2 \cdot 5000\ N}{\pi \cdot 54{,}4 \frac{N}{mm^2}}} = 7{,}7\ mm$$ gewählt: d = 22 mm

4.1 G: $i = \frac{n_1}{n_2} = \frac{900}{1200} = 0{,}75$

$$M_1 = \frac{M_G}{i \cdot \eta_G} = \frac{45\ Nm}{0{,}75 \cdot 0{,}95} = 63{,}16\ Nm$$ $M_1 = 63{,}2\ Nm$

$$P_1 = 2 \cdot \pi \cdot n_1 \cdot M_1 = 2 \cdot \pi \cdot \frac{900}{60\ s} \cdot 63{,}16\ Nm = 5952{,}5\ W$$ $P_1 = 5{,}95\ kW$

4.2 $P_{ab} = P_1 \cdot \eta_G \cdot \eta_P = 5952{,}5\ W \cdot 0{,}95 \cdot 0{,}9 = 5089{,}4\ W$ $P_{ab} = 5{,}1\ kW$

4.3 Wellendurchmesser aus Torsionsbeanspruchung:

$$d_{erf} = \sqrt[3]{\frac{16 \cdot T}{\pi \cdot \tau_{tzul}}} = \sqrt[3]{\frac{16 \cdot 75\,000\ Nmm}{\pi \cdot 120 \frac{N}{mm^2}}} = 14{,}7\ mm$$ gewählt: d = 15 mm

Rollenblock

Mehrere Rollenböcke hinter- und nebeneinander angeordnet ergeben eine Rollfläche zum Transport schwerer Gegenstände.

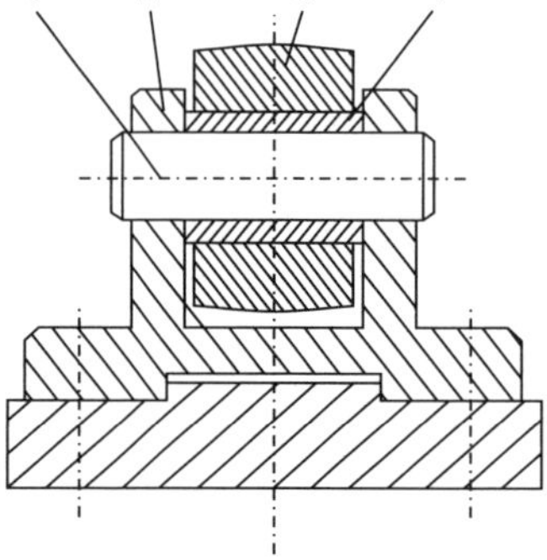

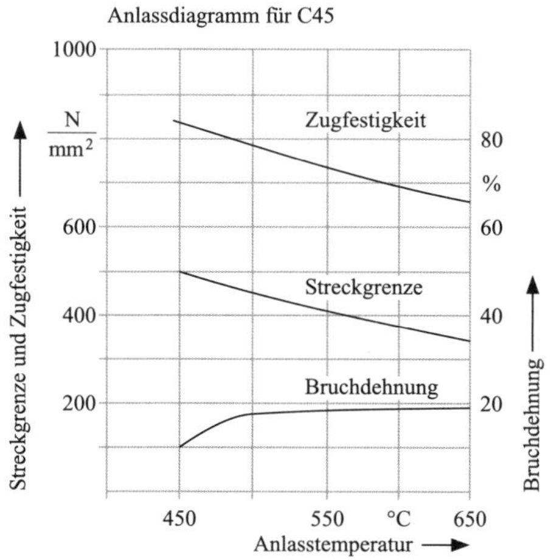

Position	Bezeichnung	Werkstoff
1	Achse	C45
2	Bock	S275JR
3	Rolle	C15
4	Buchse	PbSb15

Teilaufgaben

1 Aus dem Achsenwerkstoff wurde ein kurzer Proportionalstab mit $d_0 = 20$ mm gefertigt und anschließend im Zugversuch geprüft.
Bei erstmaligem Ende des Kraftanstieges betrug die Kraft 105 kN, die maximale Zugkraft 185 kN. Nach dem Ausmessen der beiden Probehälften ergab sich eine Verlängerung von 17 mm.

1.1 Berechnen Sie aus diesen Daten die Werkstoffkennwerte R_e, R_m und A_5. (3)

1.2 Berechnen Sie den E-Modul, wenn bei einer elastischen Verlängerung von 0,075 mm eine Kraft von 50 kN vorhanden ist. (2,5)

2 Die Achse erfordert eine Zugfestigkeit von mindestens 700 N/mm^2.

2.1 Durch welches Wärmebehandlungsverfahren kann die Zugfestigkeit von einem C45 auf diesen Wert gesteigert werden?

Beschreiben Sie die einzelnen Arbeitsschritte und geben Sie die entsprechenden Temperaturen an. (3,5)

2.2 Beschreiben Sie die Vorgänge im Gefüge. (3)

3 Die Rolle aus C15 muss verschleißfest sein. Beschreiben und begründen Sie ein geeignetes Verfahren. (3,5)

4 Die Buchse (Pos. 4) besteht aus einer PbSb-Legierung. Die Legierung mit einer Zusammensetzung von 87 % Pb und 13 % Sb weist beim Abkühlen bei 247 °C lediglich einen Haltepunkt auf.

4.1 Zeichnen Sie das zugehörige Zustandsschaubild und benennen Sie die Phasenfelder und Linien. (3,5)

4.2 Zeichnen Sie die Abkühlungskurve für eine Legierung mit 40 % Pb und 60 % Sb. Erläutern Sie deren Verlauf. (3,5)

(22,5)

Die Teilaufgaben sind unabhängig voneinander lösbar

Lösungen

1.1 $S_0 = \frac{d_0^2 \cdot \pi}{4} = \frac{(20\text{ mm})^2 \cdot \pi}{4}$ $\qquad S_0 = 314{,}2\text{ mm}^2$

$L_0 = 5 \cdot d_0 = 5 \cdot 20\text{ mm}$ $\qquad L_0 = 100\text{ mm}$

$R_e = \frac{F_e}{S_0} = \frac{105\text{ kN}}{314{,}2\text{ mm}^2}$ $\qquad R_e = 334\text{ N/mm}^2 = R_e$

$R_m = \frac{F_m}{S_0} = \frac{185\text{ kN}}{314{,}2\text{ mm}^2}$ $\qquad R_m = 589\text{ N/mm}^2 = R_m$

$A_5 = \frac{\Delta L}{L_0} \cdot 100\,\% = \frac{17\text{ mm}}{100\text{ mm}} \cdot 100\,\% = 17\,\%$

1.2 $E = \frac{\Delta\sigma}{\Delta\varepsilon} = \frac{\frac{\Delta F}{S_0}}{\frac{\Delta L}{L_0}} = \frac{\frac{50000\text{ N}}{314{,}2\text{ mm}^2}}{\frac{0{,}075\text{ mm}}{100\text{ mm}}}$ $\qquad E = 21\,2179\,\frac{\text{N}}{\text{mm}^2}$

2.1 Die Erhöhung vom R_m kann durch Vergüten erreicht werden. Dieses geschieht durch Härten mit nachfolgenden hohen Anlasstemperaturen.
Arbeitsschritte:
Langsam erwärmen auf ca. 720 °C. Danach rasch auf Härtetemperatur von ca. 820 °C erhitzen. Nach einer Haltezeit von ca. 5 Min. Werkstück auf Raumtemperatur abschrecken. Anschließend Werkstück wieder auf 585 °C erwärmen und danach langsam abkühlen.

2.2 Beim Erwärmen auf Härtetemperatur wandelt sich das krz-Gefüge in Austenit (kfz-Gitter) um. Während der Umwandlungs- und Haltezeit diffundiert Kohlenstoff in das kfz-Austenitgefüge. Beim anschließenden Abschrecken kann der Kohlenstoff nicht mehr aus dem Gitter herausdiffundieren, sodass sich das Gitter zu dem nadeligen und harten Martensitgefüge verspannt. Bei dem anschließenden Anlassen zerfällt das Martensitgefüge teilweise, wobei die Härte und die Festigkeit je nach Anlasstemperatur abnehmen. Die Festigkeitswerte liegen gegenüber dem Ausgangszustand höher, die Bruchdehnung niedriger.

3 Eine verschleißfeste Oberfläche erhält man durch Einsatzhärten. Dabei wird die Randzone des C15 aufgrund seines hohen α-Fe-Anteils zuerst in Kohlenstoff abgebenden Mitteln bei ca. 920 °C aufgekohlt (Kasten-Bad- oder Ofeneinsatz). Anschließend wird das C15 erneut auf Härtetemperatur erwärmt. Beim nachfolgenden Abschrecken in Wasser wird die Oberfläche hart und verschleißfest.

4 Zustandsschaubild und Abkühlungskurve

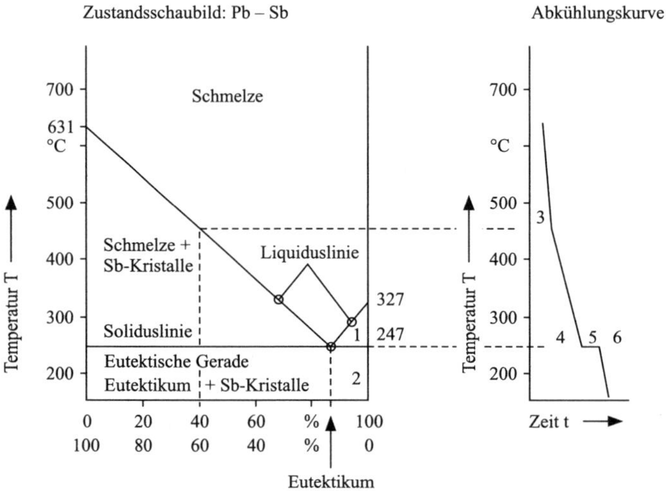

1 Schmelze + Pb-Kristalle
2 Eutektikum + Pb-Kristalle
3 Beginn der Erstarrung, Bildung von Sb-Kristallen
4 Restschmelze von eutektischer Zusammensetzung
5 Erstarren der Restschmelze bei gleich bleibender Temperatur zu Eutektikum
6 Ende der Erstarrung

Ottomotor

Ein Ottomotor saugt ein Benzin-Luft-Gemisch ($\chi = 1{,}4$) mit einem Druck von $p_1 = 0{,}9$ bar, $V_1 = 500\ cm^3$ und $\vartheta = 50\ °C$ an. Dieses Gemisch wird auf $V_2 = 50\ cm^3$ verdichtet.
Das Vergleichsdiagramm besteht ab Zustand 1 aus zwei Adiabaten und zwei Isochoren.
Vergleichsdiagramm:

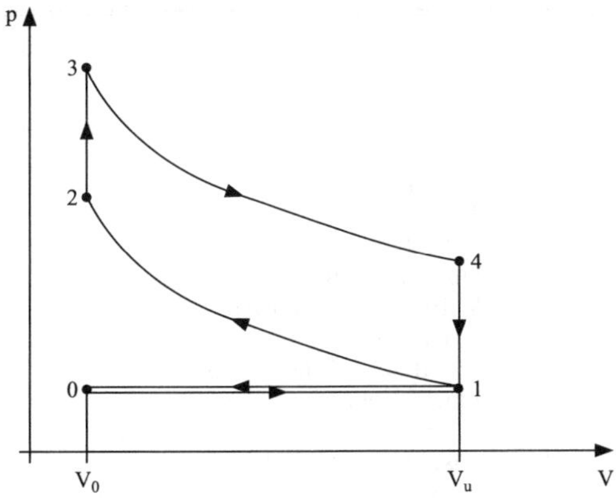

Teilaufgaben

1 Welche Masse m hat das Gemisch ($R_i = 0{,}287\ kJ/kg \cdot K$)? (2)

2 Berechnen Sie p_2 und T_2. (3)

3 Durch die Zündung und anschließende Verbrennung steigt die Temperatur von $T_2 = 811\ K$ auf $T_3 = 1973\ K$.
Die Masse des Gemischs beträgt $m = 0{,}48\ g$.

3.1 Berechnen Sie die Drücke p_3 und p_4, sowie die Temperatur T_4. (4,5)

3.2 Berechnen Sie die aufzuwendende Kompressionsarbeit und die Expansionsarbeit. (4)

3.3 Bestimmen Sie die Nutzarbeit. (2)

4 Beschreiben Sie den Vorgang zwischen den Punkten 0 und 1 im Vergleichsdiagramm. (2)

5 Der Motor treibt eine Wasserpumpe an, die einen Hochbehälter füllt.

Abgegebene Motorleistung:	$P_M = 8$ kW
Förderhöhe:	$h = 15$ m
Pumpenwirkungsgrad:	$\eta_P = 0{,}7$
Wirkungsgrad der Leitungen:	$\eta_L = 0{,}9$

5.1 Berechnen Sie das maximal mögliche Fördervolumen pro Minute. (4)

5.2 Der Behälter fasst ein Volumen von $V_H = 10$ m³. Berechnen Sie die Füllzeit. (1)

(22,5)

Die Teilaufgaben sind unabhängig voneinander lösbar.

Formelsammlung Energietechnik

1. Erster Hauptsatz der Wärmelehre

allgemein:

$Q + W = \Delta U$

Isobarer Prozess (p = konst.)

$Q = c_p \cdot m \cdot \Delta T$

Isochorer Prozess (V = konst.)

$Q = c_V \cdot m \cdot \Delta T$

Isothermer Prozess (T = konst.)

$Q = -W$

Adiabater Prozess

$Q = 0$

Kreisprozess

$\sum Q + \sum W = 0$

Q: ausgetauschte Wärmemenge in J
1 J = 1 Ws = 1 Nm
1 tSKE = $2{,}93 \cdot 10^{10}$ J

q: ausgetauschte spezifische Wärmemenge in kJ/kg

W: Arbeit in J

w: spezifische Arbeit in kJ/kg

U: innere Energie

T: absolute Temperatur in K
(273 K ⇔ 0 °C)

c_p: spezifische Wärmekapazität bei konstantem Druck, Luft: $c_p = 1{,}01$ kJ/(kgK)

c_V: spezifische Wärmekapazität bei konstantem Volumen,
Luft: $c_V = 0{,}72$ kJ/(kgK)

2. Wärme im T-s-Diagramm

$q = T \cdot \Delta s$

q: ausgetauschte spezifische Wärmemenge in kJ/kg

T: absolute Temperatur

Δs Änderung d. spezif. Entropie in kJ/(kgK)

3. Zustandsänderungen idealer Gase

Allgemeine Gasgleichung

$\frac{p \cdot V}{T} = \text{konst.} \qquad p \cdot V = m \cdot R_i \cdot T$

Isobarer Prozess

$\frac{V_1}{T_1} = \frac{V_2}{T_2} \qquad W_{12} = -p \cdot \Delta V$

p: Druck

V: Volumen

T: absolute Temperatur

m: Masse

R_i: spezifische Gaskonstante;
Luft: $R_i = 0{,}287$ kJ/(kgK)

W_{12}: verrichtete Arbeit bei Zustandsänderung von 1 nach 2

κ: Adiabatenexponent
Luft: κ = 1,4

Isochorer Prozess

$$\frac{p_1}{T_1} = \frac{p_2}{T_2} \qquad W_{12} = 0$$

Isothermer Prozess

$$p_1 \cdot V_1 = p_2 \cdot V_2 \qquad W_{12} = -m \cdot R_i \cdot T \cdot \ln \frac{V_2}{V_1}$$

$$W_{12} = -m \cdot R_i \cdot T \cdot \ln \frac{p_1}{p_2}$$

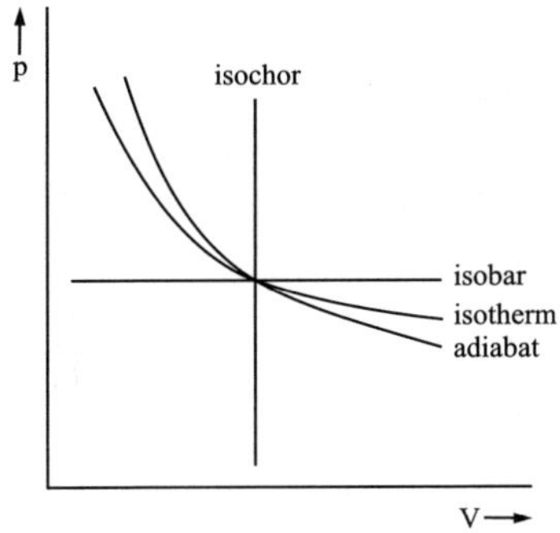

Adiabater Prozess

$$p \cdot V^{\kappa} = \text{konst.} \qquad \frac{T_1}{T_2} = \left(\frac{p_1}{p_2}\right)^{\frac{\kappa-1}{\kappa}} = \left(\frac{V_2}{V_1}\right)^{\kappa-1}$$

$$W_{12} = \frac{m \cdot R_i}{1-\kappa} \cdot (T_2 - T_1) = -\frac{m \cdot R_i \cdot T_1}{1-\kappa} \cdot \left[\left(\frac{V_1}{V_2}\right)^{\kappa-1} - 1\right] = -\frac{m \cdot R_i \cdot T_1}{1-\kappa} \cdot \left[\left(\frac{p_2}{p_1}\right)^{\frac{\kappa-1}{\kappa}} - 1\right]$$

Lösungen

1 $p_1 \cdot V_1 = m \cdot R_i \cdot T_1$

$$m = \frac{p_1 \cdot V_1}{R_i \cdot T_1} \qquad m = 0{,}49\ \text{g}$$

2 $p_1 \cdot V_1^\kappa = p_2 \cdot V_2^\kappa$ $\qquad \dfrac{T_1}{T_2} = \left(\dfrac{V_2}{V_1}\right)^{\kappa - 1}$

$$p_2 = p_1 \cdot \left(\frac{V_1}{V_2}\right)^{\kappa} \qquad T_2 = T_1 \cdot \left(\frac{V_1}{V_2}\right)^{\kappa - 1}$$

$p_2 = 22{,}6$ bar $\qquad T_2 = 811{,}34\ \kappa$

3.1 $\dfrac{p_2}{T_2} = \dfrac{p_3}{T_3} \quad \rightarrow \quad p_3 = p_2 \cdot \dfrac{T_3}{T_2} \quad \rightarrow \quad p_3 = 55$ bar

$$\frac{T_3}{T_4} = \left(\frac{V_4}{V_3}\right)^{\kappa - 1} \quad \rightarrow \quad T_4 = T_3 \cdot \left(\frac{V_3}{V_4}\right)^{\kappa - 1} \quad \rightarrow \quad T_4 = 785{,}47\ \kappa$$

$$p_4 \cdot V_4 = m \cdot R_i \cdot T_4 \quad \rightarrow \quad p_4 = \frac{m \cdot R_i \cdot T_4}{V_4} \quad \rightarrow \quad p_4 = 2{,}16\ \text{bar}$$

3.2 $W_{Komp} = W_{12} = -\dfrac{m \cdot R_i}{1 - \kappa} \cdot (T_2 - T_1) \qquad W_{12} = 168{,}07$ J

$$W_{Exp} = W_{34} = -\frac{m \cdot R_i}{1 - \kappa} \cdot (T_4 - T_3) \qquad W_{34} = -408{,}99\ \text{J}$$

3.3 $|W_N| = |W_{34}| - W_{12} \qquad |W_N| = 240{,}92$ J

4 $1 \rightarrow 0$: Ausschieben der Verbrennungsgase bei geöffnetem Auslassventil
$0 \rightarrow 1$: Ansaugen von Benzin-Luftgemisch bei geöffnetem Einlassventil

5.1 Pumpleistung: $P_P = P_M \cdot \eta_P \cdot \eta_L \qquad P_P = 5$ kW

$$P_P = \frac{m \cdot g \cdot h}{t} = \dot{m} \cdot g \cdot h \qquad \dot{m} = 33{,}33\ \text{kg/s}$$

$$\dot{V} = \frac{\dot{m}}{\rho} \qquad \dot{V} = 2\ \text{m}^3/\text{min}$$

5.2 $t = \dfrac{V_H}{\dot{V}} \qquad t = 5$ min

Verbrauchernetz als Vierleiternetz

Drei, teilweise unbekannte Wechselstromverbraucher mit den Impedanzen Z_1, Z_2 und Z_3 sind wie folgt an ein Vierleiter-Drehstromnetz angeschlossen:

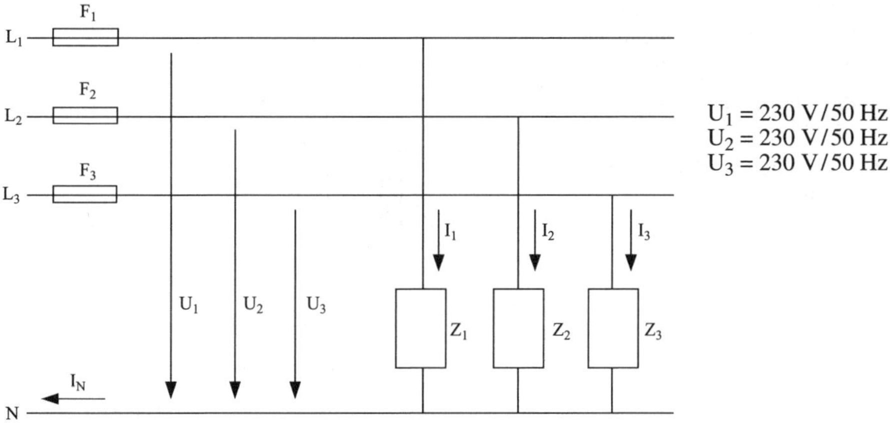

Durch Messung des Stromes I_N im N-Leiter und des zugehörigen Leistungsfaktors cos φ lassen sich die elektrischen Eigenschaften der drei Verbraucher Z_1, Z_2, Z_3 bestimmen. Dazu können die Verbraucher durch Einsetzen bzw. Entfernen der Sicherungen F_1, F_2, F_3 zugeschaltet bzw. vom Netz getrennt werden.

Teilaufgaben

1 **Nur Verbraucher Z_1 in Betrieb:**

Messwerte: $I_N = I_1 = 8$ A
$\cos \varphi_1 = 1$, $\varphi_1 = \sphericalangle (I_1, U_1)$

1.1 Berechnen Sie die Schein-, Wirk- und Blindleistung des Verbrauchers Z_1. (2)

1.2 Berechnen Sie den Wert des Verbrauchers Z_1 und nennen Sie die Art der Belastung. (1)

2 **Nur Verbraucher Z_2 in Betrieb:**

Messwerte: $I_N = I_2 = 5$ A
$\cos \varphi_2 = 0{,}966$, $\varphi_2 = \sphericalangle (I_2, U_2)$, I_2 nacheilend

2.1 Berechnen Sie die Impedanz Z_2 und den Phasenwinkel φ_2. (1,5)
Verbraucher Z_2 ist ein Wechselstrommotor, der durch Parallelschalten eines Kondensators $C_2 = 20\ \mu F$ teilweise kompensiert wurde.
Die Ersatzschaltung des Motors kann als Reihenschaltung des Widerstandes R_2 und der Induktivität L_2 angenommen werden. (siehe Schaltung rechts)

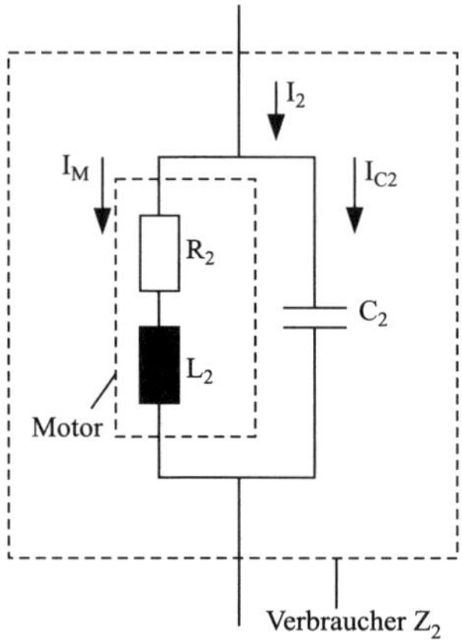

2.2 Berechnen Sie den Kondensatorstrom I_{C2} (2)

2.3 Bestimmen Sie den Motorstrom I_M. (5)

3 **Alle drei Verbraucher Z_1, Z_2 und Z_3 in Betrieb:**

Messwerte: $I_N = 0$ A

3.1 Ermitteln Sie anhand eines Zeigerdiagramms den Strom I_3 und den Phasenwinkel $\varphi_3 = \sphericalangle (I_3, U_3)$.
Maßstab: 230 V $\mathrel{\hat{=}}$ 3 cm; 1 A $\mathrel{\hat{=}}$ 1 cm (4)

3.2 Begründen Sie, warum die Ersatzschaltung von Z_3 aus einem Wirkwiderstand R_3 und einem Kondensator C_3 besteht. (2)

3.3 Bestimmen Sie unter der Bedingung $\varphi_3 = 22°$ den Wert von R_3 und C_3, wenn sie parallel geschaltet sind. (3)

4 **Nur Verbraucher Z_1 und Z_2 in Betrieb**

4.1 Geben Sie an, welchen Strom I_N man messen würde.
Begründen Sie Ihre Antwort! (2)

(22,5)

Lösungen

1.1 $S_1 = P_1 = U_1 \cdot I_1 = 230\text{ V} \cdot 8\text{ A} = 1840\text{ W}$
$Q_1 = 0$ var, da $\cos\varphi_1 = 1$, d. h. $\varphi_1 = 0°$ $\Rightarrow$ ohmsche Belastung

1.2 $Z_1 = R_1 = \dfrac{U_1}{I_1} = \dfrac{230\text{ V}}{8\text{ A}} = 28{,}75\,\Omega$

2.1 $Z_2 = \dfrac{U_2}{I_2} = \dfrac{230\text{ V}}{5\text{ A}} = 46\,\Omega$
$\cos\varphi_2 = 0{,}966 \Rightarrow \varphi_2 = 15°$

2.2 $X_{C2} = \dfrac{1}{2\cdot\pi\cdot f\cdot C_2} = \dfrac{1}{2\cdot\pi\cdot 50\text{ Hz}\cdot 20\,\mu\text{F}} = 159{,}15\,\Omega$

$I_{C2} = \dfrac{U_2}{X_{C2}} = \dfrac{230\text{ V}}{159{,}15\,\Omega} = 1{,}45\text{ A}$

2.3 $I_B^* = I_2 \cdot \sin\varphi_2 = 5\text{ A}\cdot\sin 15° = 1{,}29\text{ A}$
$I_W = I_2 \cdot \cos\varphi_2 = 5\text{ A}\cdot\cos 15° = 4{,}83\text{ A}$
$I_B = |I_{C2}| + I_B^* = 1{,}45\text{ A} + 1{,}29\text{ A} = 2{,}74\text{ A}$
$I_M = \sqrt{I_W^2 + I_B^2} = \sqrt{(4{,}83\text{ A})^2 + (2{,}74\text{ A})^2}$
$I_M = 5{,}55\text{ A}$

oder mit Cosinus-Satz:

$I_M = \sqrt{I_2^2 + I_{C2}^2 - 2\cdot I_2\cdot I_{C2}\cdot\cos(90° + \varphi_2)}$

Zeigerdiagramm-Skizze:

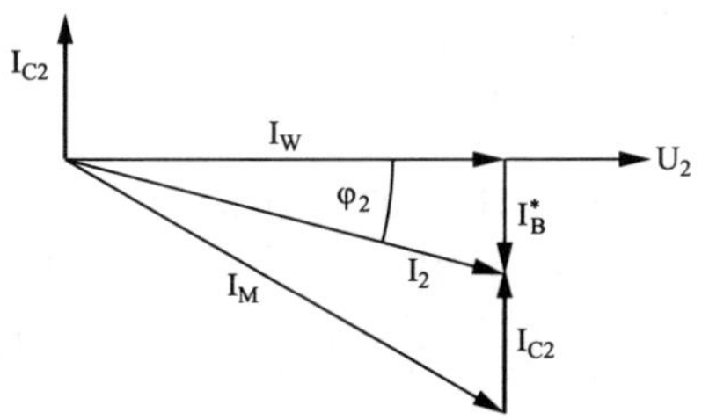

3.1 Rechnerische Lösung:
$\alpha = 180° - (120° + 15°) = 45°$
mit Cosinus-Satz:
$I_3 = \sqrt{I_1^2 + I_2^2 - 2\cdot I_1\cdot I_2\cdot\cos(90° + \alpha)} = \sqrt{8^2 + 5^2 + 2\cdot 8\cdot 5\cdot\cos(45°)}\text{ A} = 5{,}7\text{ A}$
mit Sinus-Satz:
$\sin(\beta) = \dfrac{I_2}{I_3}\cdot\sin(\alpha) = \dfrac{5\text{ A}}{5{,}7\text{ A}}\cdot\sin(45°) \Rightarrow \beta = 38{,}4°$
$\varphi_3 = 60° - \beta = 60° - 38{,}4° = 21{,}6°$

3.1 Zeigerdiagramm:

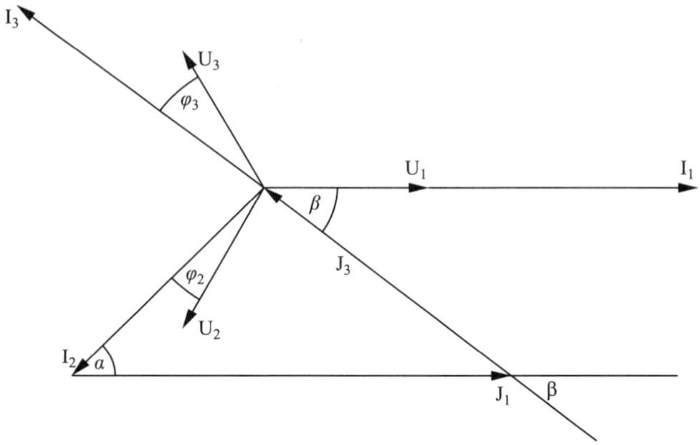

aus Zeigerdiagramm: $I_3 = 5{,}7\ A$, $\varphi_3 = 22°$

3.2 I_3 ist voreilend ⇒ Schaltung ist kapazitiv

3.2 $$Y_3 = \frac{I_3}{U_3} = \frac{5{,}7\ A}{230\ V} = 24{,}78\ mS$$

$$G_3 = Y_3 \cdot \cos(\varphi_3) = 24{,}78\ mS \cdot \cos(22°) = 22{,}976\ mS$$

$$R_3 = \frac{1}{G_3} = \frac{1}{22{,}973\ mS} = 43{,}52\ \Omega$$

$$B_{C3} = Y_3 \cdot \sin(\varphi_3) = 24{,}78\ mS \cdot \sin(22°) = 9{,}28\ mS$$

$$C_3 = \frac{B_{C3}}{2 \cdot \pi \cdot f} = \frac{9{,}28\ mS}{2 \cdot \pi \cdot 50\ Hz} = 29{,}54\ \mu F$$

oder:

$$I_{R3} = I_3 \cdot \cos(\varphi_3) = 5{,}7\ A \cdot \cos(22°) = 5{,}285\ A$$

$$I_{C3} = I_3 \cdot \cos(\varphi_3) = 5{,}7\ A \cdot \cos(22°) = 2{,}135\ A$$

$$R_3 = \frac{U_3}{I_{R3}} = \frac{230\ V}{5{,}285\ A} = 43{,}52\ \Omega$$

$$X_{C3} = \frac{U_3}{I_{C3}} = \frac{230\ V}{2{,}135\ A} = 107{,}73\ \Omega$$

$$C_3 = \frac{I}{\omega \cdot X_{C3}} = 29{,}54\ \mu F$$

4.1 $I_N = |I_3| = 5{,}7\ A$

Begründung: siehe Zeigerdiagramm 3.1 ⇒ $\vec{I}_N = \vec{I}_1 + \vec{I}_2$

Duoschaltung für Leuchtstofflampen

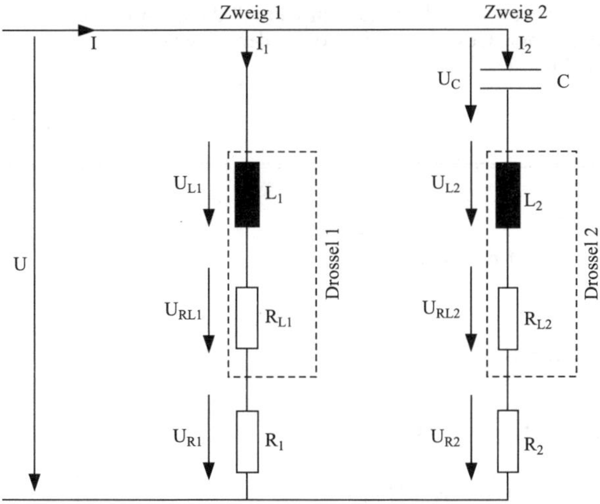

Drosseln:
$L_1 = L_2$
$R_{L1} = R_{L2}$

Leuchtstofflampen:
$R_1 = R_2$

Zuerst werden Zweig 1 und Zweig 2 getrennt betrachtet.

Teilaufgaben

Zweig 1:

Um R_1, R_{L1} und L_1 zu bestimmen führte man folgende Messungen durch:
Gleichspannung: $U = 24\ V$ $I_1 = 0{,}25\ A$
Wechselspannung: $U = 24\ V/50\ Hz$ $I_1 = 40\ mA$ $U_{R1} = 0{,}5\ V$

1.1 Berechnen Sie R_1, R_{L1} und L_1. (4)

1.2 Begründen Sie, warum bei der Messung mit Gleichspannung ein größerer Strom fließt als bei der Messung mit Wechselspannung. (1,5)

Zweig 1 wird jetzt im Nennbetrieb mit $U = 230\ V/50\ Hz$ betrieben.

1.3 Skizzieren Sie ein nicht maßstäbliches Zeigerdiagramm aller Spannungen. Berechnen Sie den Strom I_1, die Spannungen U_{L1}, U_{RL1}, U_{R1} sowie die Phasenverschiebung φ_1 zwischen U und I_1. (4)

Zweig 2:

Der Zweig 2 nimmt bei $U = 230\ V / 50\ Hz$ einen Strom $I_2 = 500\ mA$ auf.
Es seien: $L_2 = 1{,}9\ H$; $R_{L2} = 83{,}5\ \Omega$; $R_2 = 12{,}5\ \Omega$

2.1 Berechnen Sie den Leistungsfaktor $\cos \varphi_2$. (2,5)

2.2 Der Zweig 2 soll sich kapazitiv verhalten. Zeichnen Sie das Zeigerdiagramm aller Spannungen und berechnen Sie die Kapazität C.
Maßstab: 1 cm ≙ 50 V (7)

Gesamtschaltung:

3.1 Zeichnen Sie nun in das Zeigerdiagramm der Spannungen von 2.2 die Ströme I_1 und I_2 ein und bestimmen Sie den Gesamtstrom I sowie den Phasenverschiebungswinkel φ zwischen U und I.
Maßstab: 1 cm ≙ 0,1 A (3,5)

(22,5)

Lösungen

1.1 24 V =: $R_g = \frac{U}{I_1} = \frac{24\ V}{0{,}25\ A} = 96\ \Omega = R_1 + R_{L1}$

24 V ≈: $Z = \frac{U}{I_1} = \frac{24\ V}{40\ mA} = \sqrt{R_g^2 + X_{L1}^2} = 600\ \Omega$

$$X_{L1} = \sqrt{Z^2 - R_g^2} = \sqrt{(600\ \Omega)^2 - (96\ \Omega)^2} = 592{,}27\ \Omega$$

$$L_1 = \frac{X_{L1}}{\omega} = \frac{592{,}27\ \Omega}{2 \cdot \pi \cdot 50\ Hz} = 1{,}89\ H$$

$$R_1 = \frac{U_{R1}}{I_1} = \frac{0{,}5\ V}{40\ mA} = \underline{\underline{12{,}5\ \Omega}} = R_2$$

$$R_{L1} = R_g - R_1 = 96\ \Omega - 12{,}5\ \Omega = \underline{\underline{83{,}5\ \Omega}} = R_{L2}$$

1.2 Der Widerstand bei Wechselspannung ist größer, da zu den Wirkwiderständen R_1 und R_{L1} noch der Blindwiderstand X_{L1} der Spule hinzukommt.

1.3 $I_1 = \frac{U}{Z_1} = \frac{230\ V}{600\ \Omega} = 0{,}383\ A$

$$U_{L1} = X_{L1} \cdot I_1 = 592{,}27\ \Omega \cdot 0{,}383\ A = 226{,}84\ V$$

$$U_{R1} = R_1 \cdot I_1 = 12{,}5\ \Omega \cdot 0{,}383\ A = 4{,}79\ V$$

$$U_{RL1} = R_{L1} \cdot I_1 = 83{,}5\ \Omega \cdot 0{,}383\ A = 31{,}98\ V$$

$$\sin(\varphi_1) = \frac{U_{L1}}{U} = \frac{226{,}84\ V}{230\ V} = 0{,}986 \Rightarrow \varphi_1 = 80{,}5°$$

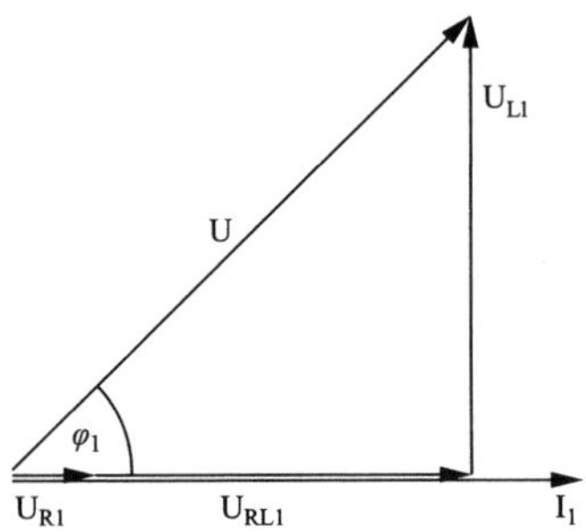

2.1 $S_2 = U \cdot I_2 = 230\ V \cdot 0{,}5\ A = 115\ VA$

$P_2 = R_g \cdot I_2^2 = 96\ \Omega \cdot (0{,}5\ A)^2 = 24\ W$

$$\cos\varphi_2 = \frac{P_2}{S_2} = 0{,}209 \quad \Rightarrow \quad \varphi_2 = 77{,}95°$$

2.2 und 3.1

$U_{R2} = R_2 \cdot I_2 = 6{,}25\ V \mathrel{\hat{=}} 0{,}125\ cm$

$U_{RL2} = R_{L2} \cdot I_2 = 41{,}75\ V \mathrel{\hat{=}} 0{,}83\ cm$

$U_{L2} = X_{L2} \cdot I_2 = 296{,}14\ V \mathrel{\hat{=}} 5{,}9\ cm$

$U_C \mathrel{\hat{=}} 10{,}4\ cm \quad \Rightarrow \quad U_C = 520\ V$ (aus Diagramm mit $\varphi_2 \approx 78°$)

$$X_C = \frac{U_C}{I_2} = \frac{520\ V}{0{,}5\ A} = 1040\ \Omega$$

$$C = \frac{1}{\omega X_C} = \frac{1}{2\pi\ 50 s^{-1} \cdot 1040\ \Omega} = \underline{\underline{3{,}06\ \mu F}}$$

$I_1 = 0{,}38\ A$; $\varphi_1 = 80{,}8°$

$I_2 = 0{,}5\ A$; $\varphi_2 = 78°$

aus Diagramm:

$I = 0{,}19\ A$

$\varphi = 33{,}8°$

kapazitiv

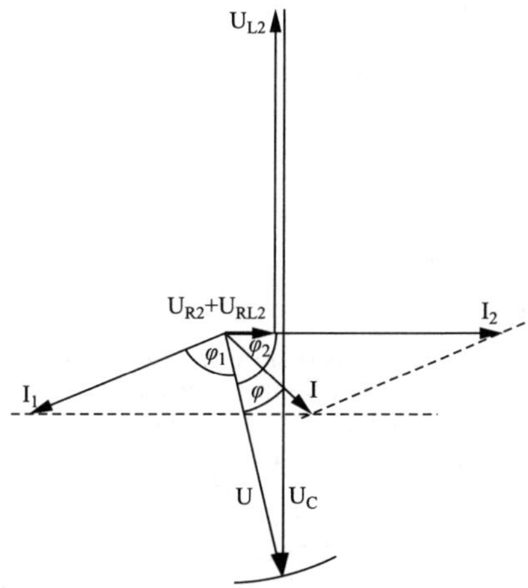

Ermittlung von Schaltfehlern

Bei mechanischen Schaltern kann es nach dem Einschalten, zusätzlich zum Kontaktprellen, zu einer unkontrollierten Schaltunterbrechung kommen.
Die Dauer dieser Unterbrechung soll mit der folgenden Prüfschaltung erfasst und angezeigt werden.

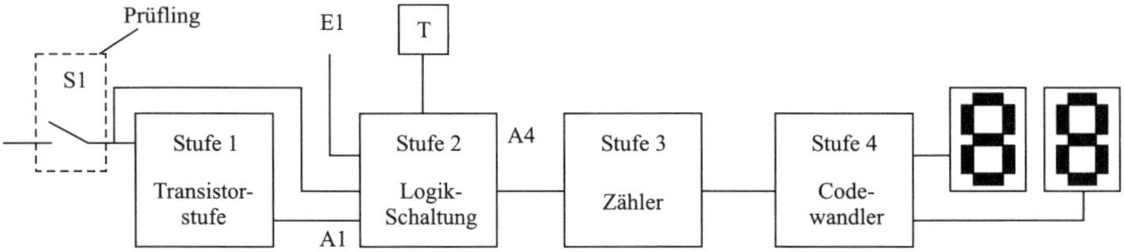

Teilaufgaben

Stufe 1:

Durch die Transistorstufe wird zur Unterdrückung des Kontaktprellens an S1 beim Einschalten an den Ausgang A1 verzögert ein Signal ausgegeben.

Daten: $U_S = 5\ V$ $B = 100$
$U_{CEsat} = 0{,}2\ V$ $ü = 3$
$R_C = 100\ \Omega$ $U_{BE} = 0{,}7\ V$

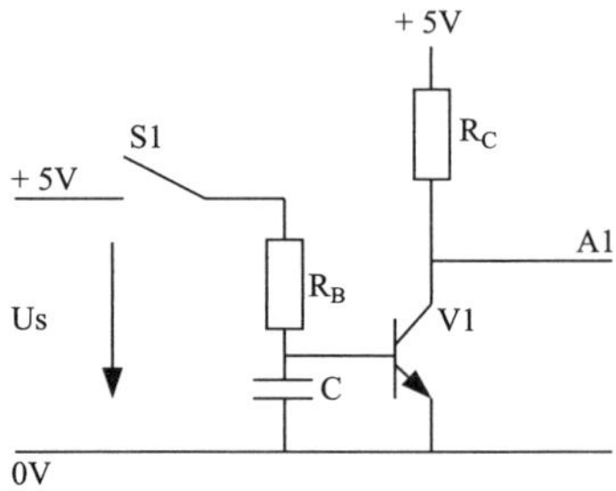

1.1 Ermitteln sie den notwendigen Basiswiderstand R_B.
(C bleibt für diese Berechnung unberücksichtigt) (3)

1.2 Beim Schließen von S1 wird C aufgeladen, sodass der Transistor V1 verzögert leitet. Wie groß muss C gewählt werden, damit V1 nach $t = 2{,}5\ \mu s$ leitet?
(gewählt: $R_B = 3\ k\Omega$) (4)

Stufe 2:

Die Schaltung der Stufe 2 zeigt die Verknüpfung der Signale T, S1, A1 und E1.
Im **Arbeitsblatt** sind die Signale vorgegeben.

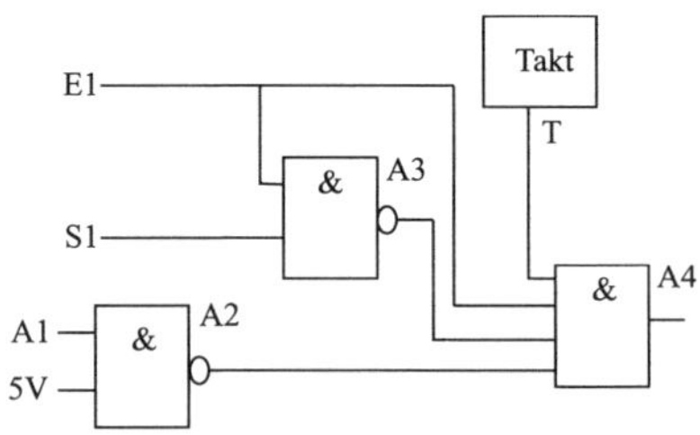

2.1 Vervollständigen Sie im **Arbeitsblatt** die Impulsdiagramme für die Ausgänge A2, A3 und A4. (4)

Stufe 3:

Die unkontrollierte Schaltunterbrechung soll mit 2 Zählern zeitlich erfasst werden. Zur Verfügung stehen 4bit-Synchron-Dualzähler.

3.1 Beschalten Sie die beiden Dualzähler auf dem **Arbeitsblatt** so, dass jeder von 0–9 zählt, wobei der Zähler Z1 die Einer-Stelle, der Zähler Z2 die Zehner-Stelle anzeigen soll. (4)

Stufe 4:

Die Signale der Zähler werden über Codewandler zwei Sieben-Segment-Anzeigen zugeführt.

4.1 Vervollständigen Sie im **Arbeitsblatt** die Funktionen „**d, e, f, g**" für einen Codewandler. (2)

4.2 Ermitteln Sie die minimierte Funktionsgleichung für das Segment „**f**", entsprechend der unten vorgegebenen Anzeigen. (2)

4.3 Zeichnen Sie für das Segment „f" die Logikschaltung in Full-NAND-Technik!

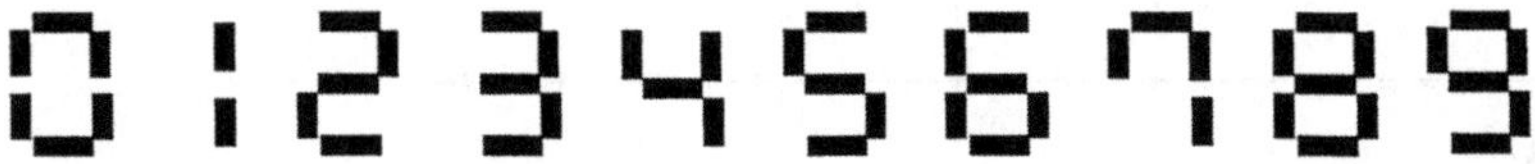

(3,5)

(22,5)

Arbeitsblatt 1

zu Stufe 2:

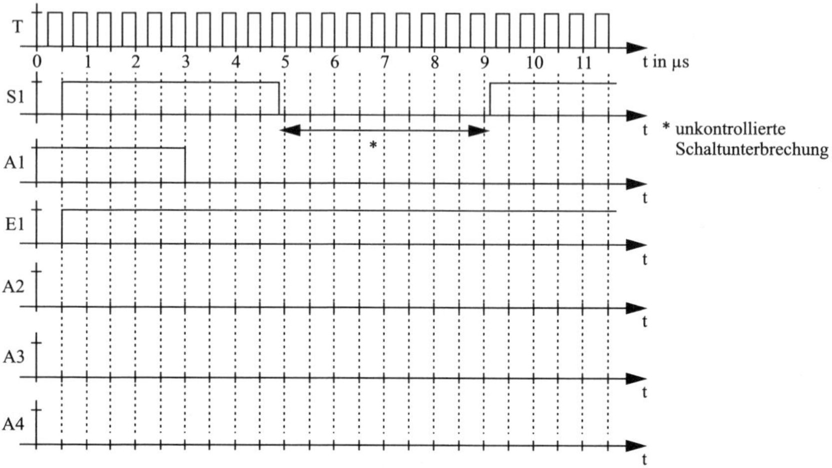

zu Stufe 3:

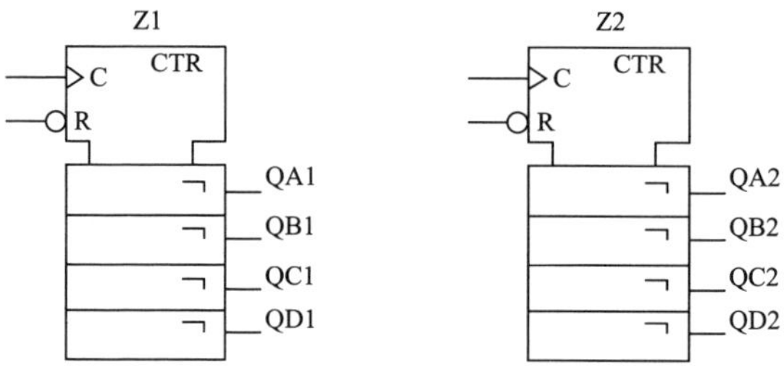

zu Stufe 4:

Dez	QD	QC	QB	QA	a	b	c	d	e	f	g
	0	0	0	0							
	0	0	0	1							
	0	0	1	0							
	0	0	1	1							
	0	1	0	0							
	0	1	0	1							
	0	1	1	0							
	0	1	1	1							
	1	0	0	0							
	1	0	0	1							

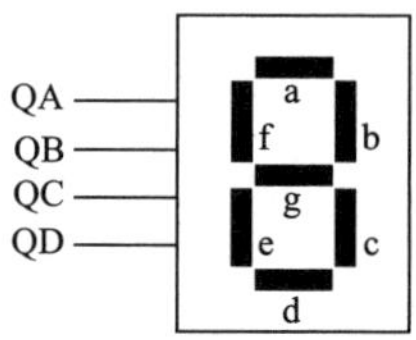

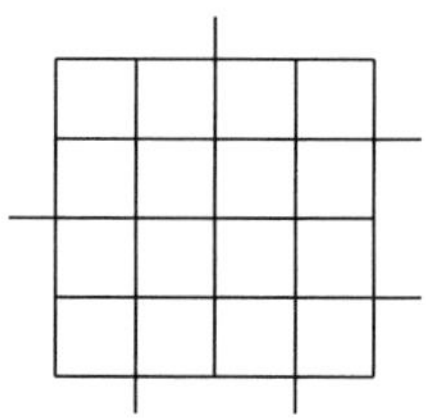

Lösungen

1.1 $I_C = \frac{U_S - U_{CEsat}}{R_C} = \frac{(5{,}0 - 0{,}2)\ V}{100\ \Omega} = 48\ mA$

$$I_B = \frac{I_C \cdot ü}{B} = \frac{48\ mA \cdot 3}{100} = 1{,}44\ mA$$

$$R_B = \frac{U_S - U_{BE}}{I_B} = \frac{(5{,}0 - 0{,}7)\ V}{1{,}44\ mA} = 2{,}99\ k\Omega$$

1.2 $u_C = U_S \cdot (1 - e^{-t/\tau})$

$$-t/\tau = \ln\left(1 - \frac{u_C}{U_S}\right) \text{ und } \tau = \frac{-t}{\ln(1 - u_C / U_S)} = \frac{-2{,}5\ \mu s}{\ln(1 - 0{,}7\ V / 5{,}0\ V)} = 16{,}6\ \mu s$$

$$\tau = R \cdot C \text{ und } C = \frac{\tau}{R} = \frac{16{,}6\ \mu s}{3\ k\Omega} = 5{,}53\ nF$$

2.2 und 3.1
siehe Arbeitsblatt

4.1 Tabelle siehe Arbeitsblatt

4.2 $f = \overline{Q_A}\ \overline{Q_B} \vee Q_C \vee Q_D$

4.3 $f = \overline{\overline{Q_D} \wedge \overline{\overline{Q_A}\ \overline{Q_B}} \wedge \overline{Q_C}}$

Logikschaltung:

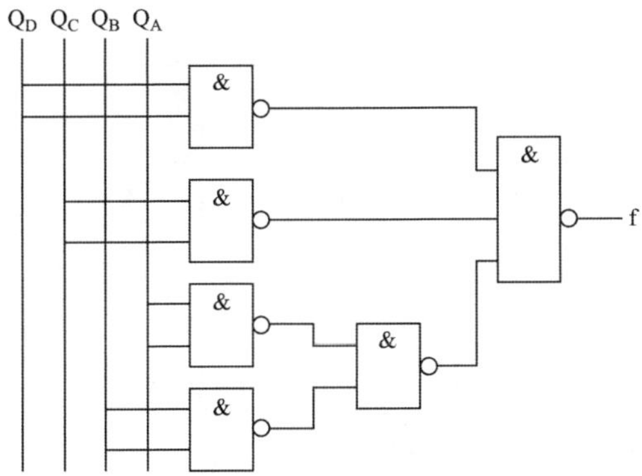

Arbeitsblatt

zu Stufe 2

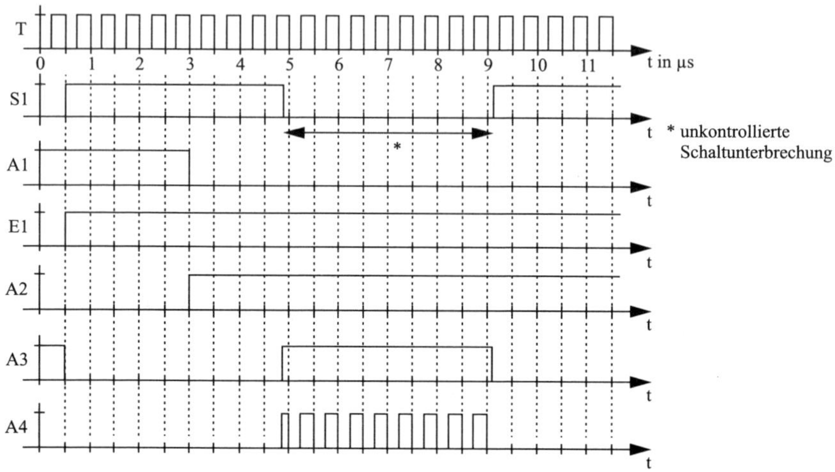

zu Stufe 3

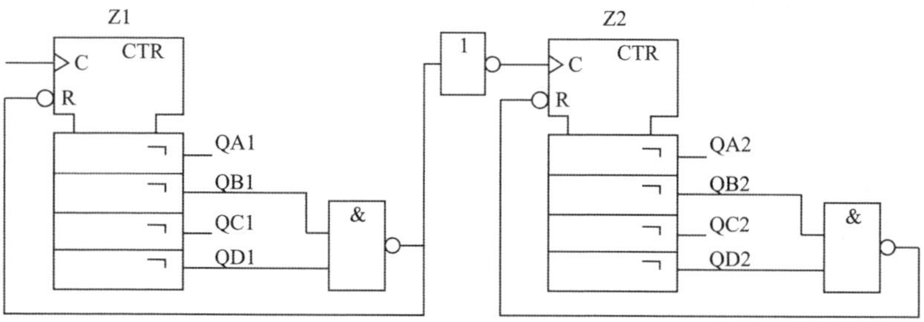

zu Stufe 4

zu 4.1

Dez	QD	QC	QB	QA	a	b	c	d	e	f	g
0	0	0	0	0				1	1	1	0
1	0	0	0	1				0	0	0	0
2	0	0	1	0				1	1	0	1
3	0	0	1	1				1	0	0	1
4	0	1	0	0				0	0	1	1
5	0	1	0	1				1	0	1	1
6	0	1	1	0				1	1	1	1
7	0	1	1	1				0	0	1	0
8	1	0	0	0				1	1	1	1
9	1	0	0	1				1	0	1	1

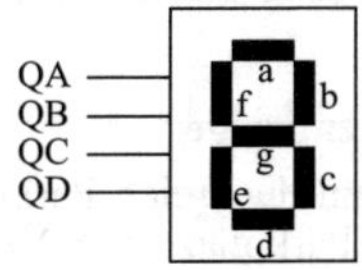

zu 4.2

f (KV-Diagramm; QA über den mittleren Spalten, QD neben den oberen zwei Zeilen, QB neben den mittleren zwei Zeilen, QC unter den mittleren Spalten)

1	×	×	1
×	×	×	×
0	1	1	0
0	1	1	1

Parkplatzanzeige

Die Anzahl der freien Parkplätze in einer Tiefgarage soll ermittelt und angezeigt werden. Es stehen 7 Parkplätze zur Verfügung. Die Schaltung ist im folgenden Blockschaltbild dargestellt.

Blockschaltbild

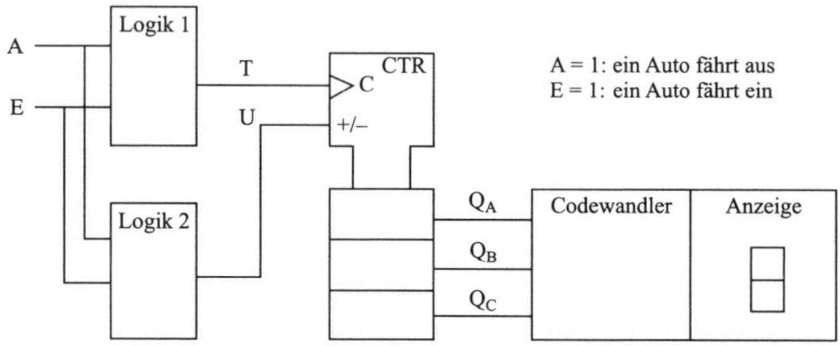

Teilaufgaben

1 **Logik 1:**

Die Logik 1 wird mit folgender Funktion beschrieben: $T = \overline{A}E \vee A\overline{E}$

1.1 Erstellen Sie die dazugehörige Funktionstabelle und zeichnen Sie die Schaltung. (2)

1.2 Um welchen logischen Grundbaustein handelt es sich?
Wie viel NAND-Gatter wären zu seiner Realisierung erforderlich? Warum ist es sinnvoll, diesen Baustein in Logik 1 einzusetzen? (2)

1.3 Könnte Logik 1 auch mit einem ODER-Baustein realisiert werden? Begründen Sie Ihre Antwort. (2)

2 **Synchronzähler**

Die Anzahl der **freien** Parkplätze soll mithilfe eines umschaltbaren Vorwärts-Rückwärts-Synchronzählers festgestellt werden.
Das notwendige Umschaltsignal U wird von der Logik 2 erzeugt.
Es gilt: U = 1 vorwärts zählen
U = 0 rückwärts zählen

2.1 Zeichnen Sie das Zustandsdiagramm des Zählers. (3)

2.2 Ergänzen Sie die Funktionstabelle auf dem Arbeitsblatt. (3)

2.3 Ermitteln Sie die minimierten Schaltfunktionen der Vorbereitungseingänge und zeichnen Sie die Schaltung.
Hinweis: Auf dem Arbeitsblatt stehen Ihnen KV-Diagramme zur Verfügung. (7)

3 Codewandler/Anzeige

Als Anzeige dient die dargestellte LED-Anzeige.

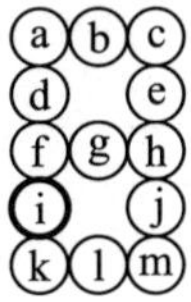

3.1 Bestimmen Sie für die LED „**i**“ die minimierte Schaltfunktion
$i = f(Q_A, Q_B, Q_C)$

(3,5)
(22,5)

Arbeitsblatt

zu 2.1 und 2.2

		U	$Q_{C,n}$	$Q_{B,n}$	$Q_{A,n}$	$Q_{C,n+1}$	$Q_{B,n+1}$	$Q_{A,n+1}$	J_A	K_A	J_B	K_B	J_C	K_C
Bei Ausfahrt		1	0	0	0	0	0	1						
		1	0	0	1	0	1	0						
		1	0	1	0	0	1	1						
		1												
		1												
		1												
		1												
		1	1	1	1									
Bei Einfahrt		0	1	1	1									
		0	1	1	0									
		0												
		0												
		0												
		0												
		0												
		0												

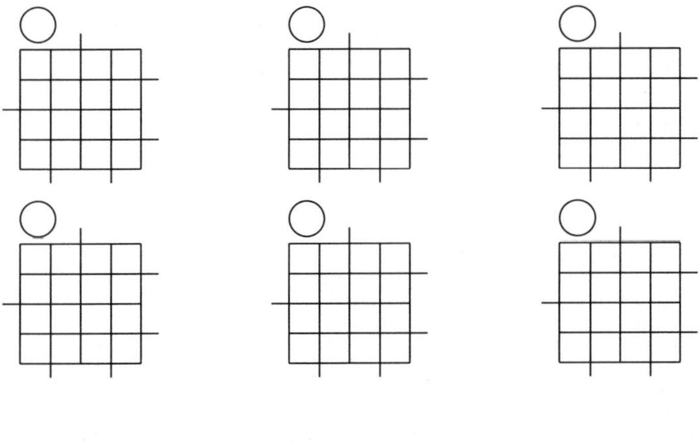

Lösungen

1.1

Dez	E	A	T
0	0	0	0
1	0	1	1
2	1	0	1
3	1	1	0

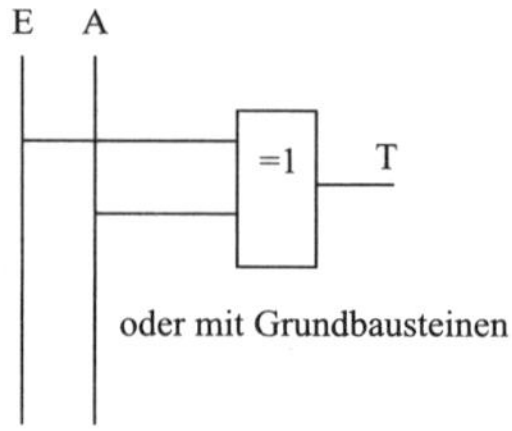

1.2 Antivalenz.

$$T = \overline{\overline{(\bar{E}A)} \wedge \overline{(E\bar{A})}}$$

5 NAND-Gatter erforderlich
Für E = A = 1 und E = A = 0 ändert sich die Anzahl der freien Parkplätze (= Zählerstand) nicht. Äquivalenz liefert kein Taktsignal.

1.3 Ja, wenn gewährleistet ist, dass nicht gleichzeitig ein Auto ein- und ein Auto ausfährt.
Nein, weil die Möglichkeit besteht, dass gleichzeitig ein Auto ein- und ein Auto ausfährt.

2.1 Zustandsdiagramm:

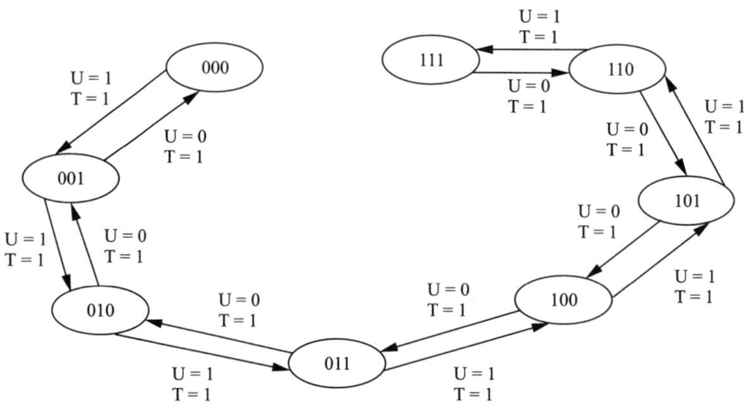

2.2. Wahrheitstabelle Vorwärts-Rückwärts-Zähler

	Dez	U	$Q_{C,n}$	$Q_{B,n}$	$Q_{A,n}$	$Q_{C,n+1}$	$Q_{B,n+1}$	$Q_{A,n+1}$	J_A	K_A	J_B	K_B	J_C	K_C
Bei Ausfahrt	8	1	0	0	0	0	0	1	1	×	0	×	0	×
	9	1	0	0	1	0	1	0	×	1	1	×	0	×
	10	1	0	1	0	0	1	1	1	×	×	0	0	×
	11	1	0	1	1	1	0	0	×	1	×	1	1	×
	12	1	1	0	0	1	0	1	1	×	0	×	×	0
	13	1	1	0	1	1	1	0	×	1	1	×	×	0
	14	1	1	1	0	1	1	1	1	×	×	0	×	0
	15	1	1	1	1	×	×	×	×	×	×	×	×	×
Bei Einfahrt	7	0	1	1	1	1	1	0	×	1	×	0	×	0
	6	0	1	1	0	1	0	1	1	×	×	1	×	0
	5	0	1	0	1	1	0	0	×	1	0	×	×	0
	4	0	1	0	0	0	1	1	1	×	1	×	×	1
	3	0	0	1	1	0	1	0	×	1	×	0	0	×
	2	0	0	1	0	0	0	1	1	×	×	1	0	×
	1	0	0	0	1	0	0	0	×	1	0	×	0	×
	0	0	0	0	0	×	×	×	×	×	×	×	×	×

zu 2.3

2.3 Lösung mithilfe der charakteristischen Gleichung:

$Q_{A,\,n+1}$ $Q_{B,\,n+1}$ $Q_{C,\,n+1}$

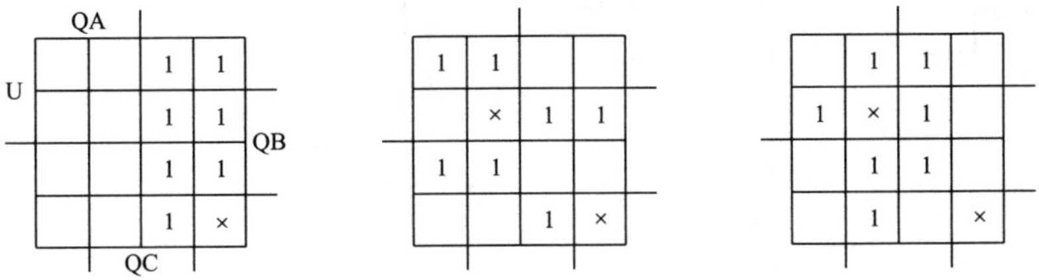

$J_A = K_A = 1$

$J_B = K_B = Q_A U \vee \overline{Q_A}\,\overline{U}$

$= \overline{Q_A \overline{U} \vee \overline{Q_A} U}$

$J_C = Q_A Q_B U$

$K_C = \overline{Q}_A\,\overline{Q}_B\,\overline{U} = \overline{Q_A \vee Q_B \vee U}$

oder mit KV-Diagramme:

$\underline{J_B}$ (QA, QB, U, QC)

×	×	×	×
×	×	×	×
1	1	0	0
0	0	1	×

$\underline{K_B}$ (QA, QB, U, QC)

0	0	1	1
1	×	0	0
×	×	×	×
×	×	×	×

$\underline{J_C}$ (QA, QB, U, QC)

0	×	×	0
1	×	×	0
0	×	×	0
0	×	×	×

$\underline{K_C}$ (QA, QB, U, QC)

×	0	0	×
×	×	0	×
×	0	0	×
×	0	1	×

aus der Tabelle:
$J_A = K_A = 1$

aus den KV-Diagrammen:

$$J_B = K_B = Q_A U \vee \overline{Q_A}\,\overline{U} = \overline{Q_A \overline{U} \vee \overline{Q_A} U}$$

$$J_C = Q_A Q_B U$$

$$K_C = \overline{Q_A}\,\overline{Q_B}\,\overline{U} = \overline{Q_A \vee Q_B \vee U}$$

Schaltung nach Digiwin:

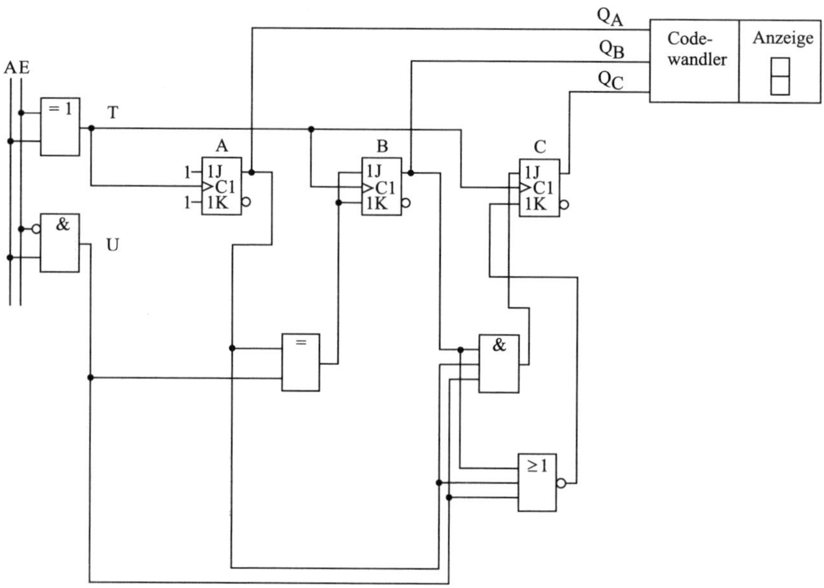

alternativ:

Lösung mit D-FF's:

$$D_A = \overline{Q_{A,n}}$$

$$D_B = (Q_{A,n} \wedge Q_{B,n} \wedge \overline{U}) \vee (Q_{A,n} \wedge \overline{Q_{B,n}} \wedge U) \vee (\overline{Q_{A,n}} \wedge \overline{Q_{B,n}} \wedge \overline{U}) \vee (\overline{Q_{A,n}} \wedge Q_{B,n} \wedge U)$$

$$D_C = (Q_{A,n} \wedge Q_{C,n}) \vee (Q_{B,n} \wedge Q_{C,n}) \vee (Q_{C,n} \wedge U) \vee (Q_{A,n} \wedge Q_{B,n} \wedge U)$$

Schaltung nach EWB ®

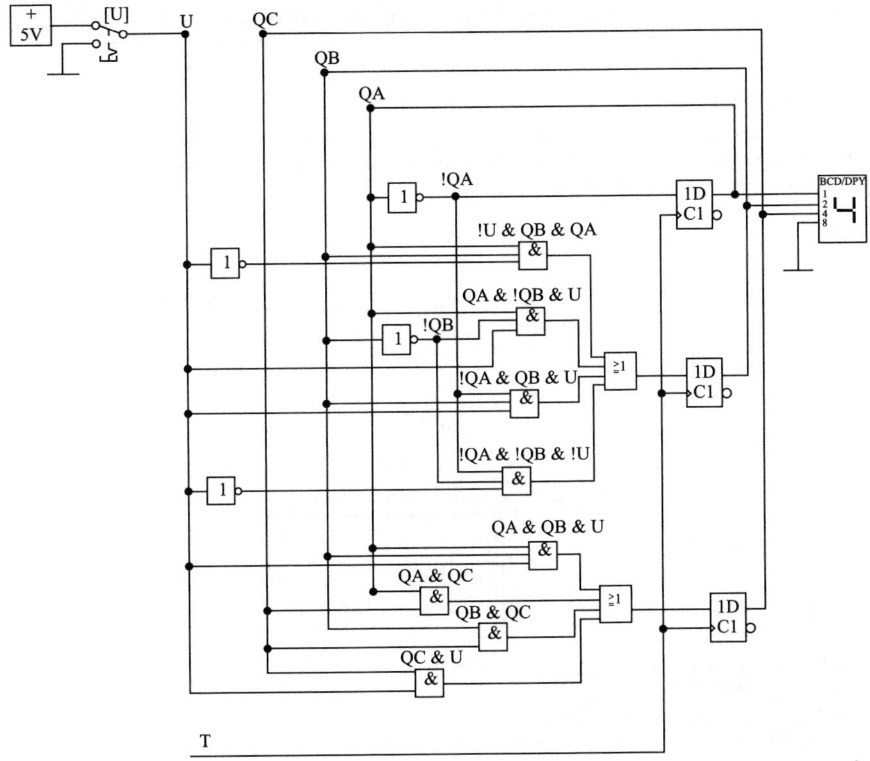

3.1 LED-Anzeige Element i

Dez	QC	QB	QA	i
0	0	0	0	1
1	0	0	1	0
2	0	1	0	1
3	0	1	1	0
4	1	0	0	0
5	1	0	1	0
6	1	1	0	1
7	1	1	1	0

$$i = (\overline{Q_A} Q_B) \vee (\overline{Q_A}\ \overline{Q_C})$$

$$i = \overline{Q_A} \wedge (Q_B \vee \overline{Q_C})$$

Berufliche Gymnasien (Baden-Württemberg) – Abiturprüfung 2004
Leistungskurs Technik: Maschinenbau Aufgabe 1

Containerkran

Mithilfe eines Containerkrans sollen Lastwagen be- und entladen werden.
Der Ausleger kann durch einen Teleskoparm verlängert und mittels hydraulischer Zylinder in seiner Neigung verstellt werden.

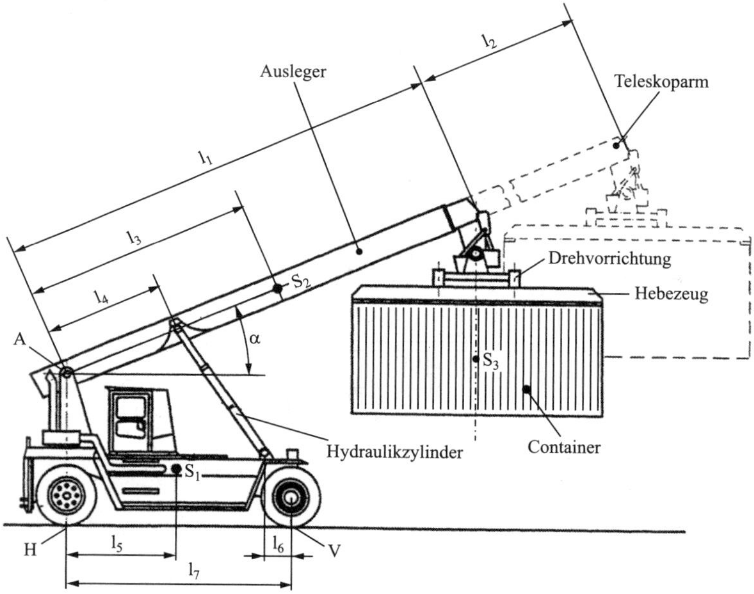

Daten:

$l_1 = 8000$ mm	$l_5 = 2200$ mm
$l_2 = 4000$ mm	$l_6 = 500$ mm
$l_3 = 4100$ mm	$l_7 = 4200$ mm
$l_4 = 2700$ mm	$\alpha = 20°$

Gewichtskraft des Krans ohne Ausleger:	$F_{G1} = 260$ kN in S_1
Gewichtskraft des Auslegers mit Teleskoparm:	$F_{G2} = 100$ kN in S_2
Gewicht des Containers:	$F_{G3} = 60$ kN in S_3

Teilaufgaben

1 Ermitteln Sie zeichnerisch die Achslasten F_V und F_H, wenn der Teleskoparm eingefahren ist. (6)

2 Bei welcher Containerlast kippt das Fahrzeug, wenn der Teleskoparm in der gezeichneten Stellung ganz ausgefahren ist?
Der Schwerpunkt S_2 ist dabei im Abstand $l_3^* = 5$ m von Gelenkpunkt A aus anzunehmen. (3)

3 Lagerung des Hydraulikzylinders:

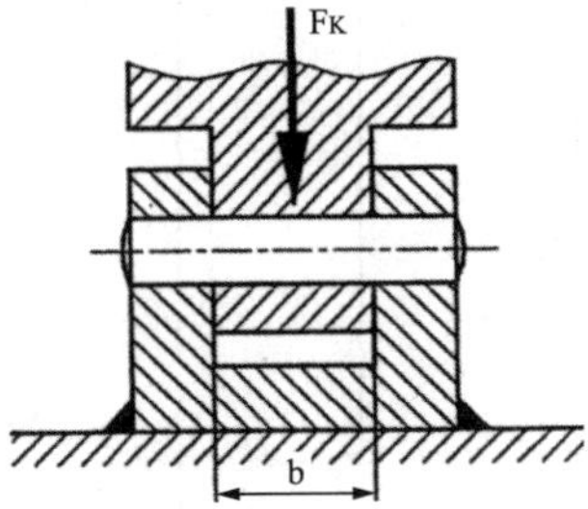

Kolbenkraft: $F_K = 250$ kN

Zul. Flächenpressung: $p_{zul} = 30 \frac{N}{mm^2}$

$b = 150$ mm

Sicherheit gegen Abscheren: $\nu = 4{,}5$

Bolzenwerkstoff: C45E (Ck 45)

Berechnen Sie den erforderlichen Bolzendurchmesser. (5)

4 Bestimmen Sie für die Kolbenkraft $F_K = 250$ kN den Kolbendurchmesser des Hydraulikzylinders bei einem Öldruck von 120 bar und 30 % Reibverlusten im Zylinder. (Verlustfrei gilt: $p = F/A$) (2)

5 Daten im Fahrbetrieb pro Rad:

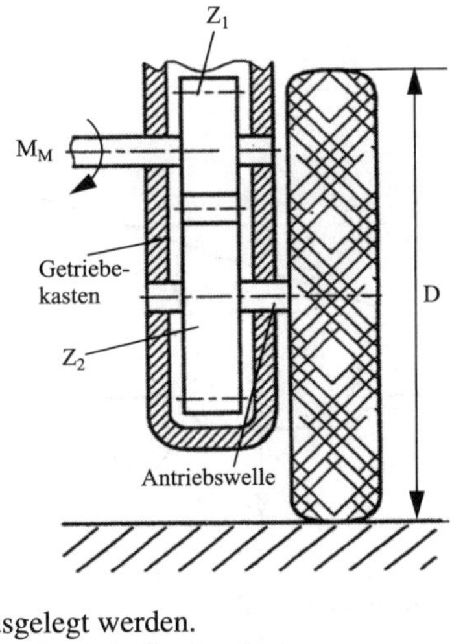

Motormoment: $M_M = 800$ Nm

Fahrgeschwindigkeit: $v = 12 \frac{km}{h}$

Raddurchmesser: D = 800 mm

Getriebe:

Wirkungsgrad: $\eta = 0{,}9$

Zähnezahlen: $z_1 = 24$

$z_2 = 36$

5.1 Die Antriebswelle der Räder soll als Hohlwelle ausgelegt werden.
Berechnen Sie die Wandstärke der Hohlwelle für einen Außendurchmesser von 80 mm und eine zulässige Torsionsspannung von $35 \frac{N}{mm^2}$ (4,5)

5.2 Berechnen Sie die Antriebsleistung an einem Rad in kW. (2)

(22,5)

Die Teilaufgaben sind unabhängig voneinander lösbar.

Lösungen

1 Lageplan: (M 1 : 100) (nicht maßstäblich) Kräfteplan: (1 cm $\hat{=}$ 50 kN)

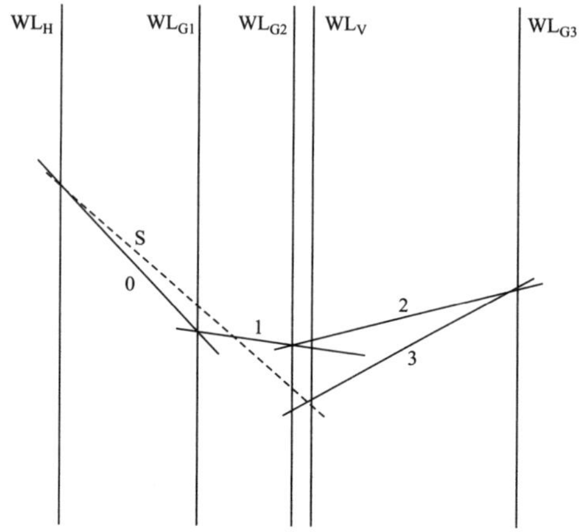

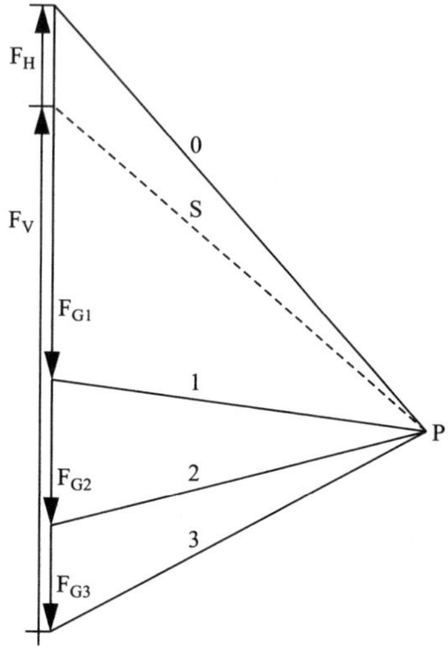

abgelesen: $F_V = 335$ kN
$F_H = 85$ kN

2

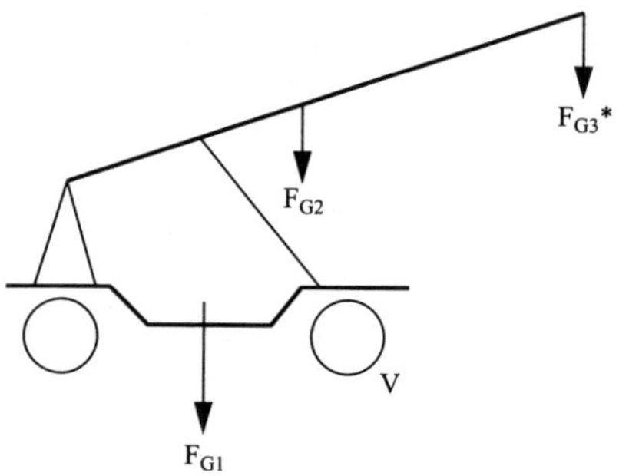

Bezüglich V gilt:

$M_{\text{linksdrehend}} = M_{\text{rechtsdrehend}}$

$$\Rightarrow \quad F_{G1} \cdot (l_7 - l_5) = F_{G2} \cdot (l_3^* \cdot \cos\alpha - l_7) + F_{G3}^* \cdot [(l_1 + l_2) \cdot \cos\alpha - l_7]$$

$$\Leftrightarrow \quad F_{G3}^* = \frac{260\text{ kN} \cdot 2\text{ m} - 100\text{ kN} \cdot (5\text{ m} \cdot \cos 20° - 4{,}2\text{ m})}{12\text{ m} \cdot \cos 20° - 4{,}2\text{ m}}$$

$\underline{\underline{F_{G3}^* = 66{,}44\text{ kN}}}$

3 Rechnung auf Scherung:

C45E: $R_m = 650 \frac{N}{mm^2}$; $\tau_{a\,zul} = \frac{0{,}8 \cdot R_m}{\nu} = \frac{0{,}8 \cdot 650}{4{,}5} \frac{N}{mm^2} = 115{,}6 \frac{N}{mm^2}$

2-schnittig: $d_{erf} = \sqrt{\frac{2 \cdot F_K}{\pi \cdot \tau_{a\,zul}}} = \sqrt{\frac{2 \cdot 250000\ N}{\pi \cdot 115{,}6 \frac{N}{mm^2}}} = 37{,}1\ mm$

Rechnung auf Flächenpressung:

$d_{erf} = \frac{F_K}{b \cdot p_{zul}} = \frac{250000\ N}{150\ mm \cdot 30 \frac{N}{mm^2}} = 55{,}6\ mm$ gewählt: $\underline{\underline{d = 56\ mm}}$

4 $F_K = p \cdot A \cdot \eta = p \cdot \pi \cdot \frac{d^2}{4} \cdot \eta \Leftrightarrow d = \sqrt{\frac{4 \cdot F_K}{p \cdot \pi \cdot \eta}} = \sqrt{\frac{4 \cdot 250000\ N}{12 \frac{N}{mm^2} \cdot \pi \cdot 0{,}7}} = \underline{\underline{194{,}7\ mm}}$

5.1 Moment an der Antriebswelle:

$M_2 = M_M \cdot \frac{z_2}{z_1} \cdot \eta = 800\ Nm \cdot \frac{36}{24} \cdot 0{,}9 = 1080\ Nm$

$W_{p\,erf} = \frac{M_2}{\tau_{t\,zul}} = \frac{\pi}{16} \cdot \frac{d_a^4 - d_i^4}{d_a} \Leftrightarrow d_i = \sqrt[4]{d_a^4 - \frac{16 \cdot M_2 \cdot d_a}{\pi \cdot \tau_{t\,zul}}} \Rightarrow d_i = 73\ mm$

Wandstärke:

$s = \frac{d_a - d_i}{2} = 3{,}5\ mm$ gewählt: $\underline{\underline{s = 3{,}6\ mm\ (4\ mm)}}$

5.2 $P_M = 2 \cdot \pi \cdot n \cdot M_2 = 2 \cdot \pi \frac{v}{D \cdot \pi} \cdot M_2 = \frac{2 \cdot 12000\ m \cdot 1080\ Nm}{0{,}8\ m \cdot 3600\ s} = 9000\ W$ $\underline{\underline{P_M = 9\ kW}}$

Berufliche Gymnasien (Baden-Württemberg) – Abiturprüfung 2004
Leistungskurs Technik: Maschinenbau Aufgabe 2

Baukran

Der skizzierte Kran erhält durch Auflegen von Ballastkörpern aus Beton das erforderliche Gegengewicht. Mit der Laufkatze kann die Last verfahren werden.

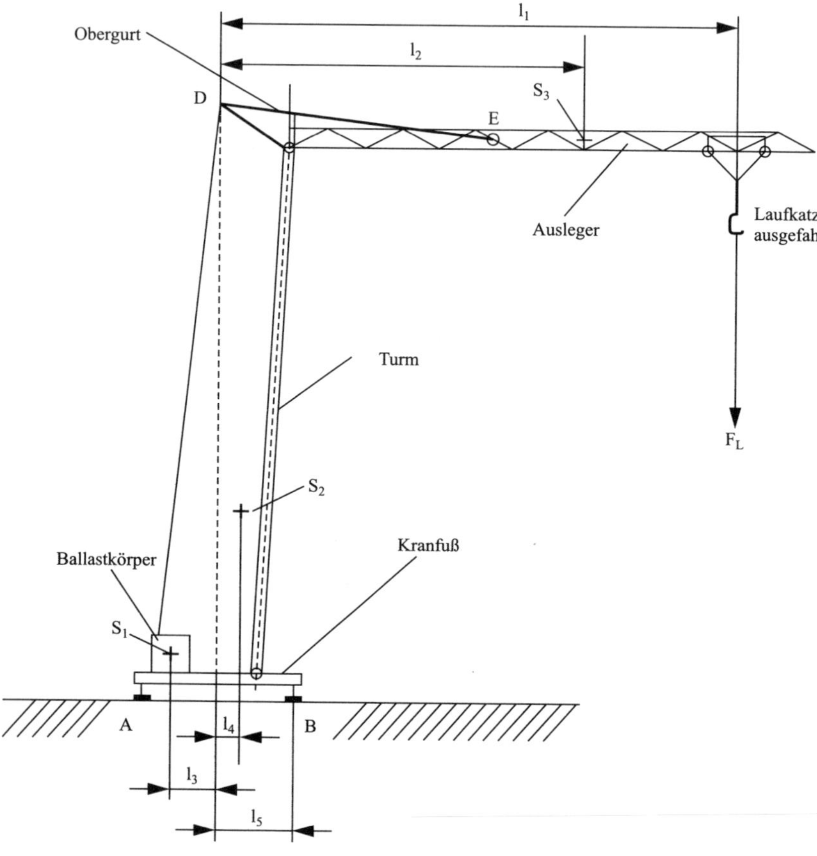

Daten: Zulässige Last bei ausgefahrener Laufkatze: $F_L = 7{,}5$ kN
Masse der Ballastkörper: m_1 in S_1
Masse von Kranfuß und Turm: $m_2 = 1\,200$ kg in S_2
Masse des Auslegers: $m_3 = 800$ kg in S_3

$l_1 = 20$ m $l_4 = 1$ m
$l_2 = 12$ m $l_5 = 2$ m
$l_3 = 1{,}2$ m

Teilaufgaben

1 Die Laufkatze ist mit der Last F_L ganz ausgefahren. Wie viele Ballastkörper mit der Einzelmasse von jeweils m = 1 t sind mindestens aufzulegen, damit der Baukran nicht kippt? (4)

2 Der Ausleger ist um $\alpha = 20°$ angehoben. Ermitteln Sie zeichnerisch die Seilkraft F_S und die Achsenkräfte F_H und F_V für die Last F_L.

Daten:
$l_6 = 600$ mm
$l_7 = 300$ mm
$l_8 = 100$ mm
$\alpha = 20°$

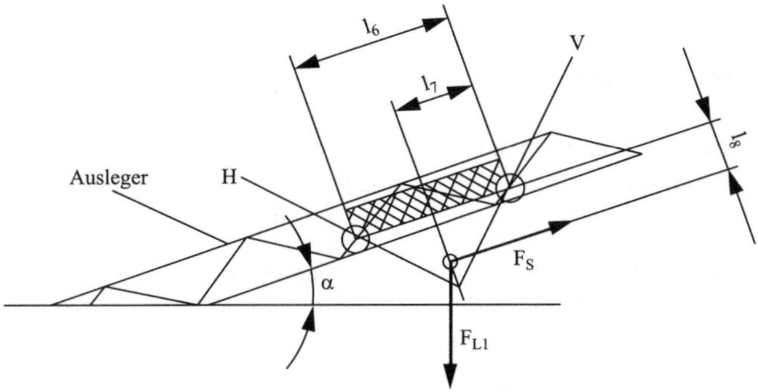

(5)

3 Das Seil des Obergurts besteht aus 6 Litzen mit je 37 Einzeldrähten.
Berechnen Sie den Einzeldrahtdurchmesser d_D.
Zugkraft im Obergurt: $F_{OG} = 142$ kN
Zugfestigkeit: $R_m = 1960 \dfrac{N}{mm^2}$
Sicherheit gegen Bruch: $\nu = 4$ (3)

4 Der Bolzen in E wird auf Biegung und Abscherung beansprucht.
Ermitteln Sie den erforderlichen Bolzendurchmesser d_B.

Werkstoff:	S275JR (St 44)
Zugkraft im Obergurt:	$F_{OG} = 142$ kN
Sicherheit gegen Verformung:	$\nu = 2{,}5$
Sicherheit gegen Abscheren:	$\nu = 4$
wirksame Lagerbreite:	b = 50 mm

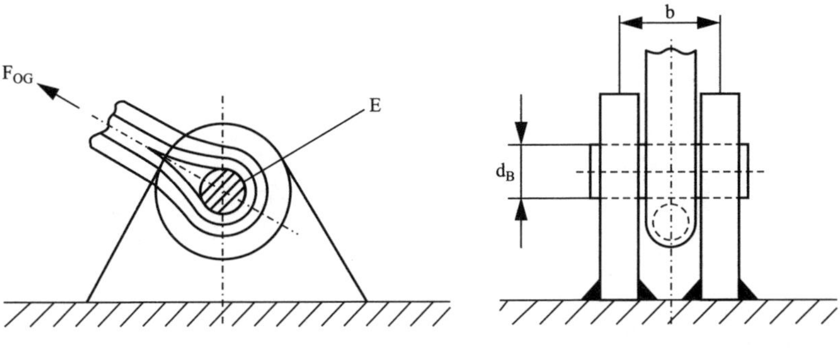

(6,5)

5 Bei eingefahrener Laufkatze kann eine Last von $F_{l\,max}$ angehoben werden.

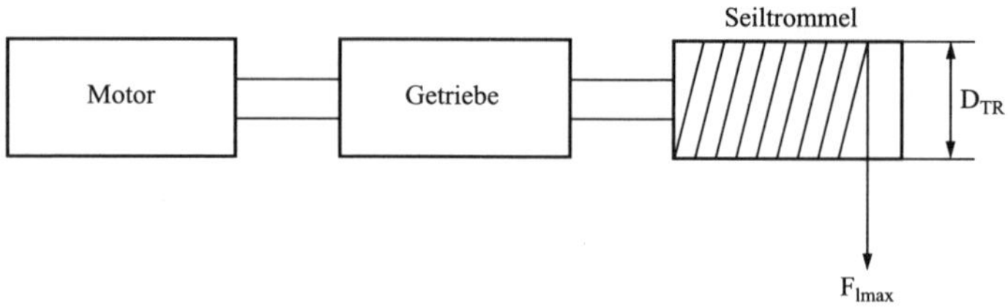

Motor: $n_M = 1440 \frac{1}{min}$

Getriebe und Seiltrommel:

Gesamtwirkungsgrad: $\eta = 75\ \%$
Hubgeschwindigkeit: $v_M = 30\ m/min$
Seilkraft: $F_{l\,max} = 20\ kN$
Seiltrommeldurchmesser: $D_{TR} = 380\ mm$
Berechnen Sie die Motorleistung P_M und das Übersetzungsverhältnis i des Getriebes (4)

(22,5)

Die Teilaufgaben sind unabhängig voneinander lösbar.

Lösungen

1 **Drehpunkt in B:**

$\sum M_B = 0$

$F_L(l_1 - l_5) + F_3(l_2 - l_5) = F_1(l_5 + l_3) + F_2(l_5 - l_4)$

$7{,}5\ \text{kN} \cdot 18\ \text{m} + 8\ \text{kN} \cdot 10\ \text{m} = x \cdot 10\ \text{kN} \cdot 3{,}2\ \text{m} + 12\ \text{kN} \cdot 1\ \text{m}$

$$x = \frac{135\ \text{kNm} + 80\ \text{kNm} - 12\ \text{kNm}}{32\ \text{kNm}} = 6{,}34$$

$\Rightarrow$ mindestens 7 Betongewichte

$F_1 = x \cdot m \cdot g$

$\quad = x \cdot 1000\ \text{kg} \cdot 10 \frac{\text{m}}{\text{s}^2}$

$F_1 = x \cdot 10\ \text{kN}$

$F_2 = m_2 \cdot g = 12\ \text{kN}$

$F_3 = m_3 \cdot g = 8\ \text{kN}$

2 **Culmann (4-Kräfteverfahren):**

Lageplan: (M_L 1 : 10) (nicht maßstäblich) Kräfteplan: (1 cm $\triangleq$ 1 kN)

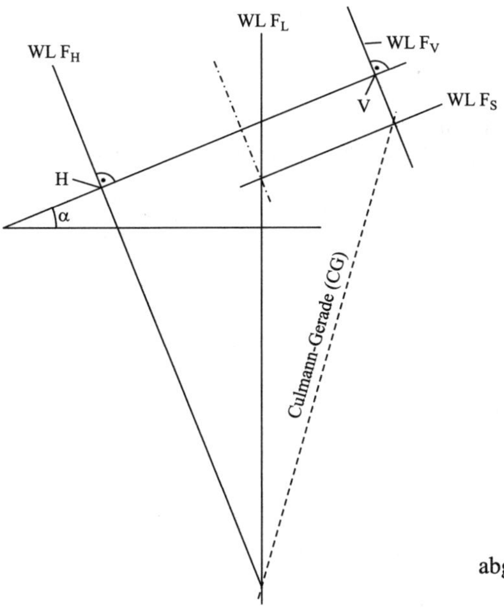

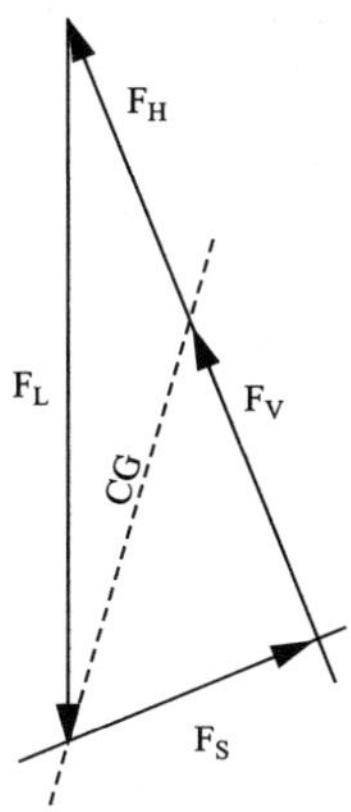

abgelesen: $F_S = 2{,}6\ \text{cm} \triangleq 2{,}6\ \text{kN}$
$F_H = 3{,}5\ \text{cm} \triangleq 3{,}5\ \text{kN}$
$F_V = 3{,}5\ \text{cm} \triangleq 3{,}5\ \text{kN}$

3 **Zugbeanspruchung:**

$$\sigma_{z\,vorh} = \frac{F_{OG}}{n \cdot \pi \cdot \frac{d_D^2}{4}} \leq \sigma_{zul} = \frac{R_m}{\nu}$$

$$d_D \geq \sqrt{\frac{4 \cdot F_{OG} \cdot \nu}{n \cdot \pi \cdot R_m}} = \sqrt{\frac{4 \cdot 142\ \text{kN} \cdot 4\ \text{mm}^2}{6 \cdot 37 \cdot \pi \cdot 1960\ \text{N}}} = 1{,}29\ \text{mm}$$

4.1 **Biegung:**

$$M_{b\,max} = \frac{F_{OG}}{2} \cdot \frac{b}{2} \cdot F_{OG} \cdot b = \frac{1}{4} \cdot 142\text{ kN} \cdot 50\text{ mm} = 1775\text{ Nm}$$

$$\sigma_{b\,vorh} = \frac{M_{b\,max}}{W_b} \le \sigma_{b\,zul} = \frac{\sigma_{bF}}{\nu} \text{ bzw. } \frac{R_e}{\nu} \qquad \sigma_{bF} = 380\frac{N}{mm^2}$$

$$W_b = \frac{\pi \cdot d_B^3}{32}$$

$$d_B \ge \sqrt[3]{\frac{32 \cdot M_{b\,max} \cdot \nu}{\pi \cdot R_e}} = \sqrt[3]{\frac{32 \cdot 1775\text{ Nm} \cdot 2{,}5\text{ mm}^2}{\pi \cdot 275}} = 5{,}48\text{ cm} = 54{,}8\text{ mm}$$

$d_B \ge 55$ mm $\qquad$ mit $\sigma_{bF} \Rightarrow d_B = 49{,}2$ mm

4.2 **Abscherung:**

$$\tau_{a\,vorh} = \frac{F_{OG}}{S_{scher}} = \frac{F_{OG}}{2 \cdot \frac{\pi \cdot d_B^2}{4}} \le \tau_{a\,zul} = \frac{\tau_{aB}}{\nu}$$

$$d_B \ge \sqrt{\frac{2 \cdot F_{OG} \cdot \nu}{\pi \cdot \tau_{aB}}} = \sqrt{\frac{2 \cdot 142\text{ kN} \cdot 4 \cdot \text{mm}^2}{\pi \cdot 328\text{ N}}} \qquad \text{S275 JR} \Rightarrow R_m = 410 \ldots 560\frac{N}{mm^2}$$

$d_B \ge 33{,}2$ mm

ausgeführt: $d_B = 50$ mm

$$\tau_{aB} \approx 0{,}8 \cdot R_m \approx 0{,}8 \cdot 410\frac{N}{mm^2} \approx 328\frac{N}{mm^2}$$

5 **Hubeinrichtung:**

Leistung:

$$\frac{P_{ab}}{P_{zu}} = \frac{P_{TR}}{P_M} = \eta_{ges}$$

$$P_M = \frac{P_{TR}}{\eta_{ges}} = \frac{F_{L\,max} \cdot v_M}{\eta_{ges}} = \frac{20\text{ kN} \cdot 30\text{ m}}{0{,}75 \cdot 60\text{ s}} = 13{,}34\text{ KW}$$

Übersetzungsverhältnis:

$$v_M = D_{TR} \cdot \pi \cdot n_{TR}$$

$$n_{TR} = \frac{v_M}{D_{TR} \cdot \pi} = \frac{30}{0{,}380\text{ mm} \cdot \pi \cdot \text{min}}$$

$$i = \frac{n_{ANF}}{n_{END}} = \frac{n_M}{n_{TR}} = \frac{1440}{25{,}13} = 57{,}3 \qquad n_{TR} = 25{,}13\frac{1}{\text{min}}$$

Blockschaltbild eines Dampfkraftwerks

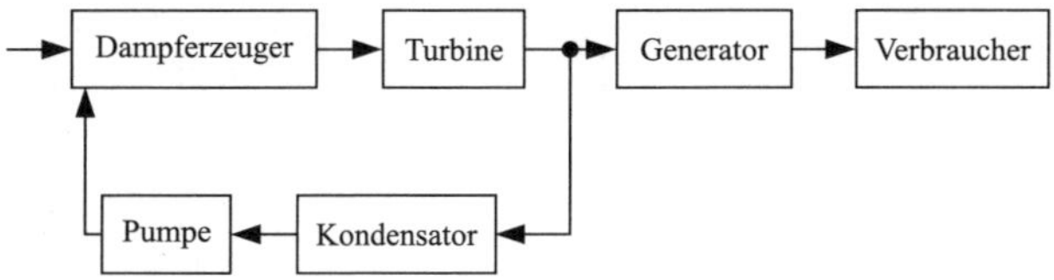

Teilaufgaben

1 Welche Energieformen werden den Bauteilen Dampferzeuger, Turbine, Generator und Verbraucher zugeführt? (2)

2 Vom Dampfprozess sind folgende Daten bekannt:
Dampfdruck am Turbineneingang: $p_{TE} = 180$ bar
Dampftemperatur am Turbineneingang: $T_{TE} = 800$ K
Wassergehalt des Dampfes beim Turbinenaustritt: $x = 10$ %
Kondensatordruck: $p_{Kond} = 0{,}04$ bar

2.1 Stellen Sie den Dampfprozess im T-s-Diagramm des Arbeitsblatts dar. (2)

2.2 Nummerieren Sie die charakteristischen Punkte im T-s-Diagramm und erläutern Sie die Zustandsänderungen. (3)

2.3 Berechnen Sie die zugeführte spezifische Wärme q_{zu}.
Kennzeichnen Sie q_{zu} als Fläche im T-s-Diagramm. (4)

2.4 Berechnen Sie die abgeführte spezifische Wärme q_{ab}.
Kennzeichnen Sie q_{ab} als Fläche im T-s-Diagramm. (2)

2.5 Wie groß ist der thermische Wirkungsgrad des Kraftwerks? (2)

2.6 Durch eine Zwischenüberhitzung bei 50 bar auf 800 K kann der Wasseranteil des Dampfes am Turbinenausgang auf 5 % verringert werden.
Stellen Sie diesen Vorgang zusätzlich im T-s-Diagramm dar.
Welche zwei Vorteile bietet die Zwischenüberhitzung? (3)

3 Im Kraftwerk treten die folgenden Verluste auf:
Dampferzeuger: 9 %
Dampfleitungen: 2 %
Turbine: 13 %
Generator: 2 %
Energiebedarf: 2 %
Der thermische Wirkungsgrad des Kraftwerks mit Zwischenüberhitzung beträgt $\eta_{th} = 38$ %.

3.1 Berechnen Sie den Gesamtwirkungsgrad des Kraftwerks. (2)

3.2 Das Kraftwerk gibt eine Leistung von $P_{ab} = 500$ MW ab. Berechnen Sie den täglichen Bedarf an Steinkohle. (2)

(22,5)

Die Teilaufgaben sind unabhängig voneinander lösbar
(Formelsammlung S. 2004-33, 34)

Arbeitsblatt 1

zu 2.1, 2.2, 2.3, 2.4 und 2.6:

Zustandsdiagramm des Wasserdampfes

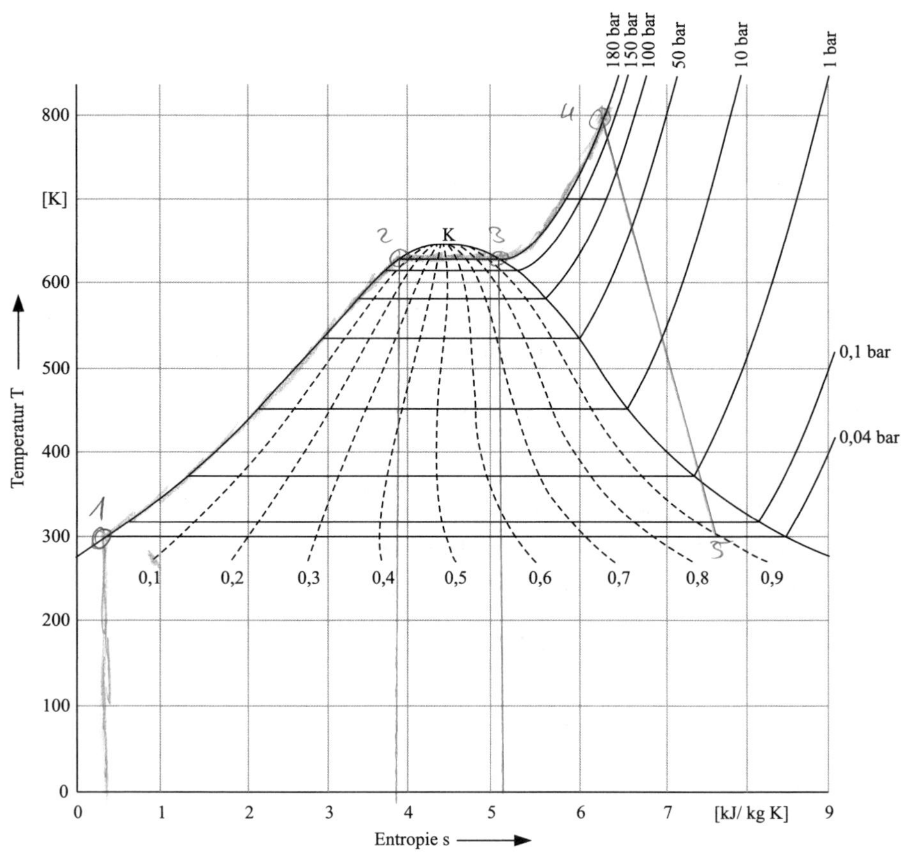

Lösungen

1 Dampferzeuger: chemische Energie
Turbine: thermische Energie
Generator: mechanische Energie
Verbraucher: elektrische Energie

2.1 **Zustandsdiagramm des Wasserdampfes**

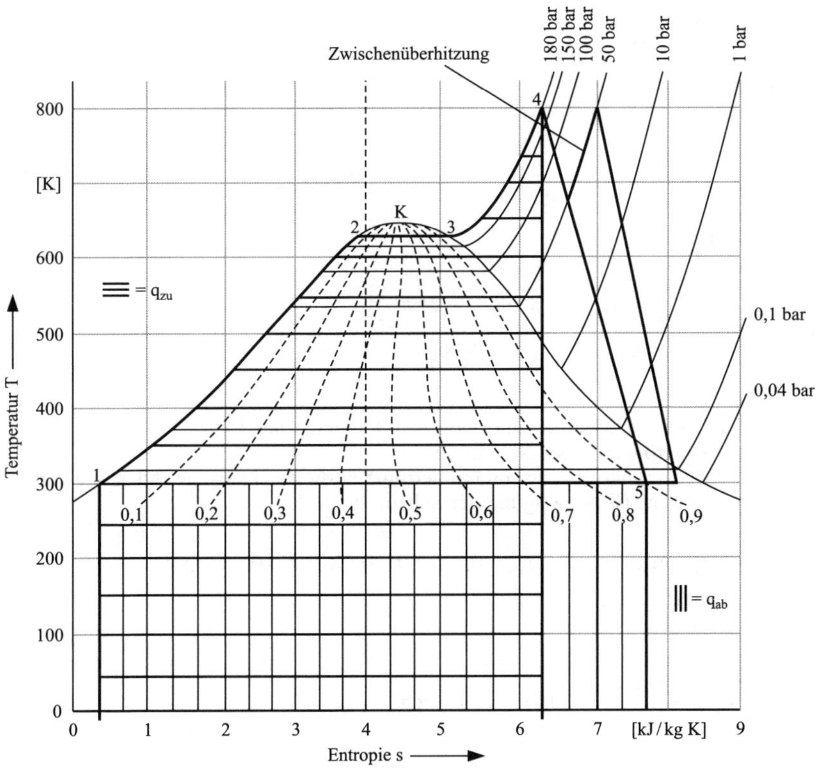

2.2 1 ⇒ 2: Erwärmen des Wassers
2 ⇒ 3: Verdampfen bei T = konst.
3 ⇒ 4: Überhitzen des Dampfes
4 ⇒ 5: Expansion des Dampfes in der Turbine
5 ⇒ 1: Kondensation bei T = konst.

2.3 $q_{zu} = q_{12} + q_{23} + q_{34}$

mit $q_{12} = (s_2 - s_1) \cdot \frac{(T_1 + T_2)}{2} = \left(3,8 \frac{kJ}{kg \cdot K} - 0,4 \frac{kJ}{kg \cdot K}\right) \cdot \frac{300\,K + 630\,K}{2} = 1581 \frac{kJ}{kg}$

$$q_{23} = (s_3 - s_2) \cdot T_{23} = \left(5,1 \frac{kJ}{kg \cdot K} - 3,8 \frac{kJ}{kg \cdot K}\right) \cdot 630\,K = 819 \frac{kJ}{kg}$$

$$q_{34} = (s_4 - s_3) \cdot \frac{(T_3 + T_4)}{2} = \left(6,3 \frac{kJ}{kg \cdot K} - 51 \frac{kJ}{kg \cdot K}\right) \cdot \frac{630\,K + 800\,K}{2} = 858 \frac{kJ}{kg}$$

$\Rightarrow$ $\underline{\underline{q_{zu} = 3258 \frac{kJ}{kg}}}$

Fläche siehe 2.2

2.4 $q_{ab} = (s_5 - s_1) \cdot T_{15} = \left(7,7 \frac{kJ}{kg \cdot K} - 0,4 \frac{kJ}{kg \cdot K}\right) \cdot 300\,K = \underline{\underline{2190 \frac{kJ}{kg}}}$

Fläche siehe 2.2

2.5 $\eta_{th} = \frac{W_{nutz}}{q_{zu}} = \frac{q_{zu} - |q_{ab}|}{q_{zu}} = \frac{3258 \frac{kJ}{kg} - 2190 \frac{kJ}{kg}}{3258 \frac{kJ}{kg}} = \underline{\underline{0,33}}$ $\qquad \eta_{th} = 33\,\%$

2.6 Verlauf der Zwischenüberhitzung siehe T-s-Diagramm bei 2.2

Vorteile: Vergrößerung der Nutzarbeit

Der geringere Wasseranteil vermindert die mechanische Belastung der Turbine (Beschädigung der Schaufeln)

3.1 $\eta_{ges} = \eta_{th} \cdot \eta_D \cdot \eta_{Dl} \cdot \eta_T \cdot \eta_G \cdot \eta_E = 0,33 \cdot 0,91 \cdot 0,98 \cdot 0,87 \cdot 0,98 \cdot 0,98$

$\underline{\underline{\eta_{ges} = 0,25}} \mathrel{\hat{=}} 25\,\%$

3.2 $P_{zu} = \frac{P_{el}}{\eta_{ges}} = \frac{500\,MW}{0,25} = 2000\,MW$ täglich

$$E_{zu} = P_{zu} \cdot 24\,h \cdot 3600 \frac{s}{h} = 2000\,MW \cdot 24\,h \cdot 3600 \frac{s}{h} = 17,28 \cdot 10^7\,MJ$$

$m = \frac{E_{zu}}{H} = \frac{17,28 \cdot 10^7\,MJ}{29,3 \frac{MJ}{kg}}$ $\qquad \underline{\underline{m = 5898\,t}}$

Verbrennungsmotoren

Teilaufgaben

1 Der Otto-Prozess eines Viertaktmotors kann näherungsweise durch zwei Adiabaten und zwei Isochoren dargestellt werden, der Diesel-Prozess durch zwei Adiabaten, eine Isochore und eine Isobare.

1.1 Skizzieren Sie die beiden Kreisprozesse in je einem p-V-Diagramm. Beschriften Sie die Linien und nummerieren Sie die Eckpunkte beginnend mit dem Kompressionsvorgang. (4)

1.2 Kennzeichnen Sie in diesen Diagrammen wo Wärme bzw. mechanische Arbeit zu- oder abgeführt wird. Kennzeichnen Sie die Nutzarbeit. (2)

2 Ein Otto-Motor hat folgende Energieverluste:
Abgase: 34 %; Kühlwasser 33 %; Abstrahlung des Motors 7 %.
Erstellen Sie das zugehörige Energiefluss-Schaubild. Beschriften Sie dieses und geben Sie den Gesamtwirkungsgrad an. (3)

3 Von einem Dieselprozess sind folgende Daten bekannt:
$p_1 = 1$ bar; $V_1 = 500$ cm^3; $T_1 = 300$ K; $V_1/V_2 = 18 : 1$; $T_3 = 1980$ K

3.1 Berechnen Sie die Masse der angesaugten Luft. (2)

3.2 Berechnen Sie die fehlenden Zustandsgrößen p, V und T in den Punkten 2, 3 und 4. Stellen Sie alle Zustandsgrößen dieses Kreisprozesses in einer Tabelle dar ($\kappa = 1{,}4$). (6)

3.3 Ermitteln Sie die zu- und abgeführte Wärmemenge, sowie die Nutzarbeit für eine Luftmasse m = 0,58 g. (3,5)

3.4 Wie groß ist der thermische Wirkungsgrad? (2)

(22,5)

Die Teilaufgaben sind unabhängig voneinander lösbar.

Lösungen

1.1

1.2

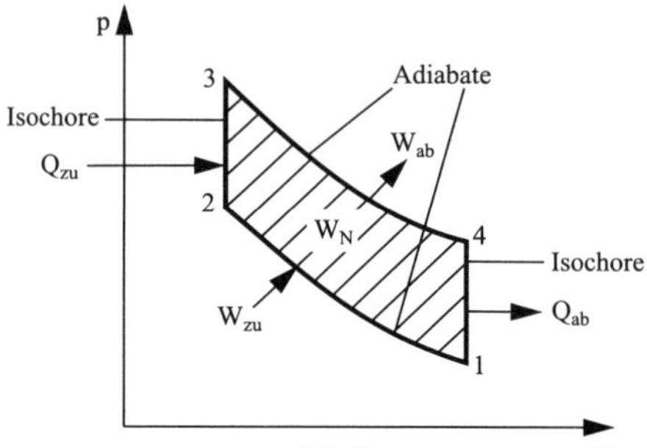

Otto-Prozess

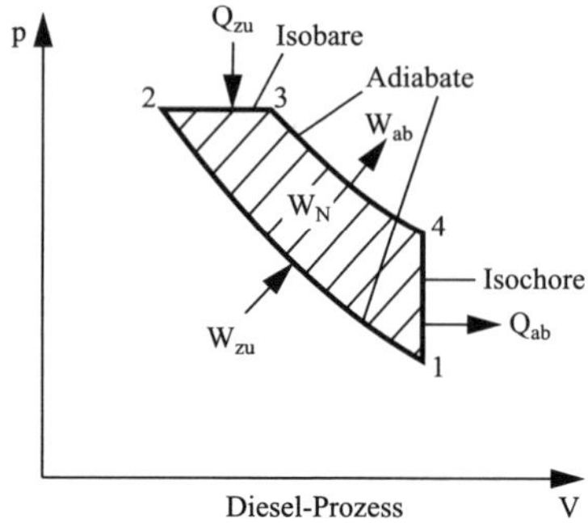

Diesel-Prozess

2

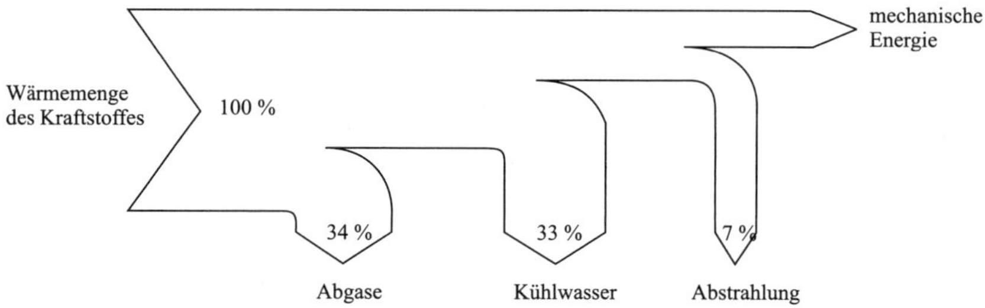

$\eta = 100\,\% - 34\,\% - 33\,\% - 7\,\%$ $\qquad$ $\underline{\underline{\eta = 26\,\%}}$

3.1 $m = \dfrac{p \cdot V}{R_S\,T} = \dfrac{1 \cdot 10^5\,\text{N}\,0{,}5 \cdot 10^{-3}\,\text{m}^3\,\text{kg K}}{287\,\text{Nm} \cdot 300\,\text{K m}^2}$ $\qquad$ $\underline{\underline{m = 0{,}58\text{ g}}}$

3.2 **Zustand 2**

$V_2 = \dfrac{V_1}{18}$ $\qquad$ $\underline{\underline{V_2 = 0{,}028\text{ l}}}$

$p_2 V_2^{\kappa} = p_1 V_1^{\kappa}$ $\qquad$ mit $p_1 = 1$ bar; $\dfrac{V_1}{V_2} = 18$ $\qquad$ $\underline{\underline{p_2 = 57{,}2\text{ bar}}}$

$\dfrac{T_1}{T_2} = \left(\dfrac{V_2}{V_1}\right)^{\kappa}$ $\qquad$ mit $T_1 = 300$ K; $\dfrac{V_2}{V_1} = \dfrac{1}{18}$ $\qquad$ $\underline{\underline{T_2 = 953\text{ K}}}$

Zustand 3

$p_3 = p_2$ $\qquad$ $\underline{\underline{p_3 = 57{,}2\text{ bar}}}$

$\dfrac{V_2}{T_2} = \dfrac{V_3}{T_3}$ $\qquad$ mit $V_2 = 0{,}028$ l; $T_2 = 953$ K; $T_3 = 1980$ K $\qquad$ $\underline{\underline{V_3 = 0{,}0582\text{ l}}}$

Zustand 4

$V_4 = V_1$ $\underline{\underline{V_4 = 0{,}5\,l}}$

$p_4 V_4^{\kappa} = p_3 V_3^{\kappa}$ mit $V_4 = 0{,}5$ l; $p_3 = 57{,}2$ bar; $V_3 = 0{,}0582$ l $\underline{\underline{p_4 = 2{,}82\text{ bar}}}$

$\frac{T_3}{T_4} = \left(\frac{V_4}{V_3}\right)^{\kappa-1}$ mit $T_3 = 1980$ K; $V_4 = 0{,}5$ l; $V_3 = 0{,}0582$ l $\underline{\underline{T_{43} = 838\text{ K}}}$

	Z1	Z2	Z3	Z4
p in bar	1	57,2	57,2	2,82
V in Liter	0,5	0,028	0,0582	0,5
T in Kelvin	300	953	1980	838

3.3 $Q_{23} = c_p \cdot m \cdot (T_3 - T_2)$ mit $c_p = 1010$ J/kg K; $m = 0{,}58$ g
$T_3 = 1980$ K; $T_2 = 953$ K $\underline{\underline{Q_{23} = 602\text{ J}}}$

$Q_{41} = c_v \cdot m \cdot (T_1 - T_4)$ mit $c_v = 720$ J/kg K; $T_1 = 300$ K
$T_4 = 838$ K $\underline{\underline{Q_{41} = -225\text{ J}}}$

$W_N = Q_{zu} - |Q_{ab}|$ mit $Q_{zu} = Q_{23}$; $Q_{ab} = Q_{41}$ $\underline{\underline{W_N = 377\text{ J}}}$

3.4 $\eta_{th} = \frac{W_N}{Q_{zu}} = 0{,}626$ $\underline{\underline{\eta_{th} = 62{,}6\ \%}}$

1 RC-Filterschaltung

Ein RC-Tiefpass mit $R = 53\ \text{k}\Omega$ besitzt die Grenzfrequenz $f_g = 3\ \text{kHz}$.

1.1 Skizzieren Sie die Schaltung und zeichnen Sie die Spannungspfeile der Eingangs- und Ausgangsspannung ein (Bezeichnungen: U_e, U_a). (1)

1.2 Berechnen Sie die Kapazität C des Kondensators. (1,5)

1.3 Berechnen Sie für die Frequenzen $f = 300\ \text{Hz} / 3\ \text{kHz} / 30\ \text{kHz} / 300\ \text{kHz}$ jeweils U_a / U_e und das Dämpfungsmaß a.
Kapazität des Kondensators: $C = 1\ \text{nF}$.
$\left(\text{Dämpfungsmaß: } a = 20 \log \frac{U_a}{U_e} \text{ in dB} \right)$. (2,5)

1.4 Skizzieren Sie den Verlauf des Dämpfungsmaßes a in Abhängigkeit von der Frequenz. Verwenden Sie eine logarithmische Einteilung der Frequenzachse. (2)

2 RLC-Schaltungen an Dreiphasenwechselspannung

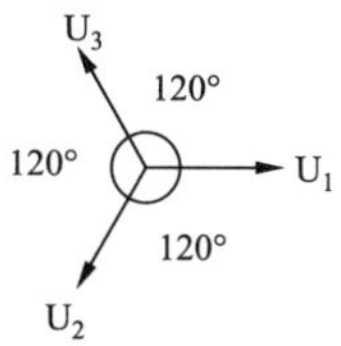

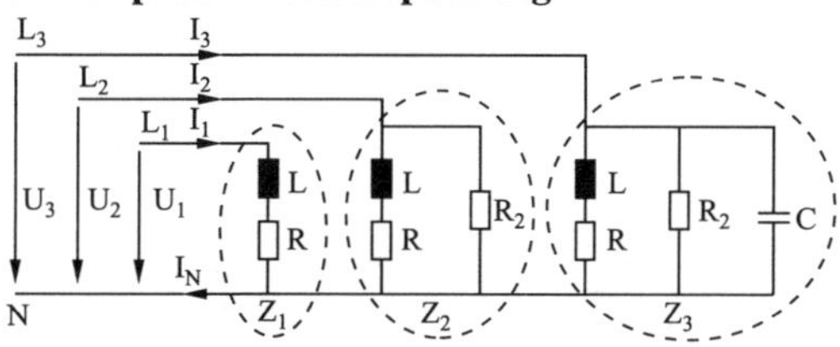

$R = 336\ \Omega$
$L = 1\ \text{H}$
$R_2 = 400\ \Omega$
$f = 50\ \text{Hz}$
$U_1 = U_2 = U_3 = 230\ \text{V}$

Beachten Sie, dass alle Widerstände R und alle Induktivitäten L die gleichen Werte besitzen.

2.1 Berechnen Sie Z_1, I_1 und $\cos\varphi_1$. $\varphi_1 = \sphericalangle (U_1, I_1)$. (2)

2.2 Bestimmen Sie Z_2, I_2 und $\cos\varphi_2$. $\varphi_2 = \sphericalangle (U_2, I_2)$
Zeichnen Sie das Zeigerdiagramm der abgebildeten Schaltung Z_2.
Maßstab: $1\ \text{cm} \mathrel{\hat{=}} 50\ \text{V}$; $1\ \text{cm} \mathrel{\hat{=}} 0{,}2\ \text{A}$ (7)

2.3 Der Kondensator C wird so gewählt, dass die Blindleistung von Z_3 vollständig kompensiert wird.
Berechnen Sie C, Z_3, I_3 und $\cos\varphi_3$. $\varphi_3 = \sphericalangle (U_3, I_3)$ (4)

2.4 Zeichnen Sie ein Zeigerdiagramm mit den Spannungen U_1, U_2, U_3, und den Strömen $I_1 = 0{,}5$ A, $I_2 = 1$ A, $I_3 = 0{,}94$ A ($\cos \varphi_1 = 0{,}73$; $\cos \varphi_2 = 0{,}94$; $\cos \varphi_3 = 1$).
Ermitteln Sie die Größe von I_N.
Maßstab: 1 cm ≙ 50 V; 1 cm ≙ 0,2 A (4)

3 **Brückenschaltung**

3.1 Skizzieren Sie nebeneinander je ein nichtmaßstäbliches Zeigerdiagramm für die Brückenzweige 1 und 2. Zeichnen Sie die Punkte A und B ein. (4)

3.2 Erklären Sie, wie man mit Hilfe dieser Zeigerdiagramme die Größe der Brückenspannung U_{AB} erhält. (2)

(30)

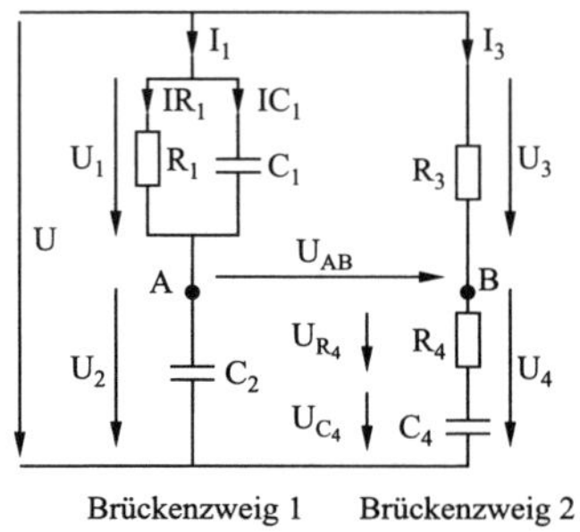

Lösungen

1 RC-Filterschaltung

1.1

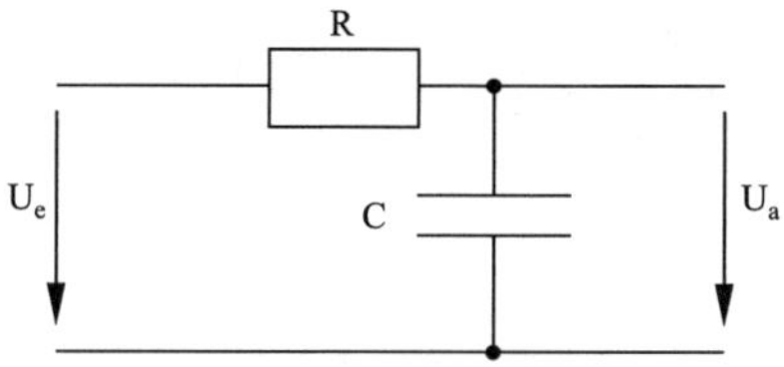

1.2 $R = X_c = \frac{1}{2\pi \cdot f \cdot C} \Rightarrow C = \frac{1}{2\pi \cdot f \cdot R} = \frac{1}{2\pi \cdot 3\,kHz \cdot 53\,k\Omega} = 1\,nF$

1.3 $\frac{U_a}{U_e} = \frac{X_c}{\sqrt{R^2 + X_c^2}}$ und $X_c = \frac{1}{2\pi \cdot f \cdot C}$

f	300 Hz	3 kHz	30 kHz	300 kHz
X_c	530 kΩ	53 kΩ	5,3 kΩ	530 Ω
$\frac{U_a}{U_e}$	0,995	0,707	0,1	0,01
a	–0,04 dB ≈ 0 dB	–3 dB	–20 dB	–40 dB

1.4

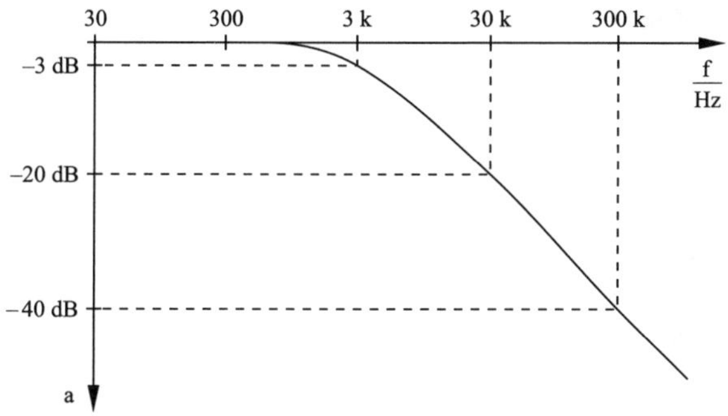

2 RLC-Schaltungen an Dreiphasenwechselspannung

2.1 $X_L = 2\pi \cdot f \cdot L = 2\pi \cdot 50\ Hz \cdot 1\ H = 314{,}2\ \Omega$

$Z_1 = \sqrt{R^2 + X_L^2} = \sqrt{(336\,\Omega)^2 + (314\,\Omega)^2} = 460\,\Omega$

$I_1 = \frac{U_1}{Z_1} = \frac{230\,V}{460\,\Omega} = 0{,}5\ A = 500\ mA$

$$\cos\varphi_1 = \frac{P}{S} = \frac{I_1^2 \cdot R}{I_1^2 \cdot Z_1} = \frac{R}{Z_1} = \frac{336\,\Omega}{460\,\Omega} = 0{,}730 \;\Rightarrow\; \varphi_1 = 43{,}1°$$

2.2 Reihen-Parallel-Umwandlung:

$$R_P = \frac{Z_1^2}{R} = \frac{(460\,\Omega)^2}{336\,\Omega} = 629{,}8\,\Omega \qquad X_{L_P} = \frac{Z_1^2}{X_L} = \frac{(460\,\Omega)^2}{314{,}2\,\Omega} = 673{,}5\,\Omega$$

$$\frac{1}{R_{ges}} = \frac{1}{R_P} + \frac{1}{R_2} = \frac{1}{629{,}8\,\Omega} + \frac{1}{400\,\Omega} \;\Rightarrow\; R_{ges} = 244{,}6\,\Omega$$

$$\left(\frac{1}{Z_2}\right)^2 = \left(\frac{1}{R_P} + \frac{1}{R_2}\right)^2 + \left(\frac{1}{X_{L_P}}\right)^2 = \left(\frac{1}{R_{ges}}\right)^2 + \left(\frac{1}{X_{L_P}}\right)^2 = \frac{1}{(244{,}6\,\Omega)^2} + \frac{1}{(673{,}5\,\Omega)^2}$$

$Z_2 = 230\,\Omega$

$$I_2 = \frac{U_2}{Z_2} = \frac{230\,V}{230\,\Omega} = 1\,A$$

$$\cos\varphi_2 = \frac{P}{S} = \frac{\frac{U_2^2}{R_{ges}}}{\frac{U_2^2}{Z_2}} = \frac{Z_2}{R_{ges}} = \frac{230\,\Omega}{244{,}6\,\Omega} = 0{,}940 \;\Rightarrow\; \varphi_2 = 19{,}9°$$

Für das Zeigerdiagramm **der nicht umgewandelten Schaltung** benötigte Größen:

$U_R = I_1 \cdot R = 0{,}5\,A \cdot 336\,\Omega = 168\,V$ (I_1 aus vorherigem Aufgabenteil)

$U_L = I_1 \cdot X_L = 0{,}5\,A \cdot 314{,}2\,\Omega = 157{,}1\,V$

$$I_{R_2} = \frac{U_2}{R_2} = \frac{230\,V}{400\,\Omega} = 0{,}575\,A = 575\,mA$$

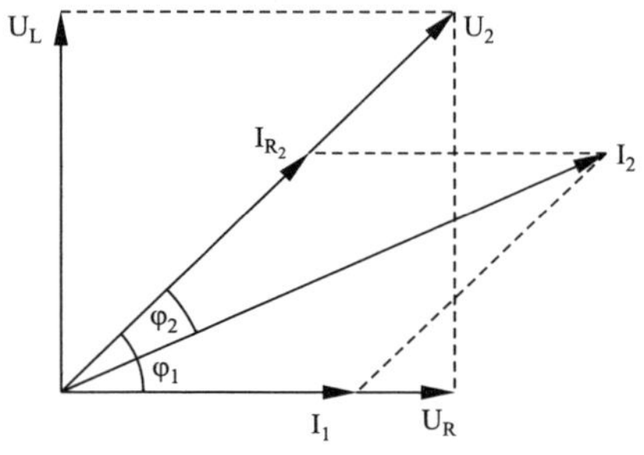

1 cm ≙ 50 V; 1 cm ≙ 0,2 A

2.3 Kompensation: $X_{L_P} = X_c$

$$C = \frac{1}{2\pi \cdot f \cdot X_{L_P}} = \frac{1}{2\pi \cdot 50\,Hz \cdot 673{,}5\,\Omega} = 4{,}73\,\mu F$$

weil vollständig kompensiert: $Z_3 = R_{ges} = 244{,}6\,\Omega$ (aus vorherigem Aufgabenteil)

$$I_3 = \frac{U_3}{Z_3} = \frac{230\ \text{V}}{244{,}6\ \Omega} = 0{,}940\ \text{A} = 940\ \text{mA}$$

$$\cos\varphi_3 = 1 \ \Rightarrow\ \varphi_3 = 0°$$

2.4 $U_1 = U_2 = U_3 = 230$ V; U_1 eilt U_2 um 120° vor; U_2 eilt U_3 um 120° vor

$I_1 = 0{,}5$ A; $\varphi_1 = 43{,}1°$; $I_2 = 1$ A; $\varphi_2 = 19{,}9°$; $I_3 = 0{,}94$ A; $\varphi_3 = 0°$

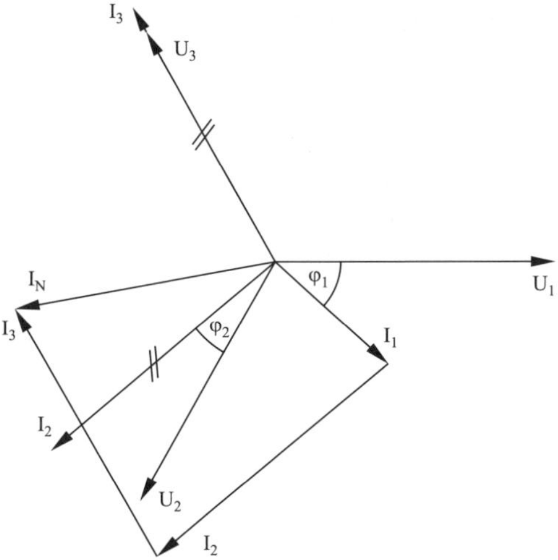

1 cm ≙ 50 V; 1 cm ≙ 0,2 A

abgelesen: $I_N = 0{,}88$ A (entspricht 4,4 cm)

3 Brückenschaltung

3.1 Brückenzweig 1

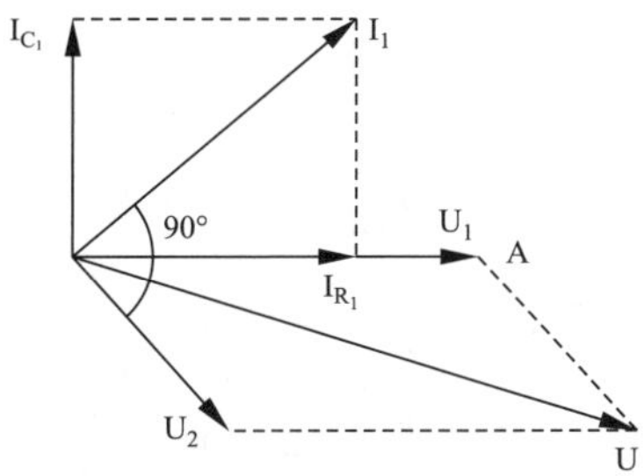

Brückenzweig 2

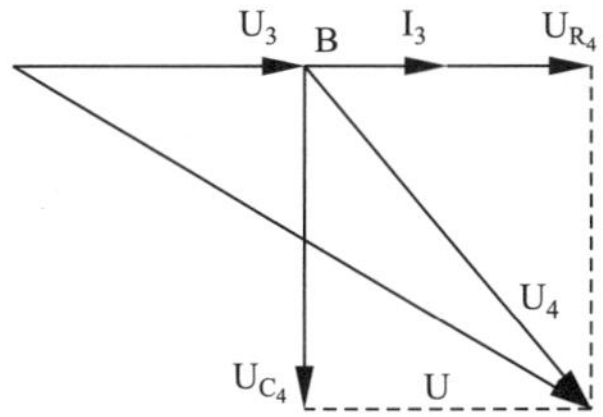

3.2 Man zeichnet die Zeigerdiagramme der beiden Brückenzweige in ein Zeigerdiagramm, wobei die Gesamtspannung U die gemeinsame Größe ist. Der Verbindungspfeil von A nach B ergibt die Brückenspannung.

Ansteuerung eines Vereinssymbols

Auf der Achse eines Schrittmotors montiert, dreht sich das Vereinssymbol mit den Leuchtbalken a, b, c, d.
Die einzelnen Leuchtbalken können getrennt angesteuert werden.

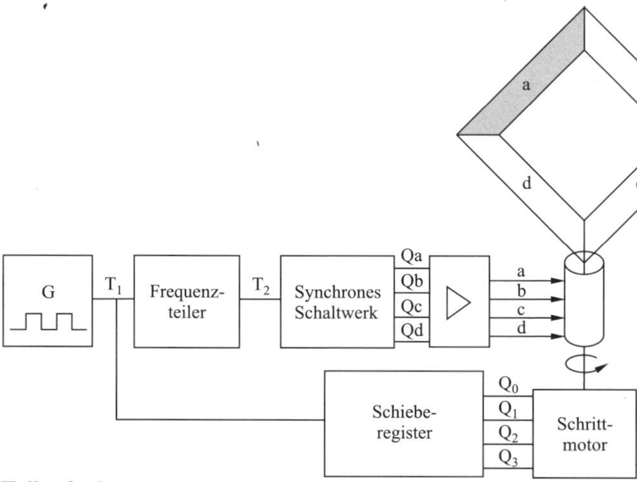

Teilaufgaben

1 **Synchrones Schaltwerk (Synchronzähler)**
Das synchrone Schaltwerk steuert über eine Verstärkerstufe die einzelnen Leuchtbalken (a, b, c, d) und wird durch folgendes Zustandsdiagramm und die nebenstehende Tabelle beschrieben.

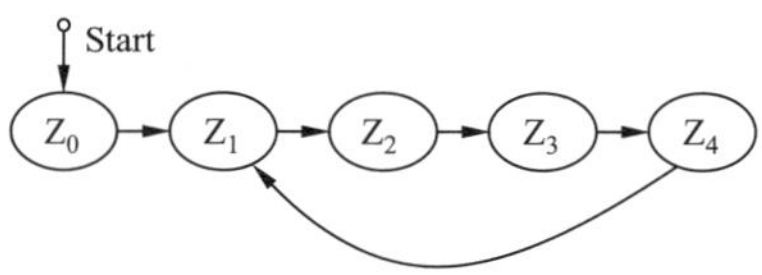

Zustand	d	c	b	a
Z_0	0	0	0	0
Z_1	1	1	1	1
Z_2	0	0	0	1
Z_3	0	0	1	1
Z_4	0	1	1	1

1.1 Erstellen Sie die Funktionstabelle für das Schaltwerk. (3)

1.2 Ermitteln Sie die minimierten Gleichungen für die Vorbereitungseingänge der einzelnen FlipFlops. (6)

1.3 Zeichnen Sie das synchrone Schaltwerk (aufgelöste Darstellung). (4)

2 **Transistorschaltstufe**

Jeder Leuchtbalken wird durch 2 parallel geschaltete Lampen ausgeleuchtet. Die Ausgänge des Schaltwerks liefern eine Steuerspannung U_{St}.

Steuerspannung (U_{St}):	2,4 V … 5 V
jede Lampe:	12 V / 6 W
Transistor:	$U_{BE} = 0{,}7$ V
	$B = 250 \ldots 350$
	$U_{CEsat} \approx 0$ V
Übersteuerungsfaktor:	$ü \geq 2$

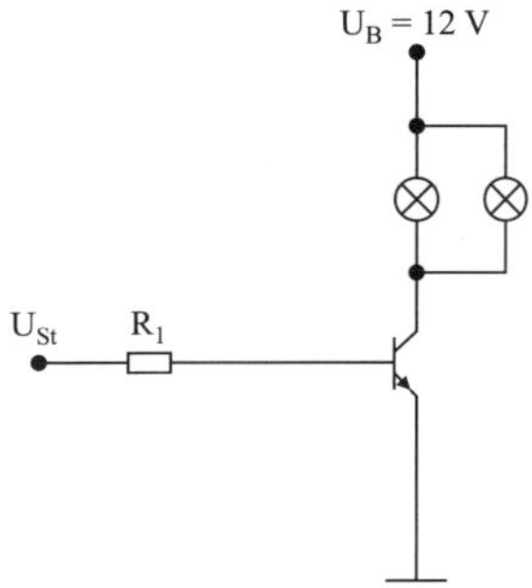

Berechnen Sie R_1 so, dass die maximale Helligkeit erreicht wird. (4)

3 **Schieberegister und Schrittmotor**

Die vier Stränge des Schrittmotors werden über ein Schieberegister angesteuert. Der Schrittwinkel des Schrittmotors beträgt 1,8°; dies bedeutet, dass sich die Welle des Motors bei jedem Takt um 1,8° weiterdreht. Das Vereinssymbol soll sich dreimal pro Minute um 360° drehen.

3.1 Die einzelnen Stränge des Schrittmotors werden nacheinander (einzeln) angesteuert. Das Schieberegister muss also so beschaltet werden, dass ….
a) … beim Start eine „1“ eingelesen wird und …
b) … diese „1“ im weiteren Betrieb im Register „kreist“ (Ringbetrieb).

Zeichnen Sie das Blockschaltbild eines Rechtsschieberegisters und beschalten Sie es so, dass die o. a. Bedingungen erfüllt werden. (5)

3.2 Welche Taktfrequenz muss am Eingang des Schieberegisters liegen, damit sich das Symbol dreimal pro Minute dreht? (3)

4 **Frequenzteiler**

Der Taktgenerator liefert über einen Frequenzteiler das Taktsignal T_2 für das synchrone Schaltwerk der Aufgabe 1.
Die einzelnen Zustände sollen jeweils 0,5 s andauern.
Zeichnen Sie einen asynchronen Frequenzteiler der im Verhältnis 5 : 1 teilt und aus einzelnen FlipFlops aufgebaut ist (diskrete Schaltung). (5)

(30)

Lösungen

1.1 Funktionstabelle

Dez	Q_{dn}	Q_{cn}	Q_{bn}	Q_{an}	Q_{dn+1}	Q_{cn+1}	Q_{bn+1}	Q_{an+1}	D_d	D_c	D_b	D_a
0	0	0	0	0	1	1	1	1	1	1	1	1
15	1	1	1	1	0	0	0	1	0	0	0	1
1	0	0	0	1	0	0	1	1	0	0	1	1
3	0	0	1	1	0	1	1	1	0	1	1	1
7	0	1	1	1	1	1	1	1	1	1	1	1

1.2 Minimierte Gleichungen

$\underline{D_d}$ (KV-Diagramm, Achsen Q_a, Q_b, Q_d, Q_c)

0	1	x	x
x	0	x	x
x	x	x	x
0	x	x	1

$\underline{D_c}$ (KV-Diagramm, Achsen Q_a, Q_b, Q_d, Q_c)

1	1	x	x
x	0	x	x
x	x	x	x
0	x	x	1

$\underline{D_b}$ (KV-Diagramm, Achsen Q_a, Q_b, Q_d, Q_c)

1	1	x	x
x	0	x	x
x	x	x	x
1	x	x	1

(KV-Diagramm, Achsen Q_a, Q_b, Q_d, Q_c)

3	7	6	2
11	15	14	10
9	13	12	8
1	5	4	0

$D_a = 1 \quad D_b = \overline{Q_d} \quad D_c = \overline{Q_a} \vee (Q_b \overline{Q_c}) = \overline{Q_a} \vee (Q_b \overline{Q_d}) \quad D_d = \overline{Q_a} \vee (Q_c \overline{Q_d})$

Alternative Lösung:

1.1 Funktionstabelle

Dez	Q_{dn}	Q_{cn}	Q_{bn}	Q_{an}	Q_{dn+1}	Q_{cn+1}	Q_{bn+1}	Q_{an+1}	J_d	K_d	J_c	K_c	J_b	K_b	J_a	K_a
0	0	0	0	0	1	1	1	1	1	x	1	x	1	x	1	x
15	1	1	1	1	0	0	0	1	x	1	x	1	x	1	x	0
1	0	0	0	1	0	0	1	1	0	x	0	x	1	x	x	0
3	0	0	1	1	0	1	1	1	0	x	1	x	x	0	x	0
7	0	1	1	1	1	1	1	1	1	x	x	0	x	0	x	0

1.2 Minimierte Gleichungen

$\underline{J_d}$ (Spalten: Q_a oben, Q_c unten; Zeilen: Q_b links, Q_d rechts)

0	1	x	x
x	x	x	x
x	x	x	x
0	x	x	1

$\underline{J_c}$

1	x	x	x
x	x	x	x
x	x	x	x
0	x	x	1

$\underline{K_c}$

x	0	x	x
x	1	x	x
x	x	x	x
x	x	x	x

$\underline{K_b}$

0	0	x	x
x	1	x	x
x	x	x	x
x	x	x	x

$J_a = 1 \qquad K_a = 0 \qquad J_b = 1 \qquad K_d = 1$

$J_d = \overline{Q}_a \vee Q_c \qquad J_c = \overline{Q}_a \vee Q_b \qquad K_c = Q_d \qquad K_b = Q_d$

1.3 Schaltung

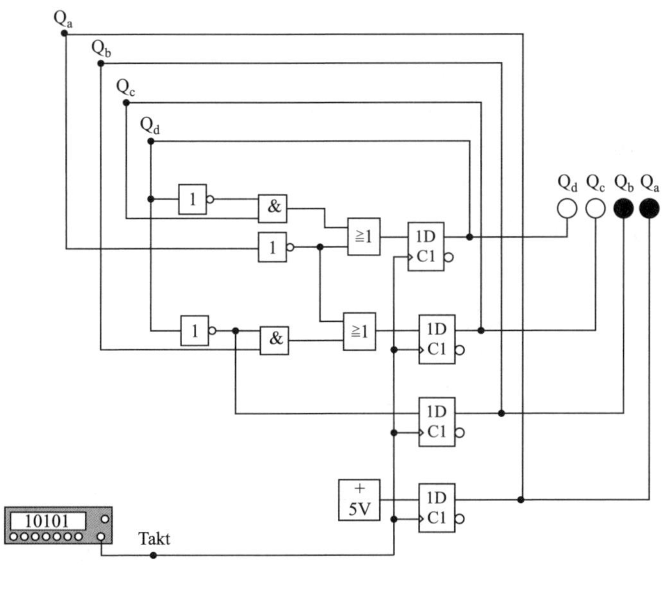

2 $P = 6\,\text{W} \Rightarrow I_L = \dfrac{6\,\text{W}}{12\,\text{V}} = 0{,}5\,\text{A}$

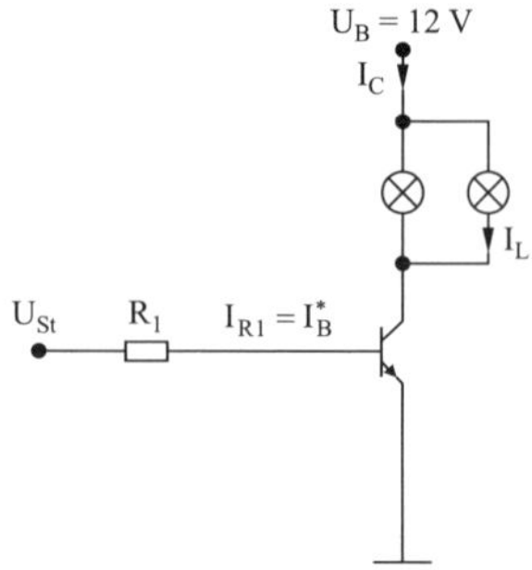

$$I_C = 2 \cdot I_L = 1\,\text{A}$$

$$I_B = \frac{I_C}{B_{min}} = \frac{1\,\text{A}}{250} = 4\,\text{mA}$$

$$I_B = ü \cdot I_B = 8\,\text{mA}$$

$$I_{R1} = I_B^* = 8\,\text{mA}$$

$$R_1 = \frac{(U_{Stmin} - U_{BE})}{I_{R1}} = \frac{(2{,}4\,\text{V} - 0{,}7\,\text{V})}{8{,}0\,\text{mA}} = 212{,}5\,\Omega$$

3.1

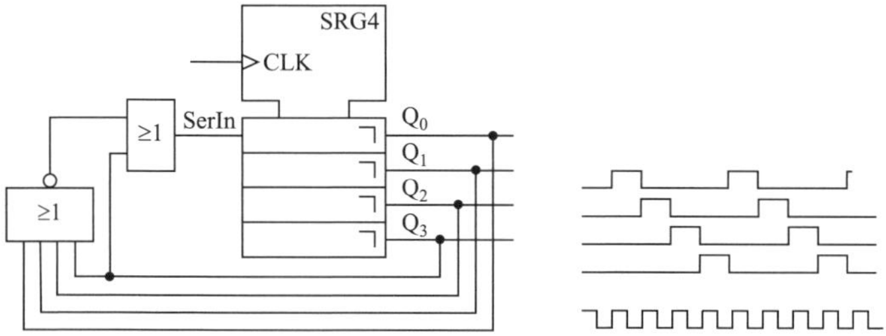

3.2 $\dfrac{360°}{1{,}8°} = 200\ \text{(Schritte)}$

$$200\ \text{(Schritte)} \cdot 3\left(\frac{\text{U}}{\text{min}}\right) \Rightarrow 600\left(\frac{\text{Schritte}}{\text{min}}\right)$$

$$f_1(T_1) = \frac{600}{60\,\text{s}} = 10\,\text{Hz}$$

4 **asynchroner Frequenzteiler**

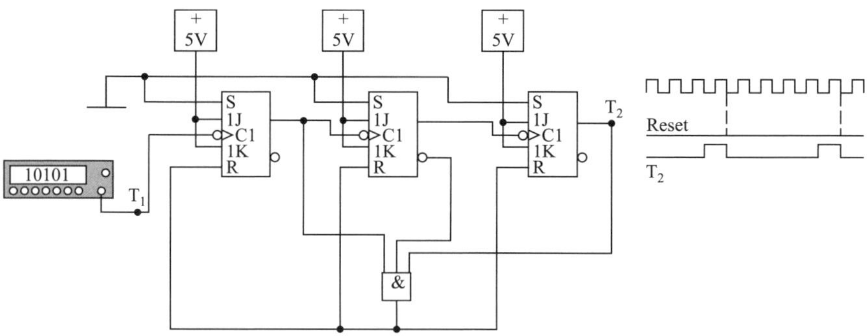

Elektronischer Würfel

Wie unten im Blockschaltbild dargestellt, wird der „Würfel" über einen Synchronzähler, der zyklisch von 0 bis 5 zählt, und einen nachgeschalteten Codewandler angesteuert.
Der Taktgenerator G liefert ein Rechtecksignal mit $f_G = 50$ Hz.
Solange der Taster S gedrückt wird, gelangen die Takte an den Clock-Eingang des Zählers und schalten die 6 Zustände nacheinander durch. Beim Loslassen des Tasters bleibt der Zähler stehen und die LEDs zeigen die „gewürfelten" Augen an. LEDs mit gleicher Bezeichnung liegen parallel und leuchten gleichzeitig bei Ansteuerung mit „1".

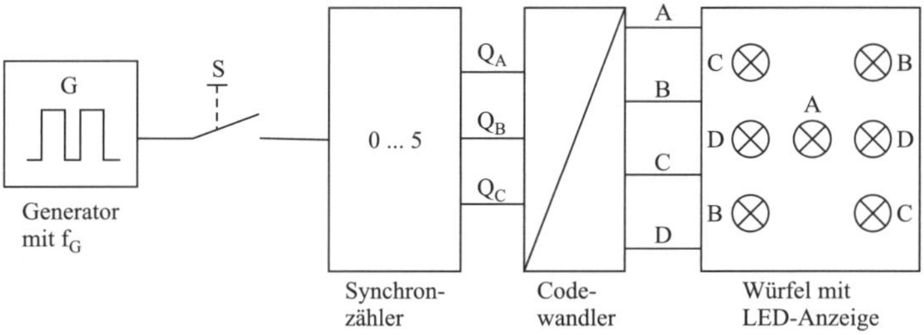

Zuordnung:

Zählerstand	0	1	2	3	4	5
Leuchtende LEDs	A	B	A, B	B, C	A, B, C	B, C, D

Teilaufgaben

1 Synchronzähler

1.1 Erstellen Sie die Funktionstabelle des Zählers, der fortlaufend von 0 bis 5 zählt. (3)

1.2 Ermitteln Sie die minimierten Gleichungen für die Vorbereitungseingänge der FFs. (6)

1.3 Zeichnen Sie die Schaltung des Synchronzählers. (3)

2 Codewandler

2.1 Erstellen Sie die Funktionstabelle des Codewandlers für die Zahlenfolge 0 … 5. (Eingänge: Q_A, Q_B, Q_C; Ausgänge : A, B, C, D). (2,5)

2.2 Ermitteln Sie die minimierten Schaltfunktionen für A, B, C, D = f(Q_A, Q_B, Q_C) mit Hilfe von KV-Diagrammen. (3)

2.3 Formen Sie die 4 Funktionsgleichungen so um, dass nur noch NAND-Verknüpfungen benötigt werden.

Zeichnen Sie jetzt die minimierten Schaltungen des Codewandlers A, B, C, D = f(Q_A, Q_B, Q_C) unter ausschließlicher Verwendung von NAND-Bausteinen. (3,5)

3 **Alternative Lösung ohne Codewandler**
Alternativ soll eine Ansteuerung des Würfels **ohne** Codewandler entworfen werden.
Erstellen Sie die Funktionstabelle für das dazu erforderliche synchrone Schaltwerk. (4)

4 **Ergänzung durch Frequenzteiler**
Bedingt durch die Augenträgheit ist bei der Taktfrequenz $f_G = 50$ Hz das Würfelergebnis zufälliger Natur.
Um einen erkennbaren Zählvorgang im 1 Sekunden-Takt zu realisieren, wird zwischen Taktgenerator und Zähler ein Frequenzteiler mit dem Teilerverhältnis 50 : 1 dazwischengeschaltet.
Das Impuls-Pausen-Verhältnis dieses Frequenzteilers soll 1 : 1 betragen.
Zeichnen Sie die asynchrone Schaltung mit Flipflops! (5)

(30)

Lösungen

1.1 Funktionstabelle

Würfelaugen bzw. Zählerzustand	Zeitpunkt t_n			Zeitpunkt $t_n + 1$			J/K Spalten für anderes Verfahren					
	Q_C	Q_B	Q_A	Q_C	Q_B	Q_A	J_C	K_C	J_B	K_B	J_A	K_A
0	0	0	0	0	0	1	0	x	0	x	1	x
1	0	0	1	0	1	0	0	x	1	x	x	1
2	0	1	0	0	1	1	0	x	x	0	1	x
3	0	1	1	1	0	0	1	x	x	1	x	1
4	1	0	0	1	0	1	x	0	0	x	1	x
5	1	0	1	0	0	0	x	1	0	x	x	1
6	1	1	0	don't care terms ≙ „X"								
7	1	1	1									

1.2 **Verknüpfungsgleichungen**

Berechnungen durch „**Koeffizientenvergleich**" (KV); d. h., Aufstellen der „Anwendungsgleichungen" (AG) durch KV-Diagramme und anschließendem Vergleich mit den „Charakteristischen Gleichungen" (CG) der verwendeten FFs.

a) $\mathbf{Q_{An+1}}$

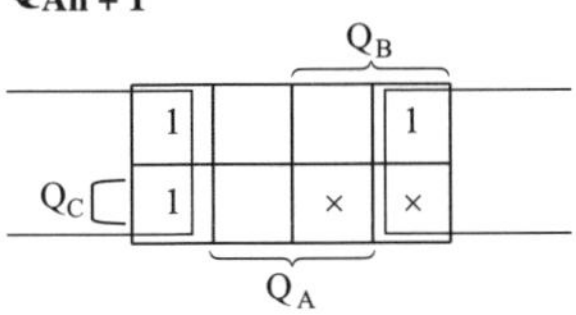

AG: $Q_{An+1} = \overline{Q_A}$

CG: $Q_{An+1} = (J_A \wedge \overline{Q_A}) \vee (\overline{K_A} \wedge Q_A)$

KV: $\underline{\underline{J_A = 1}}$ und $\underline{\underline{K_A = 1}}$

b) $\mathbf{Q_{Bn+1}}$

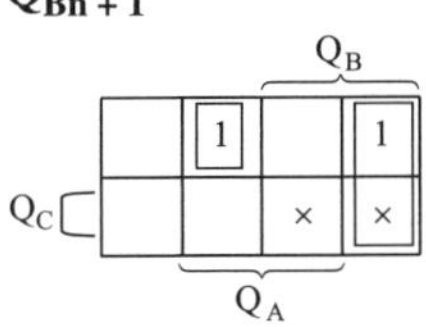

AG: $Q_{Bn+1} = (Q_A \wedge \overline{Q_C} \wedge \overline{Q_B}) \vee (\overline{Q_A} \wedge Q_B)$

CG: $Q_{Bn+1} = (J_B \wedge \overline{Q_B}) \vee (\overline{K_B} \wedge Q_B)$

KV: $J_B = Q_A \wedge \overline{Q_C}$ und $\underline{\underline{K_B = Q_A}}$

c) $\mathbf{Q_{Cn+1}}$

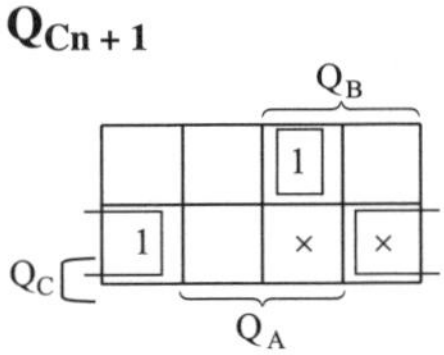

AG: $Q_{Cn+1} = (Q_A \wedge Q_B \wedge \overline{Q_C}) \vee (\overline{Q_A} \wedge Q_C)$

CG: $Q_{Cn+1} = (J_C \wedge \overline{Q_C}) \vee (\overline{K_C} \wedge Q_C)$

KV: $\underline{\underline{J_C = Q_A \wedge Q_B}}$ und $\underline{\underline{K_C = Q_A}}$

Alternative Lösungen mit KV-Diagrammen:

$\underline{J_C}$ (Q_a oben, Q_b links, Q_c unten)

Q_b	1	x	x	0
	0	x	x	0

$\underline{K_C}$ (Q_a oben, Q_b links, Q_c unten)

Q_b	x	x	x	x
	x	1	0	x

$\underline{J_B}$ (Q_a oben, Q_b links, Q_c unten)

Q_b	x	x	x	x
	1	0	0	0

$\underline{K_B}$ (Q_a oben, Q_b links, Q_c unten)

Q_b	1	x	x	0
	x	x	x	x

$J_A = 1 \quad K_A = 1$

$J_B = Q_A \overline{Q_C} \quad K_B = Q_A \quad J_C = Q_A Q_B \quad K_C = Q_A$

1.3 Schaltung

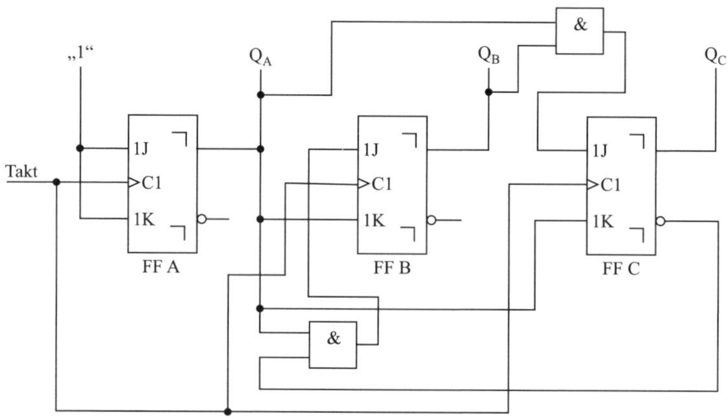

2.1 Funktionstabelle

Q_C	Q_B	Q_A	A	B	C	D	Zählerstand
0	0	0	1	0	0	0	0
0	0	1	0	1	0	0	1
0	1	0	1	1	0	0	2
0	1	1	0	1	1	0	3
1	0	0	1	1	1	0	4
1	0	1	0	1	1	1	5

110 = dez. 6
und
111 = dez. 7
⇓
wieder don't care terms ≙ „X“

2.2 minimierte Schaltfunktionen

a) $A = \overline{Q_A}$

b) $B = Q_A \vee Q_B \vee Q_C$

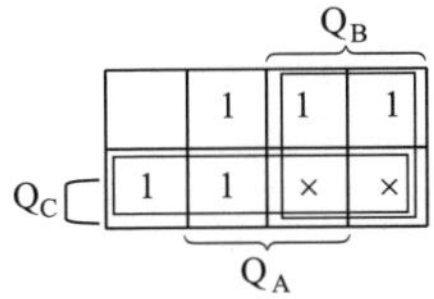

c) $C = Q_C \vee (Q_A \wedge Q_B)$

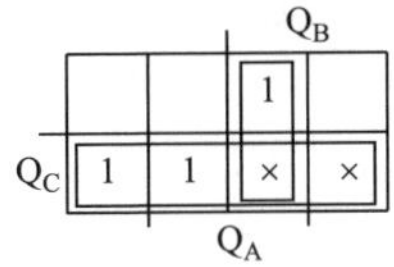

d) $D = Q_A \wedge Q_C$

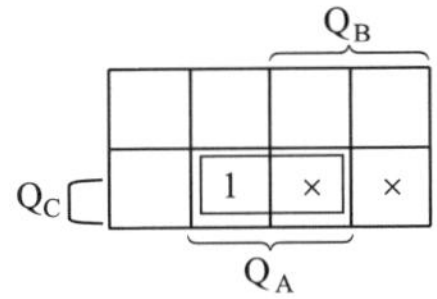

2.3 $B = \overline{\overline{Q_A} \wedge \overline{Q_B} \wedge \overline{Q_C}}$ $C = \overline{Q_C \wedge \overline{Q_A \wedge Q_B}}$ $D = \overline{\overline{Q_A \wedge Q_C}}$

Nand-Schaltung

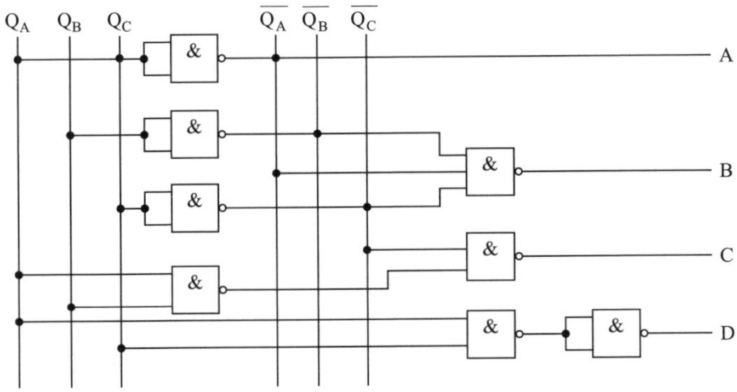

3 **Alternative Lösung**

Synchrones Schaltwerk mit 4 Flipflops und Tabelle wie bei Codewandler

Q_1 ≙ A	Q_2 B	Q_3 C	Q_4 D					
1	0	0	0		0	1	0	0
0	1	0	0	↗	1	1	0	0
1	1	0	0	↗	⋮	⋮	⋮	⋮
⋮	⋮	⋮						
0	1	1	1		1	0	0	0

4 Frequenzteiler

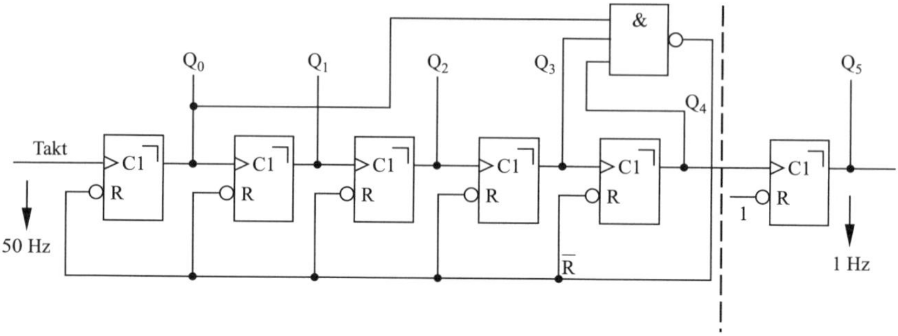

alle (nicht gezeichneten) J- und K-Eingänge = „1“

Traktor

Ein Traktor mit Seilwinde und Stützschild wird zur Holzernte eingesetzt.

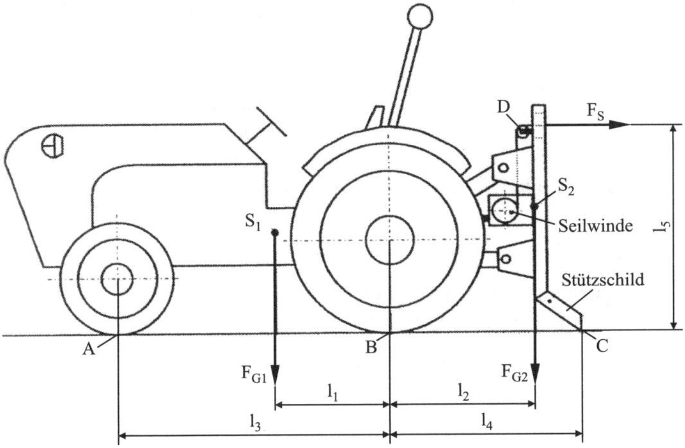

Daten: $l_1 = 600$ mm $\quad F_{G1} = 16$ kN
$l_2 = 1000$ mm $\quad F_{G2} = 4$ kN
$l_3 = 1600$ mm
$l_4 = 1300$ mm
$l_5 = 800$ mm

Teilaufgaben

1 Ermitteln Sie zeichnerisch die Achslasten F_A und F_B bei angehobenem Stützschild und ohne Seilkraft F_S. (5)

2 Im Betrieb der Seilwinde wird das Stützschild so auf den Boden gedrückt, dass die Hinterräder gerade abheben. Berechnen Sie die Kräfte in A und C bei einer Seilkraft $F_S = 30$ kN. (4)

3 Das Seil besteht aus 133 Einzeldrähten mit dem Einzeldrahtdurchmesser $d_E = 0{,}8$ mm und der Zugfestigkeit $R_m = 1960 \frac{N}{mm^2}$. Die maximale Seilkraft beträgt $F_{Smax} = 40$ kN.
Berechnen Sie die vorhandene Sicherheit gegen Bruch. (3)

4 Lagerung der Umlenkrolle in D:

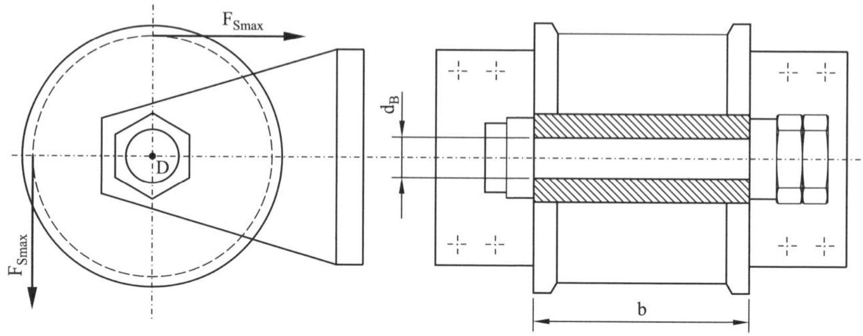

Die Umlenkrolle lenkt das Seil um 90° um. Die maximale Seilkraft beträgt $F_{Smax} = 40$ kN.

4.1 Berechnen Sie die Lagerkraft F_D. (2)

4.2 Ermitteln Sie den erforderlichen Durchmesser d_B des Bolzens aus C60E bei einer 5-fachen Sicherheit gegen Abscherung. (3)

4.3 Ermitteln Sie den Durchmesser d_B des Bolzens bei einer zulässigen Flächenpressung $p_{zul} = 20 \frac{N}{mm^2}$ und einer Rollenbreite b = 150 mm. (3)

5 Der Traktormotor treibt über eine Zapfwelle und ein Getriebe die Seiltrommel an.

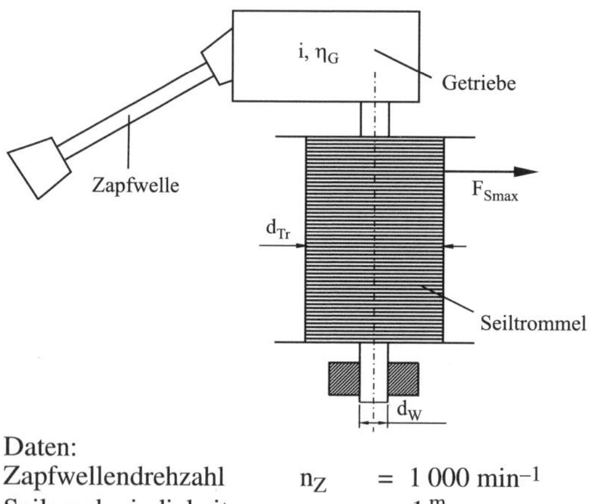

Daten:

Zapfwellendrehzahl	n_Z	=	1 000 min^{-1}
Seilgeschwindigkeit	v_S	=	$1 \frac{m}{s}$
Seiltrommel	d_{Tr}	=	250 mm
Wirkungsgrad Getriebe	η_G	=	0,85
Wirkungsgrad Seil	η_S	=	0,95
Maximale Seilkraft	F_{Smax}	=	40 kN

5.1 Berechnen Sie die erforderliche Motorleistung. (2,5)

5.2 Bestimmen Sie das erforderliche Übersetzungsverhältnis des Getriebes. (3,5)

5.3 Berechnen Sie den Durchmesser d_W der Seiltrommelwelle bei einer zulässigen Torsionsspannung $\tau_{tzul} = 160 \frac{N}{mm^2}$. (4)

(30)

Die Teilaufgaben sind unabhängig voneinander lösbar.

Lösungen

1 Lageplan: (M 1 : 20) (nicht maßstäblich)

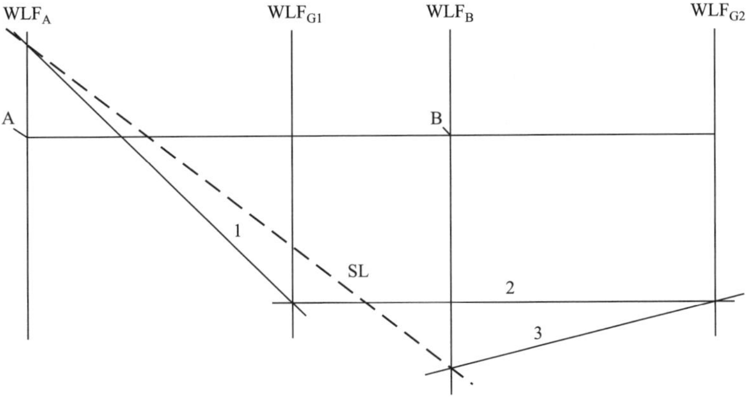

Kräfteplan: (1 cm ≙ 2 kN) (nicht maßstäblich)

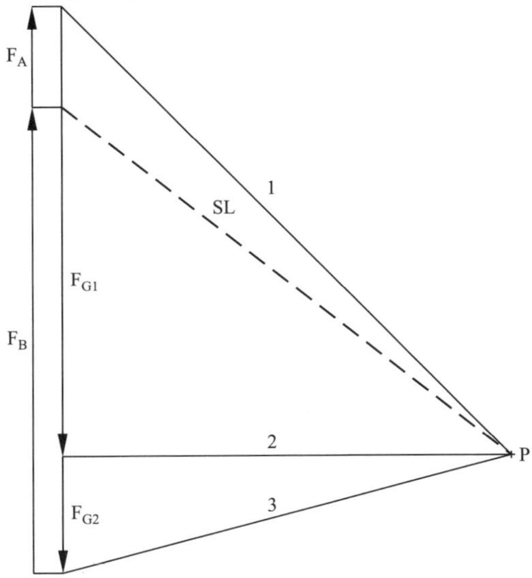

$\underline{\underline{F_A \approx 3{,}5\ kN}}$

$\underline{\underline{F_B \approx 16{,}5\ kN}}$

2 Traktor freigemacht (Skizze):

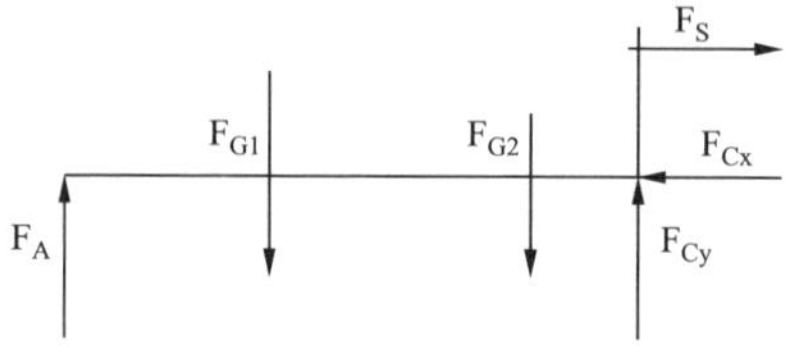

$$\sum F_x = 0 = F_S - F_{Cx} \Rightarrow \underline{F_{Cx} = 30\,\text{kN}}$$

$$\sum F_y = 0 = F_A - F_{G1} - F_{G2} + F_{Cy} \qquad (1)$$

$$\sum Mc = 0 = F_{G1} \cdot (l_1 + l_4) + F_{G2} \cdot (l_4 - l_2) - F_A \cdot (l_3 + l_4) - F_S \cdot l_5 \qquad (2)$$

$$(2):\; F_A = \frac{F_{G1} \cdot (l_1 + l_4) + F_{G2} \cdot (l_4 - l_2) - F_S \cdot l_5}{l_3 + l_4}$$

$$= \frac{16\,\text{kN} \cdot 1{,}9\,\text{m} + 4\,\text{kN} \cdot 0{,}3\,\text{m} - 30\,\text{kN} \cdot 0{,}8\,\text{m}}{2{,}9\,\text{m}}$$

$$\underline{\underline{F_A = 2{,}62\,\text{kN}}}$$

$$(1):\; F_{Cy} = F_{G1} + F_{G2} - F_A = 16\,\text{kN} + 4\,\text{kN} - 7{,}6\,\text{kN}$$

$$\underline{F_{Cy} = 17{,}38\,\text{kN}}$$

$$F_C = \sqrt{F_{Cx}^2 + F_{Cy}^2}$$

$$\underline{\underline{F_C = 34{,}67\,\text{kN}}}$$

$$\tan\alpha = \frac{F_{Cy}}{F_{Cx}} \Rightarrow \underline{\underline{\alpha = 30°}}$$

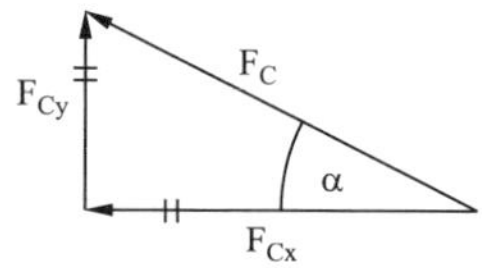

3 $$\upsilon = \frac{R_m}{\sigma_{Zvorh}} = \frac{\pi \cdot n \cdot R_m \cdot d_E^2}{4 \cdot F_{S\max}} = \frac{\pi \cdot 133 \cdot 1960 \frac{\text{N}}{\text{mm}^2} \cdot (0{,}8\,\text{mm})^2}{4 \cdot 40000\,\text{N}}$$

$$\underline{\underline{\upsilon = 3{,}28}}$$

4.1 $$F_D = F_{S\max} \cdot \sqrt{2} = 40\,\text{kN} \cdot \sqrt{2}$$

$$\underline{\underline{F_D = 56{,}57\,\text{kN}}}$$

4.2 $$\tau_{azul} = \frac{\tau_{aB}}{\upsilon} = \frac{F_D}{2 \cdot \frac{\pi}{4} \cdot d_B^2} \Rightarrow d_B = \sqrt{\frac{2 \cdot F_D \cdot \upsilon}{\pi \cdot \tau_{aB}}} = \sqrt{\frac{2 \cdot 56{,}57 \cdot 10^3\,\text{N} \cdot 5}{\pi \cdot 0{,}8 \cdot 670 \frac{\text{N}}{\text{mm}^2}}}$$

mit $\tau_{aB} \approx 0{,}8 \cdot R_m$ $\qquad \underline{\underline{d_B = 16{,}3\,\text{mm}}}$

4.3 $p_{zul} = \frac{F_D}{A} = \frac{F_D}{b \cdot d_B} \Rightarrow d_B = \frac{F_D}{b \cdot p_{zul}} = \frac{56{,}57 \cdot 10^3\ \text{N}}{150\ \text{mm} \cdot 20 \frac{\text{N}}{\text{mm}^2}}$

$\underline{\underline{d_B = 18{,}86\ \text{mm}}}$

5.1 $\eta_{ges} = \eta_1 \cdot \eta_2 = \frac{P_{Tr}}{P_M} \Rightarrow P_M = \frac{P_{Tr}}{\eta_1 \cdot \eta_2}$ mit $P_{Tr} = F_{S\max} \cdot v_S$

$$P_M = \frac{F_{S\max} \cdot v_S}{\eta_1 \cdot \eta_2} = \frac{40\ \text{kN} \cdot 1 \frac{\text{m}}{\text{s}}}{0{,}85 \cdot 0{,}95}$$

$\underline{\underline{P_M = 49{,}5\ \text{kW}}}$

5.2 $i = \frac{n_Z}{n_{Tr}}$ mit $n_{Tr} = \frac{v_S}{\pi \cdot d_{Tr}} = \frac{1 \frac{\text{m}}{\text{s}}}{\pi \cdot 0{,}25\ \text{m}} \Rightarrow \underline{n_{Tr} = 76{,}4\ \text{min}^{-1}}$

$i = \frac{1000\ \text{min}^{-1}}{76{,}4\ \text{min}^{-1}}$

$\underline{\underline{i = 13{,}09 : 1}}$

5.3 $\tau_{zul} = \frac{M_t}{W_p} = \frac{F_{S\max} \cdot \frac{d_{Tr}}{2}}{\frac{\pi}{16} \cdot d_W^3} \Rightarrow dW = 3\sqrt{\frac{16 \cdot F_{S\max} \cdot d_{Tr}}{2 \cdot \pi \cdot \tau_{zul}}} = 3\sqrt{\frac{16 \cdot 40000\ \text{N} \cdot 250\ \text{mm}}{2 \cdot \pi \cdot 160 \frac{\text{N}}{\text{mm}^2}}}$

$\underline{\underline{d_W = 54{,}2\ \text{mm}}}$

Pkw-Anhänger

Mit dem Anhänger wird eine Palette Ziegelsteine transportiert.

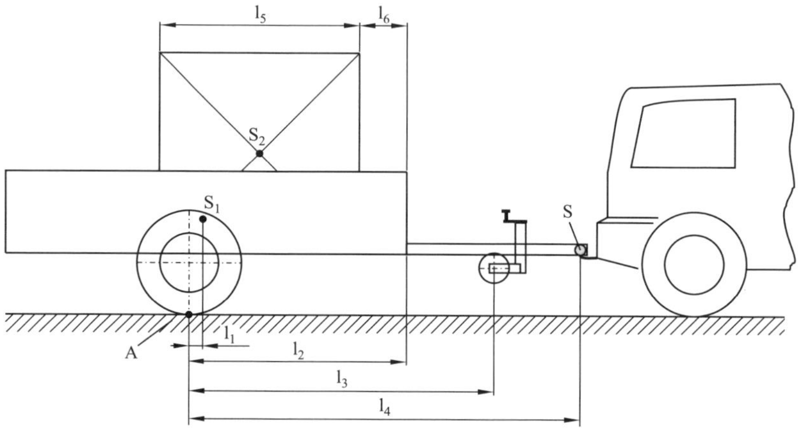

Abb. 1

Daten: $m_1 = 150$ kg (in S_1)
$m_2 = 500$ kg (in S_2)

$l_1 = 100$ mm $l_4 = 1900$ mm
$l_2 = 1000$ mm $l_5 = 1000$ mm
$l_3 = 1300$ mm

Teilaufgaben

1 Die Stützlast F_S auf die Anhängerkupplung bei S des Pkw darf maximal 750 N betragen. Berechnen Sie, wie groß das Maß l_6 (siehe Abbildung 1) mindestens sein muss, damit dieser Wert nicht überschritten wird. (4)

2 Ermitteln Sie zeichnerisch die Kraft F_{SR}, die am Stützrad wirkt, wenn die Ziegelsteine ganz vorne im Anhänger abgestellt werden (siehe Abbildung 2). (6)

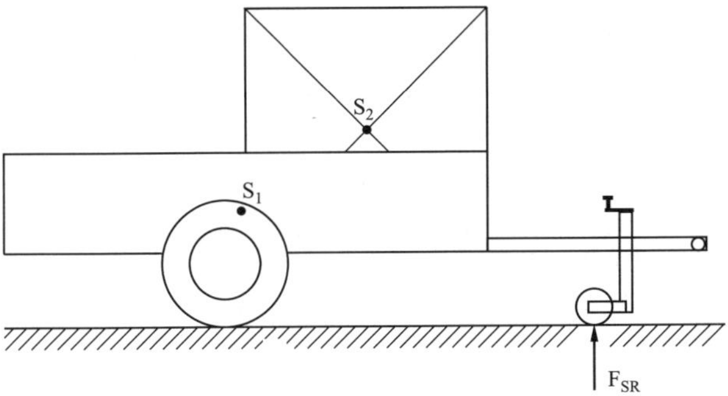

Abb. 2

3 Die Lagerung des Stützrades erfolgt über zwei angeschweißte Flachstähle aus S 235 JR (St37), die auf Biegung beansprucht werden (siehe Abbildung 3). Bestimmen Sie die Abmessungen des Flachstahles nach Norm. (5)

$F_{SR} = 2{,}5$ kN

Sicherheit gegen Verformung $\nu = 2{,}0$

$\frac{b}{s} = 10$

$l_7 = 180$ mm

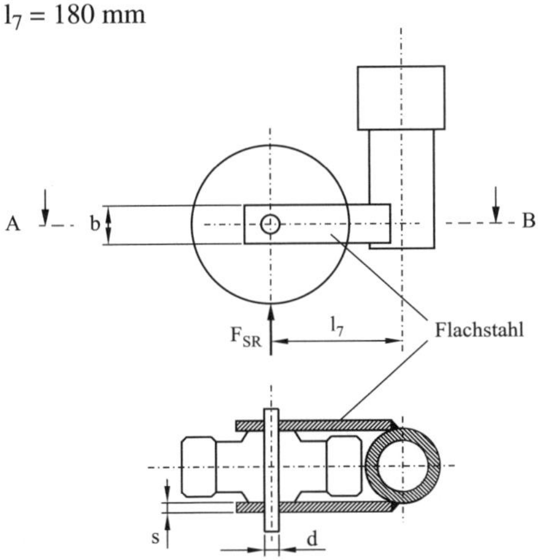

Abb. 3

4 Berechnen Sie den Durchmesser d des Lagerbolzens aus S 235 JR (St37) bei einer 6-fachen Sicherheit gegen Abscherung $F_{SR} = 2{,}5$ kN. (4)

5 Bergfahrt mit Anhänger bei 14 % Steigung.
Berechnen Sie die Zugkraft F_Z, die der Pkw aufbringen muss, wenn ein zusätzlicher Rollwiderstand von 300 N angenommen wird. (3,5)

6 Bergfahrt mit Anhänger bei einem Steigungswinkel von 8°.

6.1 Prüfen Sie rechnerisch nach, ob die Palette bei Bergfahrt nach hinten rutscht, wenn wegen der Erschütterung mit einem Reibwert $\mu = 0{,}2$ zu rechnen ist. (2,5)

6.2 Berechnen Sie die erforderliche Leistung P_M, die der Motor abgibt:

Fahrwiderstand des Fahrzeugs	$F_W = 800$ N
Hangabtriebskraft des Pkw	$F_H = 2218$ N
Erforderliche Zugkraft am Anhänger	$F_Z = 1200$ N
Gesamtwirkungsgrad	$\eta = 0{,}8$
Geschwindigkeit des Pkw	$v = 50\,\frac{km}{h}$

(5)
(30)

Die Teilaufgaben sind unabhängig voneinander lösbar.

Lösungen

1

$$\sum M_A = 0$$

$$0 = F_1 \cdot 0{,}1\,m + F_2 \cdot l_S - F_S \cdot 1{,}9\,m \qquad g = 10\,\frac{m}{s^2}$$

$$l_S = 0{,}255\,m \qquad F_1 = 1500\,N$$

$$l_6 = l_2 - l_S - \frac{l_5}{2} \qquad F_2 = 5000\,N$$

$$\underline{\underline{l_6 = 0{,}245\,m}}$$

2 Lageplan: (M 1 : 10) (nicht maßstäblich)

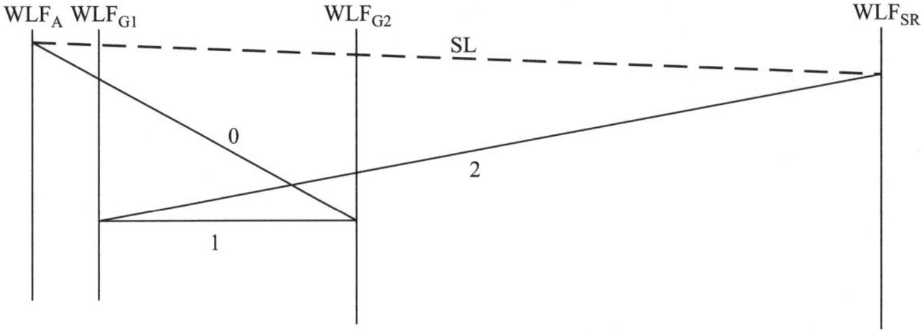

Kräfteplan: (1 cm ≙ 1 kN) (nicht maßstäblich)

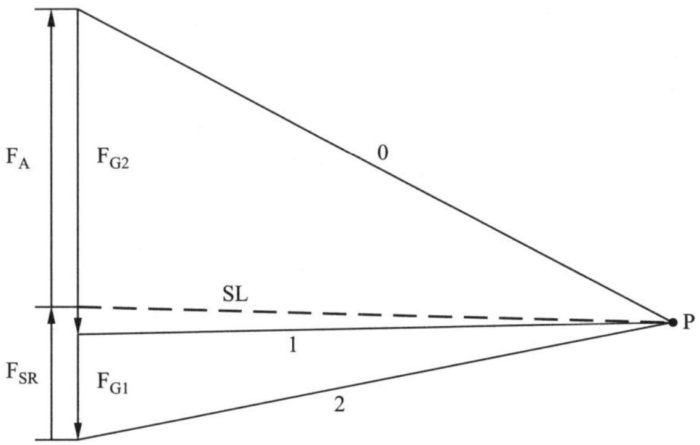

Abgelesen:

$\underline{\underline{F_{SR} = 2{,}0\ \text{kN}}}$

$(F_A = 4{,}5\ \text{kN})$

3 $$\sigma_{b,\,zul} = \frac{\sigma_{bF}}{\upsilon} = \frac{330\ \frac{N}{mm^2}}{2} = 165 \frac{N}{mm^2}$$

$$M_b = \frac{F_{SR}}{2} \cdot l_7 = 1250\ N \cdot 0{,}18\ m = 225000\ Nmm$$

$$W_x = \frac{M_b}{\sigma_b} = 1364\ mm^3$$

$$W_x = \frac{b \cdot h^2}{6} = \frac{s \cdot b^2}{6} = \frac{s \cdot (10\ s)^2}{6} = \frac{100 \cdot s^3}{6} \quad (\text{mit } b = 10\ s)$$

$$\frac{100 \cdot s^3}{6} = 1364\ mm^3$$

$\underline{\underline{s = 4{,}34\ mm}} \Rightarrow \underline{\underline{\text{Gewählt: Fl } 50 \times 5}}$

4 2 Scherflächen $\Rightarrow$ $F = \frac{F_{SR}}{2} = 1,25\,kN$

S 235 RJ $\Rightarrow$ $R_m = 340 \frac{N}{mm^2}$

$\tau_{aB} = 0,8 \cdot R_m = 272 \frac{N}{mm^2}$

$\tau_{a\,zul} = \frac{\tau_{aB}}{\upsilon} = \frac{272 \frac{N}{mm^2}}{6} = 45,33 \frac{N}{mm^2}$

$S = \frac{F}{\tau_{a\,zul}} = \frac{1250\,N}{45,33 \frac{N}{mm^2}} = 27,57\,mm^2$

$d = \sqrt{\frac{4 \cdot S}{\pi}} = 5,9\,mm$

5 $F_H = \sin\alpha \cdot F_{G,\,ges}$
$F_H = 901,2\,N$
$F_Z = F_H + 300\,N$
$F_Z = 1201,2\,N$

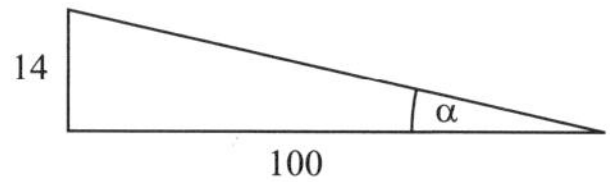

$\tan\alpha = \frac{14}{100}$
$\alpha = 7,97°$

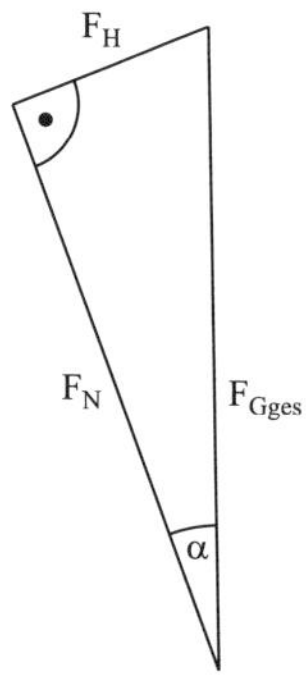

6.1 $F_R = F_N \cdot \mu$
$F_R = F_{G2} \cdot \cos\alpha \cdot \mu$ $F_H = \sin\alpha \cdot F_{G2}$
$F_R = 990,3\,N \geq F_H$ $F_H = 693,3\,N$

$\Rightarrow$ Palette rutscht nicht bzw. $\alpha < \arctan\mu$
$7,97° < 11,3°$

6.2

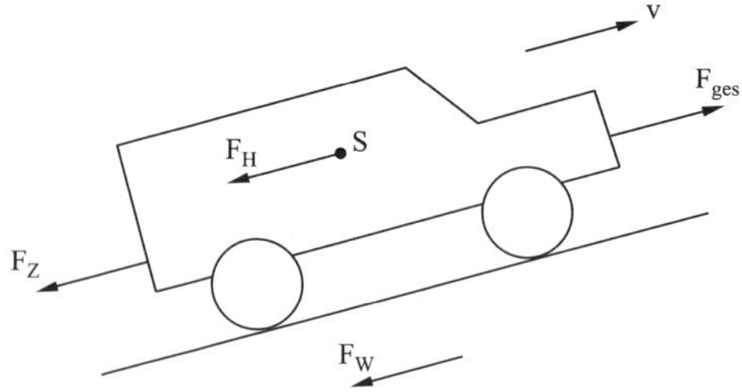

$\sum F_x = 0:$

$F_{ges} = F_Z + F_H + F_W$

$F_{ges} = 1200\ N + 2218\ N + 800\ N$

$F_{ges} = 4218\ N$

$\eta_{ges} = \frac{P_{ab}}{P_{zu}} = \frac{P_{ab}}{P_M} \quad P_{ab} = F_{ges} \cdot v = 4218,5\ N \cdot 50 \frac{km}{h}$

$P_{ab} = 58,59\ kW$

$\underline{\underline{P_M}} = \frac{P_{ab}}{\eta_{ges}} = \frac{58,59\ kW}{0,8} \underline{\underline{= 73,3\ kW}}$

Modell eines Stirlingmotors

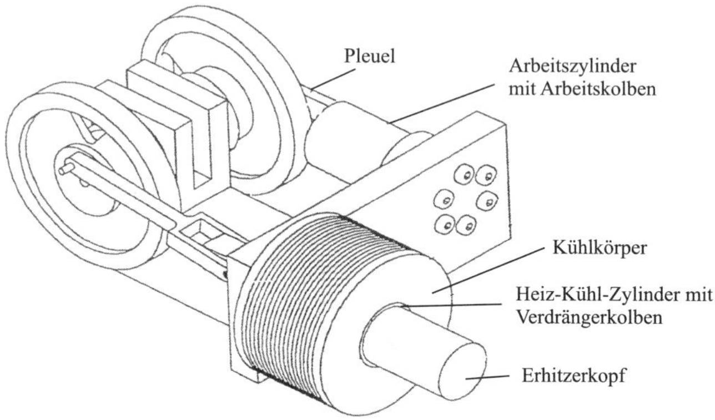

Teilaufgaben

1 Der Kühlkörper des Stirlingmotors soll aus AlSi12 hergestellt werden.

1.1 Zeichnen Sie das AlSi-Zustandsdiagramm von 0 bis 20 % Si.
Die Legierung AlSi12 erstarrt bei konstanter Temperatur (577 °C).
Die Legierung AlSi20 beginnt bei 650 °C zu erstarren. (2,5)

1.2 Um welchen Legierungstyp handelt es sich und unter welchen Bedingungen entsteht er? (1)

1.3 Skizzieren Sie die Abkühlungskurven von AlSi6 und AlSi12. (2)

1.4 Begründen Sie die gute Gießbarkeit von AlSi12. (1,5)

1.5 Der Kühlkörper darf nicht bis zum Beginn des Schmelzens erhitzt werden. Kann die zulässige Temperatur des Kühlkörpers durch die Wahl einer anderen AlSi-Legierung gesteigert werden (Begründung)? (2)

2 Für den Erhitzerkopf wird der Werkstoff C45 verwendet.

2.1 Warum wird der Kühlkörper aus einer Al-Legierung und der Erhitzerkopf aus Stahl hergestellt? (2)

2.2 Skizzieren Sie das Gefüge des Erhitzerkopfes bei Raumtemperatur und benennen Sie die Gefügebestandteile. (1)

2.3 Bei einem Probelauf wird der Erhitzerkopf auf 900 °C erwärmt und durch fehlgeleitetes Kühlwasser abgeschreckt. Beschreiben Sie die dabei auftretenden Vorgänge im Gefüge. (4)

3 Das Vergleichsdiagramm des Stirlingprozesses besteht aus zwei Isothermen und zwei Isochoren. Der Motor arbeitet mit Luft und hat folgende Daten:

Größtes Volumen:	$V_1 = 4{,}5\ cm^3$
Kleinstes Volumen:	$V_2 = 1{,}8\ cm^3$
Höchste Gastemperatur:	$\vartheta_3 = 300\ °C$
Niedrigste Gastemperatur:	$\vartheta_1 = 100\ °C$
Niedrigster Druck:	$p_1 = 0{,}8$ bar

3.1 Skizzieren Sie den Kreisprozess im p-V-Diagramm und nummerieren Sie die Eckpunkte (Pkt 1 bei V_1). (2)

3.2 Kennzeichnen Sie im Diagramm, wo Wärme bzw. mechanische Arbeit zu- oder abgeführt werden. (2)

3.3 Berechnen Sie die Masse der Arbeitsluft in Gramm. (2)

3.4 Berechnen Sie p_2 und p_4. (3)

3.5 Berechnen Sie die Nutzarbeit für einen Zyklus für m = 3,5 mg. (5)

(30)

Die Teilaufgaben sind unabhängig voneinander lösbar.

Formelsammlung Energietechnik

1. Erster Hauptsatz der Wärmelehre
   allgemein
   $Q + W = \Delta U$
   Isobarer Prozess (p = konst.)
   $Q = c_p \cdot m \cdot \Delta T$
   Isochorer Prozess (V = konst.)
   $Q = c_V \cdot m \cdot \Delta T$
   Isothermer Prozess (T = konst.)
   $Q = -W$
   Adiabater Prozess
   $Q = 0$
   Kreisprozess
   $\sum Q + \sum W = 0$

Q:	ausgetauschte Wärmemenge in J 1 J = 1 Ws = 1 Nm 1 tSKE = $2{,}93 \cdot 10^{10}$ J
q:	ausgetauschte spezifische Wärmemenge in kJ/kg
W:	Arbeit in J
w:	spezifische Arbeit in kJ/kg
U:	innere Energie
T :	absolute Temperatur in K (273 K ⇔ 0 °C)
c_p:	spezifische Wärmekapazität bei konstantem Druck, Luft: $c_p = 1{,}01$ kJ/(kgK)
c_V:	spezifische Wärmekapazität bei konstantem Volumen, Luft: $c_V = 0{,}72$ kJ/(kgK)

2. Wärme im T-s-Diagramm

   $q = T \cdot \Delta s$

q:	ausgetauschte spezifische Wärmemenge in kJ/kg
T:	absolute Temperatur
Δs	Änderung d. spezif. Entropie in kJ/(kgK)

3. Zustandsänderungen idealer Gase

Allgemeine Gasgleichung

$$\frac{p \cdot V}{T} = \text{konst.} \qquad p \cdot V = m \cdot R_i \cdot T$$

p: Druck
V: Volumen
T: absolute Temperatur
m: Masse
R_i: spezifische Gaskonstante; Luft: $R_S = 0{,}287$ kJ/(kgK)
W_{12}: verrichtete Arbeit bei Zustandsänderung von 1 nach 2

κ: Adiabatenexponent $\kappa = \frac{c_P}{c_V}$

Luft: $\kappa = 1{,}4$

Gas	c_p	c_v	R_i
Kohlendioxid	0,844	0,655	0,189
Luft	1,005	0,718	0,287
Sauerstoff	0,917	0,658	0,260
Stickstoff	1,038	0,741	0,297

Isobarer Prozess

$$\frac{V_1}{T_1} = \frac{V_2}{T_2} \qquad W_{12} = -p \cdot \Delta V$$

Isochorer Prozess

$$\frac{p_1}{T_1} = \frac{p_2}{T_2} \qquad W_{12} = 0$$

Isothermer Prozess

$$p_1 \cdot V_1 = p_2 \cdot V_2$$

$$W_{12} = -m \cdot R_i \cdot T \cdot \ln\frac{V_2}{V_1}$$

$$W_{12} = -m \cdot R_i \cdot T \cdot \ln\frac{p_1}{p_2}$$

Adiabater Prozess

$$p \cdot V^{\kappa} = \text{konst.} \qquad \frac{T_1}{T_2} = \left(\frac{p_1}{p_2}\right)^{\frac{\kappa-1}{\kappa}} = \left(\frac{V_2}{V_1}\right)^{\kappa-1}$$

$$W_{12} = -\frac{m \cdot R_i}{1-\kappa} \cdot (T_2 - T_1) = -\frac{m \cdot R_i \cdot T_1}{1-\kappa} \cdot \left[\left(\frac{V_1}{V_2}\right)^{\kappa-1} - 1\right] = -\frac{m \cdot R_i \cdot T_1}{1-\kappa} \cdot \left[\left(\frac{p_2}{p_1}\right)^{\frac{\kappa-1}{\kappa}} - 1\right]$$

4. Thermischer Wirkungsgrad:

$$\eta_{th} = 1 - \frac{|Q_{ab}|}{Q_{zu}} = \frac{W_{nutz}}{Q_{zu}}$$

Lösungen

1.1 Zustandsdiagramm AlSi

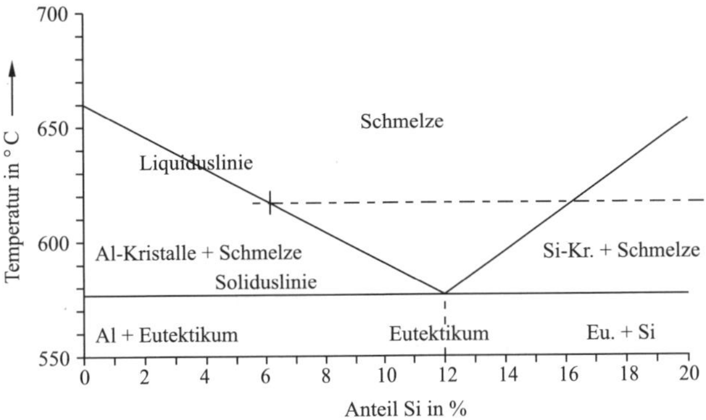

1.3 Abkühlkurven

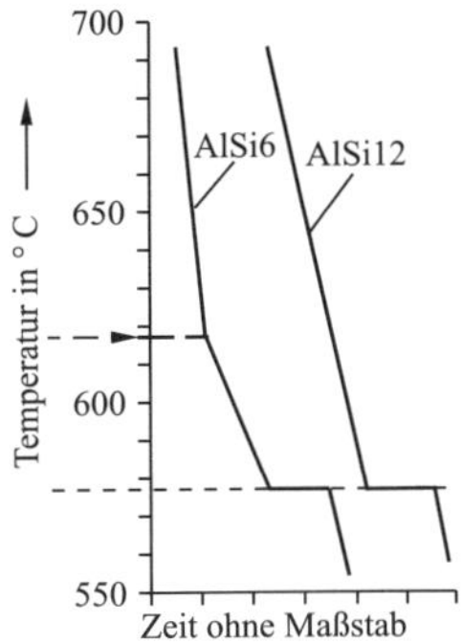

1.2 Es handelt sich um eine Legierung mit vollkommener Unlöslichkeit im festen Zustand, die als Kristallgemisch erstarrt. Vorraussetzung dafür ist, dass Aluminium und Silizium sich in Gittertyp und Größe der Atome deutlich unterscheiden.

1.4 Diese Legierung ist zum Gießen gut geeignet, da sie einen niedrigen Schmelzpunkt hat, ein homogenes Gefüge und bis zum Erstarren dünnflüssig bleibt.

1.5 Nein, weil die Soliduslinie waagerecht bei konstanter Temperatur verläuft und der Schmelzbeginn dadurch unabhängig vom Legierungsverhältnis ist.

2.1 Die höhere Wärmeleitfähigkeit der Al-Legierung bewirkt eine bessere Kühlung und ermöglicht einen kleineren Kühlkörper. Die höhere Hitzebeständigkeit von Stahl erlaubt höhere Temperaturen am Erhitzerkopf.

2.2 Gefüge von C45 bei Raumtemperatur:

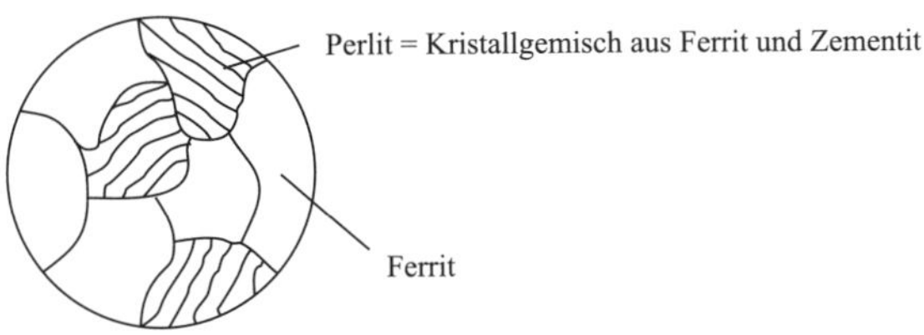

2.3 Bei über 900 °C wandelt sich das Gefüge in Austenit um, in dem der vorhandene Kohlenstoff gelöst ist. Beim Abschrecken haben die C-Atome keine Zeit aus dem Gitter zu diffundieren, so dass sich das Gitter zu dem nadeligen und harten Martensit verspannt.

3.1 Vergleichsdiagramm des Stirlingprozesses

3.2

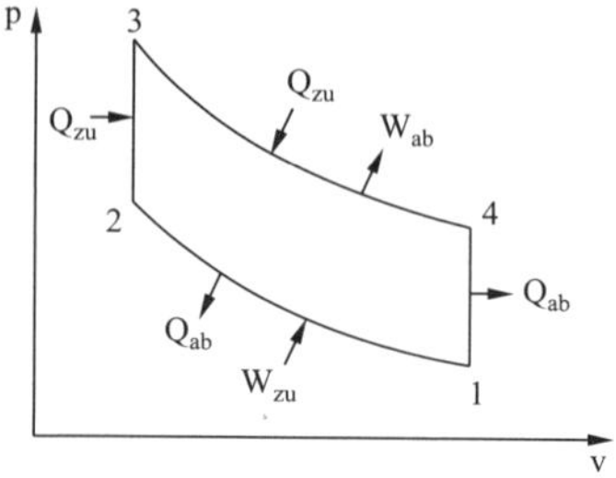

3.3 Masse m

$$p_1 \cdot V_1 = m \cdot R_i \cdot T_1$$

$$m = \frac{p_1 \cdot V_1}{R_i \cdot T_1} = \frac{0{,}8\ \text{bar} \cdot 4{,}5\ \text{cm}^3}{0{,}287\ \frac{\text{kJ}}{\text{kg K}} \cdot (100+273)\ \text{K}} = \frac{0{,}8 \cdot 10^5\ \frac{\text{N}}{\text{m}^2} \cdot 4{,}5 \cdot 10^{-6}\ \text{m}^3}{0{,}287 \cdot 10^3\ \frac{\text{Nm}}{\text{kg}} \cdot 373}$$

$$\underline{\underline{m = 3{,}36 \cdot 10^{-6}\ \text{kg} = 3{,}36\ \text{mg}}}$$

3.4 Isothermer Prozess 1–2

$$p_1 \cdot V_1 = p_2 \cdot V_2 \quad \Rightarrow \quad p_2 = p_1 \cdot \frac{V_1}{V_2} = 0{,}8\ \text{bar} \cdot \frac{4{,}5\ \text{cm}^3}{1{,}8\ \text{cm}^3} = \underline{\underline{2{,}0\ \text{bar} = p_2}}$$

Isochorer Prozess 4–1

$$\frac{p_4}{T_4} = \frac{p_1}{T_1} \quad \Rightarrow \quad p_4 = p_1 \cdot \frac{T_4}{T_1} = 0{,}8\ \text{bar} \cdot \frac{(300+273)\ \text{K}}{(100+273)\ \text{K}} = 0{,}8\ \text{bar} \cdot \frac{573\ \text{K}}{373\ \text{K}} = \underline{\underline{1{,}23\ \text{bar} = p_4}}$$

3.5 Kompressionsarbeit W_{12}

$$W_{12} = -m \cdot R_i \cdot T_1 \cdot \ln\left(\frac{V_2}{V_1}\right) = -3{,}5 \cdot 10^{-6}\ \text{kg} \cdot 0{,}287\ \frac{\text{kJ}}{\text{kgK}} \cdot (100+273)\ \text{K} \cdot \ln\left(\frac{1{,}8\ \text{cm}^3}{4{,}5\ \text{cm}^3}\right)$$

$$\underline{\underline{W_{12} = +3{,}43 \cdot 10^{-4}\ \text{kJ} = +0{,}343\ \text{J}}}$$

Expansionsarbeit W_{34}

$$W_{34} = -m \cdot R_i \cdot T_3 \cdot \ln\left(\frac{V_4}{V_3}\right) = -3{,}5 \cdot 10^{-6}\ \text{kg} \cdot 0{,}287\ \frac{\text{kJ}}{\text{kgK}} \cdot (300+273)\ \text{K} \cdot \ln\left(\frac{4{,}5\ \text{cm}^3}{1{,}8\ \text{cm}^3}\right)$$

$$\underline{\underline{W_{34} = -5{,}27 \cdot 10^{-4}\ \text{kJ} = -0{,}527\ \text{J}}}$$

Nutzarbeit W_{Nutz}

$$W_{Nutz} = W_{12} + W_{34} = +0{,}343\ \text{J} - 0{,}527\ \text{J} = \underline{\underline{-0{,}184\ \text{J} = W_{Nutz}}}$$

Berufliche Gymnasien (Baden-Württemberg) – Abiturprüfung 2006
Leistungskurs Technik: Elektrotechnik Aufgabe 1

Elektronisches Mini-Roulette-Spiel

Die vorliegende Schaltung simuliert ein vereinfachtes Roulette-Spiel. Die kreisförmig angeordneten LEDs L_0 bis L_{11} (Abbildung 1) werden bei Spielbeginn (= Tastendruck) zunächst in rascher zeitlicher Folge einzeln nacheinander angesteuert, was dem Spieler den Eindruck einer schnell umlaufenden Kugel vermittelt. Nach dem Loslassen des Tasters Ta nimmt die „Umlaufgeschwindigkeit" kontinuierlich ab, bis die „Kugel schließlich liegen bleibt", d. h. bis nur noch eine LED leuchtet.

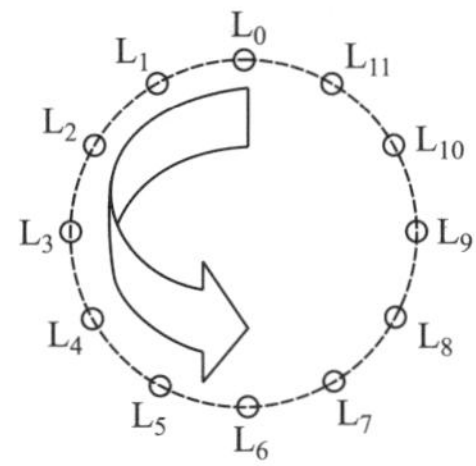

Abb. 1

Das **Blockschaltbild** der Schaltung zeigt **Abbildung 2**.

Durch Betätigen des Tasters Ta wird der Taktgenerator mit einer Taktfrequenz von 120 Hz gestartet. Die Ausgänge des Dekoders werden nacheinander High. Die Schaltverstärker schalten nacheinander jeweils eine LED.

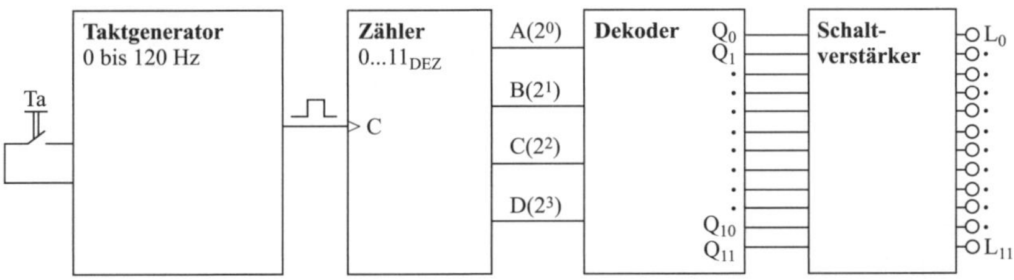

Abb. 2

1 **Synchroner Zähler**
Der Zähler mit den Ausgangssignalen A, B, C und D ist als Synchronzähler mit der Zählfolge 0, 1, 2, ..., 10, 11, 0, ... zu entwerfen. Zur Verfügung stehen D-FlipFlops oder JK-Flipflops.

1.1 Erklären Sie kurz, warum die gegebene Zählfolge für die Funktion der Schaltung geeignet ist. Begründen Sie, dass noch weitere geeignete Zählfolgen existieren. (2)

1.2 Ergänzen Sie die Funktionstabelle des Synchronzählers auf dem Arbeitsblatt. (3)

1.3 Ermitteln Sie möglichst einfache Schaltfunktionen für die Vorbereitungseingänge der Flipflops mit Hilfe der KV-Diagramme auf dem Arbeitsblatt. (4,5)

1.4 Skizzieren Sie die Schaltung des Synchronzählers. (2)

2 **Dekoder**

Aus den Ausgangssignalen A, B, C und D des Zählers erzeugt der Dekoder die Ansteuersignale Q_0 bis Q_{11} für die Schaltverstärker der Leuchtdioden L_0 bis L_{11}. Beim Zählerzustand 0_{dez} (0000) soll $Q_0 = 1$ sein, beim Zählerzustand 1_{dez} (0001) soll $Q_1 = 1$ sein usw. Beim Zählerzustand 11_{dez} schließlich ist $Q_{11} = 1$.

2.1 Stellen Sie die Funktionstabelle des Dekoders auf. (3)

2.2 Ermitteln Sie für den Ausgang Q_{11} eine möglichst einfache Schaltfunktion. (1,5)

2.3 Skizzieren Sie die Schaltung für den Ausgang Q_{11} unter Verwendung von NAND-Elementen mit 2 Eingängen. (1)

3 **Schaltverstärker**

Abbildung 3 zeigt die Schaltverstärkerschaltung für die Ausgänge Q_0 bis Q_2, die Ausgänge Q_3 bis Q_{11} sind entsprechend geschaltet.

Daten:

LED:	$U_F = 1{,}65$ V
	$I_F = 20$ mA
Transistoren:	$B = 120$
	$U_{CErest} = 0{,}1$ V
	$U_{BE} = 0{,}7$ V
Dekoderausgang:	$U_{QHigh} = 3{,}6$ V

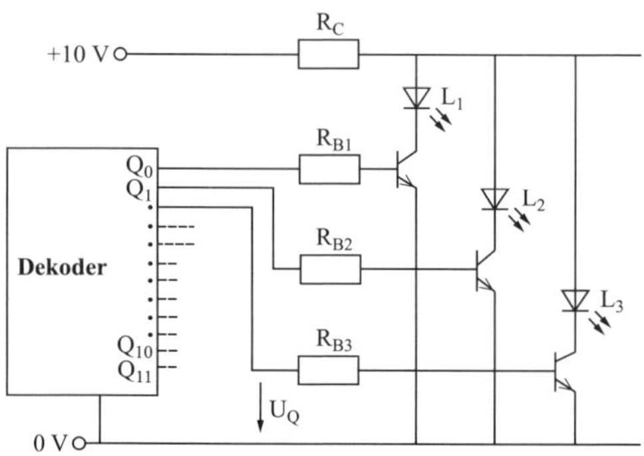

Abb. 3

3.1 Begründen Sie, warum man in der Schaltung mit nur einem gemeinsamen Kollektorwiderstand R_C auskommt. (1)

3.2 Berechnen Sie die Werte des gemeinsamen Kollektorwiderstandes R_c und der Basisvorwiderstände R_B, wenn der Übersteuerungsfaktor der Transistoren $ü = 2$ betragen soll. (4)

3.3 Durch einen Fehler liefern alle Ausgänge Q_0 bis Q_{11} gleichzeitig High-Signal. Welche Auswirkungen hat dieser Fehler auf die Transistoren und die Leuchtdioden?

4 Taktgenerator mit veränderlicher Taktfrequenz

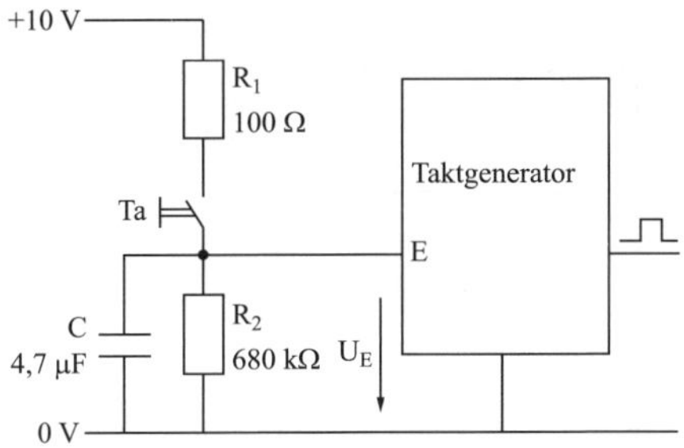

Abb. 4

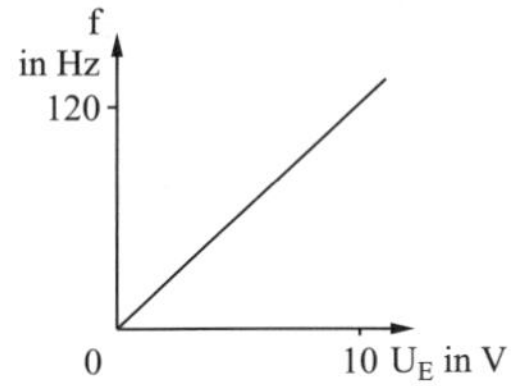

Abb. 5

Der Taktgenerator ist ein spannungsgesteuerter Rechteckgenerator (Abbildung 4). Die Taktfrequenz hängt linear von der Spannung U_E am Eingang E ab (Abbildung 5). Der Kondensator ist zunächst ungeladen.

4.1 Erklären Sie, warum sich bei gedrücktem Taster Ta die Taktfrequenz 120 Hz einstellt. (2)

4.2 Der Taster Ta wird nach einigen Sekunden losgelassen. Erläutern Sie, warum die Frequenz des Generators kleiner wird.
Skizzieren Sie den zeitlichen Verlauf der Spannung U_E. (3)

4.3 Welche Auswirkung hat eine Verkleinerung der Kapazität? (1)

(30)

zu 1. Synchronzähler:

1.2 Funktionstabelle

	D	C	B	A	D	C	B	A								

1.3 KV- Diagramme und Funktionsgleichungen

Tipps und Hinweise zur Lösung von Aufgabe 1

Tipps zu Teilaufgabe 1.3

- Die Zustände „Nachher“ entsprechen immer den Lösungen für die Eingänge D_x.
- Die Nummerierung der Felder im KV-Diagramm vorher festlegen, z. B.:

	A				
	3	7	6	2	
B	11	15	14	10	
	9	13	12	8	D
	1	5	4	0	
			C		

	D				
	12	14	6	4	
C	13	15	7	5	
	9	11	3	1	A
	8	10	2	0	
			B		

Tipp zu Teilaufgabe 2.1

- Nicht beschriebene Felder erhalten den Wert 0.

Tipp zu Teilaufgabe 3.2

- Betrachten Sie zunächst nur die Schaltung für einen Ausgang Q_i (z. B. Q_0).

Tipp zu Teilaufgabe 4.1

- Rechnerische Lösung mit Ersatzspannungsquelle.

Lösungen

1 Synchroner Zähler

1.1 Für die Funktion der Schaltung werden 12 verschiedene Zustände für Zähler bzw. Dekoder bzw. die Schaltverstärker benötigt. Die gegebene Zählfolge des Zählers erfüllt diese Bedingung. Da die Zählerausgänge vom Dekoder ausgewertet werden, ist für den Zähler jede beliebige Zählfolge mit 12 verschiedenen Zählzuständen möglich (wobei jeder Zustand in einem Zählzyklus nur einmal auftreten darf.)

1.2 / 1.4

					D_D	D_C	D_B	D_A
	Vorher				Nachher			
Nr	D	C	B	A	D	C	B	A
0	0	0	0	0	0	0	0	1
1	0	0	0	1	0	0	1	0
2	0	0	1	0	0	0	1	1
3	0	0	1	1	0	1	0	0
4	0	1	0	0	0	1	0	1
5	0	1	0	1	0	1	1	0
6	0	1	1	0	0	1	1	1
7	0	1	1	1	1	0	0	0
8	1	0	0	0	1	0	0	1
9	1	0	0	1	1	0	1	0
10	1	0	1	0	1	0	1	1
11	1	0	1	1	0	0	0	0
12	1	1	0	0	x	x	x	x
13	1	1	0	1	x	x	x	x
14	1	1	1	0	x	x	x	x
15	1	1	1	1	x	x	x	x

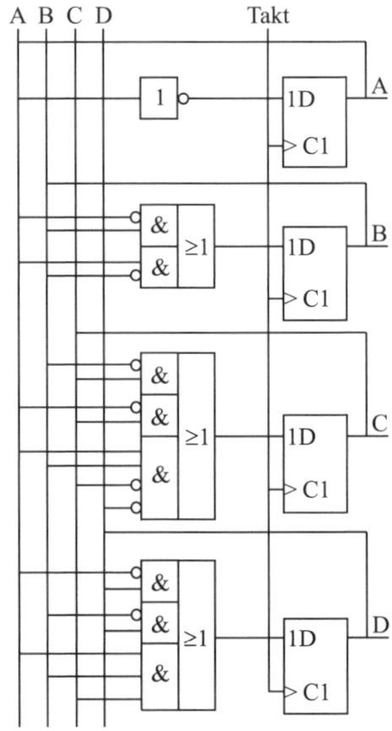

1.3

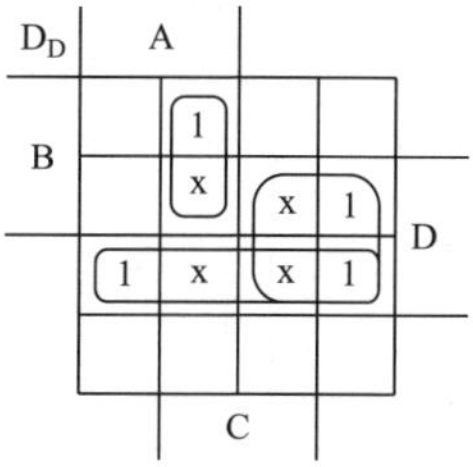

$D_D = \overline{A}D + \overline{B}D + ABC$

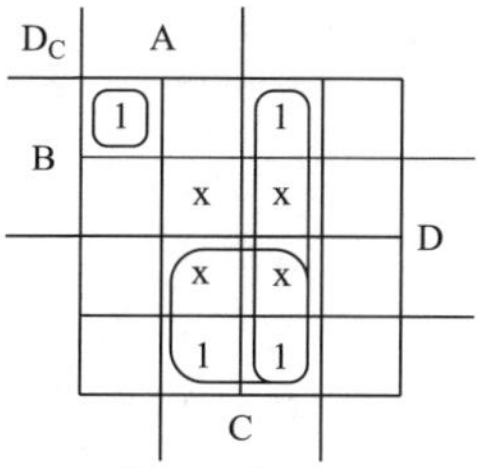

$D_C = \overline{B}C + \overline{A}C + AB\overline{C}\,\overline{D}$

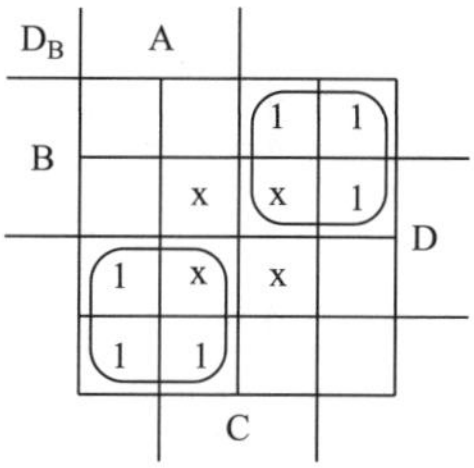

$D_B = A\overline{B} + \overline{A}B$

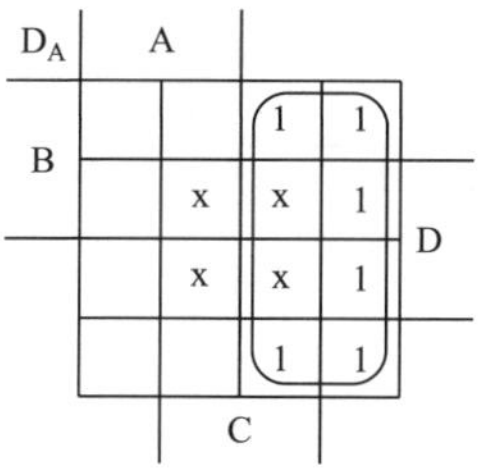

$D_A = \overline{A}$

Alternative Lösung mit JK-FF Nr. 1.2/1.3/1.4

Q_{vor}	Q_{nach}	J	K	Erklärung
0	0	0	x	Store oder Kill
0	1	1	x	Toggle oder Jump
1	0	x	1	Toggle oder Kill
1	1	x	0	Store oder Jump

	Vorher				Nachher				Vorbereitungseingänge							
Nr.	D	C	B	A	D	C	B	A	J_D	K_D	J_C	K_C	J_B	K_B	J_A	K_A
0	0	0	0	0	0	0	0	1	0	x	0	x	0	x	1	x
1	0	0	0	1	0	0	1	0	0	x	0	x	1	x	x	1
2	0	0	1	0	0	0	1	1	0	x	0	x	x	0	1	x
3	0	0	1	1	0	1	0	0	0	x	1	x	x	1	x	1
4	0	1	0	0	0	1	0	1	0	x	x	0	0	x	1	x
5	0	1	0	1	0	1	1	0	0	x	x	0	1	x	x	1
6	0	1	1	0	0	1	1	1	0	x	x	0	x	0	1	x
7	0	1	1	1	1	0	0	0	1	x	x	1	x	1	x	1
8	1	0	0	0	1	0	0	1	x	0	0	x	0	x	1	x
9	1	0	0	1	1	0	1	0	x	0	0	x	1	x	x	1
10	1	0	1	0	1	0	1	1	x	0	0	x	x	0	1	x
11	1	0	1	1	0	0	0	0	x	1	0	x	x	1	x	1
12	1	1	0	0	x	x	x	x	x	x	x	x	x	x	x	x
13	1	1	0	1	x	x	x	x	x	x	x	x	x	x	x	x
14	1	1	1	0	x	x	x	x	x	x	x	x	x	x	x	x
15	1	1	1	1	x	x	x	x	x	x	x	x	x	x	x	x

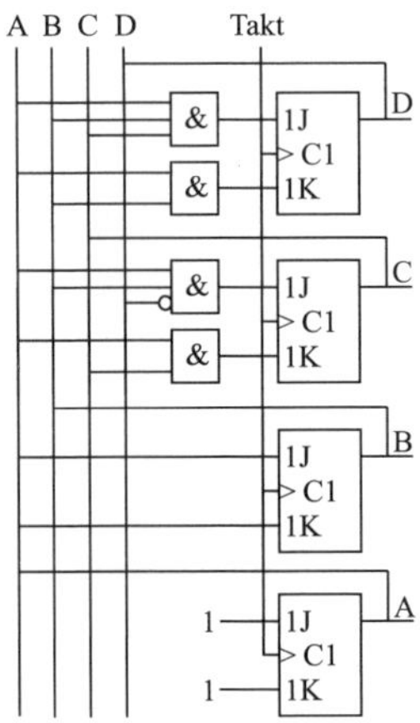

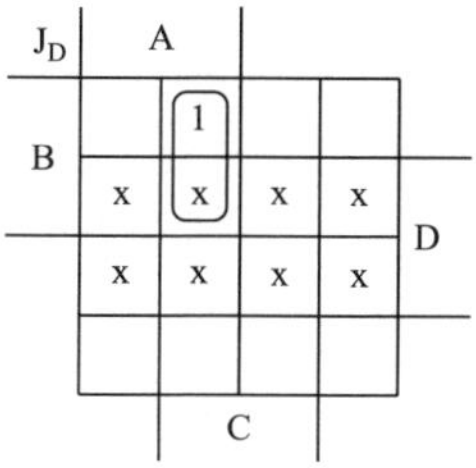

$J_D = ABC$

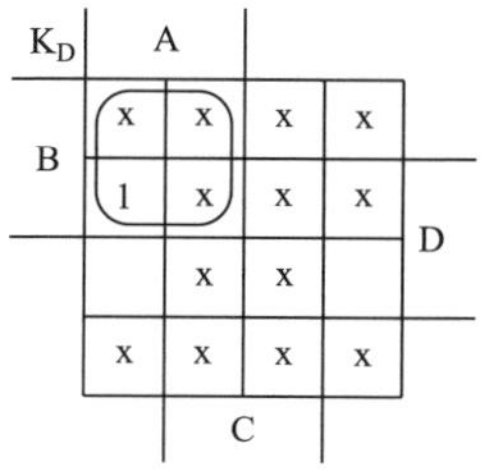

$K_D = AB$

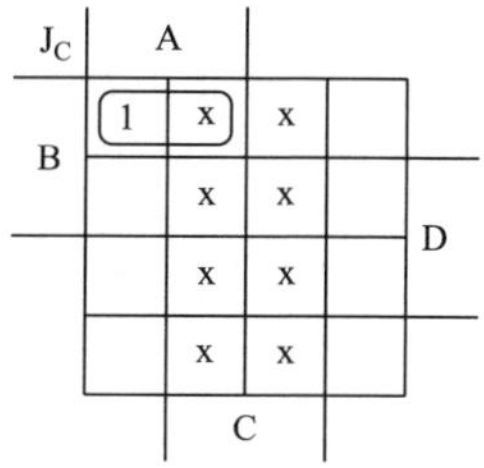

$J_C = AB\overline{D}$

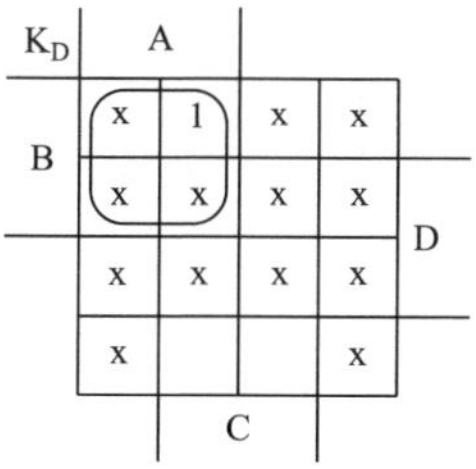

$K_C = AB$

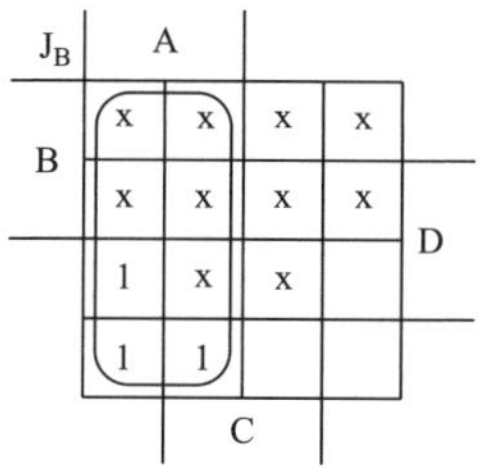

$J_B = A$

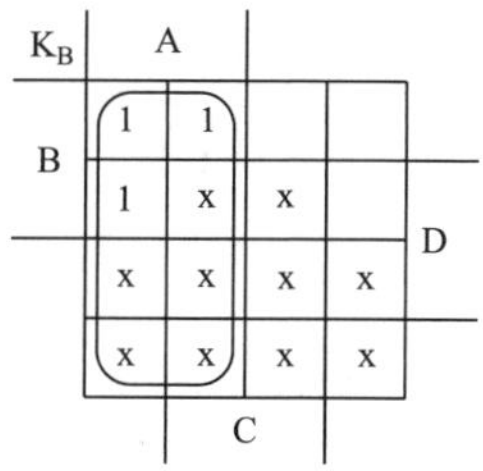

$K_B = A$

$J_A = K_A = 1$

2 Dekoder

2.1

	D	C	B	A	Q_0	Q_1	Q_2	Q_3	Q_4	Q_5	Q_6	Q_7	Q_8	Q_9	Q_{10}	Q_{11}
0	0	0	0	0	1	0	0	0	0	0	0	0	0	0	0	0
1	0	0	0	1	0	1	0	0	0	0	0	0	0	0	0	0
2	0	0	1	0	0	0	1	0	0	0	0	0	0	0	0	0
3	0	0	1	1	0	0	0	1	0	0	0	0	0	0	0	0
4	0	1	0	0	0	0	0	0	1	0	0	0	0	0	0	0
5	0	1	0	1	0	0	0	0	0	1	0	0	0	0	0	0
6	0	1	1	0	0	0	0	0	0	0	1	0	0	0	0	0
7	0	1	1	1	0	0	0	0	0	0	0	1	0	0	0	0
8	1	0	0	0	0	0	0	0	0	0	0	0	1	0	0	0
9	1	0	0	1	0	0	0	0	0	0	0	0	0	1	0	0
10	1	0	1	0	0	0	0	0	0	0	0	0	0	0	1	0
11	1	0	1	1	0	0	0	0	0	0	0	0	0	0	0	1
12	1	1	0	0	x	x	x	x	x	x	x	x	x	x	x	x
13	1	1	0	1	x	x	x	x	x	x	x	x	x	x	x	x
14	1	1	1	0	x	x	x	x	x	x	x	x	x	x	x	x
15	1	1	1	1	x	x	x	x	x	x	x	x	x	x	x	x

2.2 $Q_{11} = ABD$

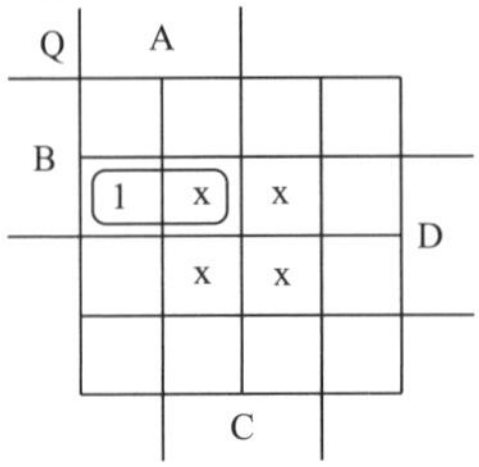

2.3 $Q_{11} = A \cdot B \cdot D$

$= \overline{\overline{\overline{\overline{(A \cdot B)}} \cdot D}}$

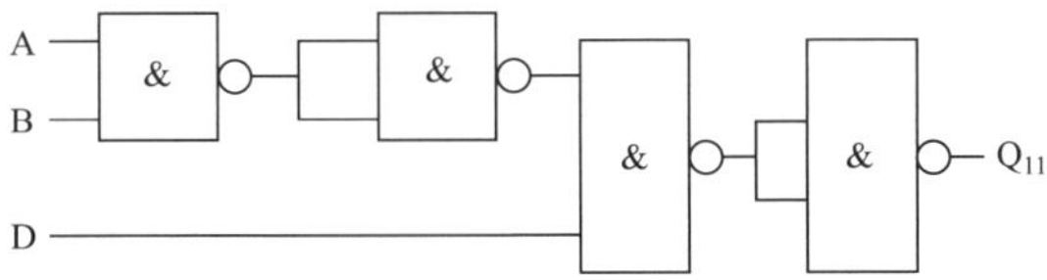

3 Schaltverstärker

3.1 Es ist immer nur <u>ein</u> Ausgang Q High, d. h. es ist immer nur ein Schaltverstärker durchgeschaltet. Es leuchtet also immer nur eine LED, die über R_C an Betriebsspannung gelegt wird.

3.2 $U_{RC} = 10\ V - 1{,}65\ V - 0{,}1\ V = 8{,}25\ V$

$I_C = I_F = 2\ mA$

$R_C = \dfrac{8{,}25\ V}{20\ mA} = \underline{\underline{413\ \Omega}}$

$I_B = \dfrac{I_C}{B} = \dfrac{20\ mA}{120} = 0{,}1666\ mA$

$I_{Bü} = I_B \cdot ü = 0{,}3333\ mA$

$R_B = \dfrac{U_{RB}}{I_{Bü}} = \dfrac{3{,}6\ V - 0{,}7\ V}{0{,}3333\ mA} = \underline{\underline{8{,}7\ k\Omega}}$

3.3 Alle Transistoren schalten durch und die Leuchtdioden leuchten schwach.
Begründung: Der Gesamtstrom für alle LEDs ist durch R_C auf etwa 20 mA begrenzt. Bei exakt gleichen LED-Kennlinien fließt durch jede Diode ein Strom von 1,67 mA; die LEDs leuchten nur schwach. Da die LED-Kennlinien nicht exakt gleich sind, könnten auch eine oder mehrere etwas stärker leuchten.

4 Taktgenerator mit veränderlicher Frequenz

4.1 Beim Drücken des Tasters beträgt die Eingangsspannung U_E etwa 10 V (R2 >> R1). Der Kondensator lädt such über R1 sehr schnell auf. Nach Abbildung 5 auf dem Arbeitsblatt beträgt die Frequenz der Rechteckspannung 120 Hz.

Rechnerische Lösung mit Ersatzspannungsquelle:

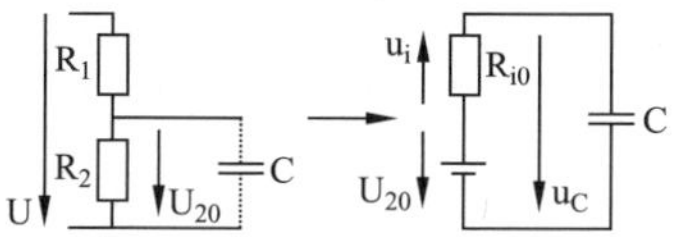

$$U_{20} = \frac{R_2}{R_1 + R_2} U = \frac{680\ \text{k}\Omega}{680{,}1\ \Omega} \cdot 10\ \text{V} \approx 10\ \text{V}$$

$$R_{i0} = \frac{R_1 \cdot R_2}{R_1 + R_2} = \frac{680\ \text{k}\Omega \cdot 100\ \Omega}{680\ \text{k}\Omega + 100\ \Omega} \approx 100\ \Omega$$

Laden über R_{i0}:
$\tau_{laden} = R_{i0} \cdot C = 100\ \Omega \cdot 4{,}7\ \mu\text{F} = 0{,}47\ \text{ms}$
$t_{laden} = 5 \cdot \tau = 5 \cdot 0{,}47\ \text{ms} = 2{,}35\ \text{ms}$

Entladen über R_2:

$u_C = U_{20} \cdot e^{-\frac{t}{R_2 \cdot C}}$

$\tau_{entladen} = R_2 \cdot C = 680\ \text{k}\Omega \cdot 4{,}7\ \mu\text{F} = 3{,}196\ \text{s}$
$t_{entladen} = 5 \cdot \tau = 5 \cdot 3{,}196\ \text{s} \approx 16\ \text{s}$

4.2 Der Kondensator ist auf (fast) 10 V aufgeladen. Nach Öffnen des Tasters entlädt sich der Kondensator über den Widerstand R_2. Die Eingangsspannung U_E ist gleich der Kondensatorspannung U_C. Die Eingangsspannung U_E nimmt ab, also auch die Frequenz des Rechteckgenerators.

Die Kondensatorspannung nimmt nach einer e-Funktion ab:

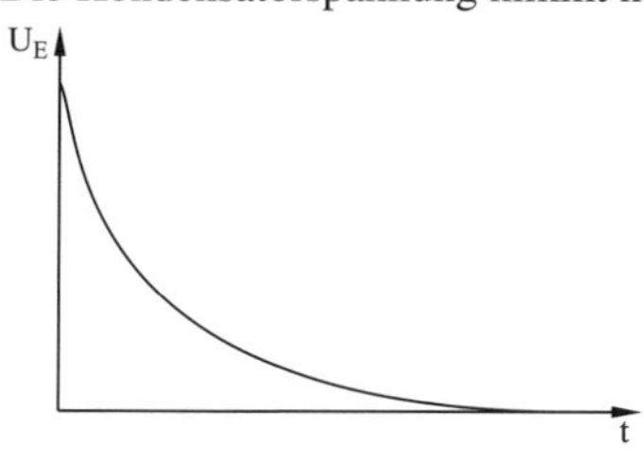

4.3 Der Entladevorgang wird beschleunigt bei Verkleinerung der Kapazität.
„Die Kugel bleibt früher liegen."

Zahlenspiel

Die unten angegebene Schaltung soll folgende Funktionen erfüllen:
Zwei 3-Bit-Speicher (SPA, SPB) werden so angesteuert, dass sie Zahlen des ununterbrochen laufenden Synchronzählers speichern können.
Die Speicherausgänge Qn sind nach dem Einschalten Null (Startwert $\hat{=}$ 0) – die grüne Lampe leuchtet.
Der Ablauf selbst wird durch Taster-Betätigung (Tasterdruck) vom Spieler bestimmt:

1. Tasterdruck: $\Rightarrow$ Q0...Q2 werden in SPA gespeichert.
   Die Anzeige wechselt von grün auf rot.
2. Tasterdruck: $\Rightarrow$ Q0...Q2 werden in SPB gespeichert.

Wenn beide Zahlen gleich sind, wechselt die Anzeige von rot auf grün.

3. Tasterdruck: $\Rightarrow$ SPA und SPB werden gelöscht.
4. Tasterdruck $\hat{=}$ 1. Tasterdruck (Wiederholung/Neustart)

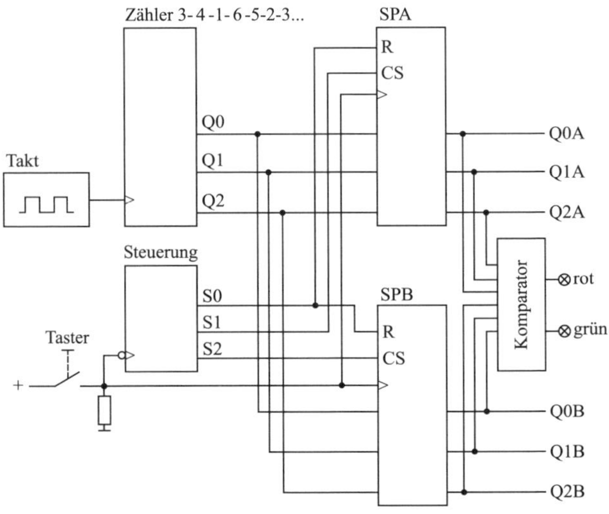

1 **Zähler 3-4-1 …**
Ein Synchronzähler erzeugt die Zahlenfolge 3-4-1-6-5-2-3… im BCD-Code und wird mit hoher Frequenz angesteuert, damit durch die Tasterbetätigungen quasi zufällige Treffer entstehen.

1.1 Wie viele Speicherelemente (FlipFlops) sind mindestens notwendig, um die 6 unterschiedlichen Zustände zu kodieren? Geben Sie eine Begründung an! (1)

1.2 Zeichnen Sie ein Zustandsdiagramm mit Angabe der Ausgangsgrößen. (3)

1.3 Ermitteln Sie die minimierten Gleichungen für die Vorbereitungseingänge der FlipFlops. (5)

1.4 Zeichnen Sie die Schaltung und überprüfen Sie, welcher Folgezustand entsteht, wenn durch irgendeine Ursache der Zähler den Wert 7 annimmt. (5)

2 **Zahlenspeicherung**

Ein synchron getaktetes Schaltwerk (Steuerung) stellt die Steuersignale S0, S1 und S2 so zur Verfügung, dass der Funktionsablauf (Tasterdruck 1 bis 3) erfüllt wird

R	CS	Funktion
1	x	löschen
0	0	keine Änderung
0	1	speichern

Funktion der Steuerleitungen für die Speicher SPA und SPB

2.1 Zeichnen Sie die Impulsfolge (Impulsdiagramm) für die Signale S0, S1 und S2 in Abhängigkeit von den Tasterbetätigungen (TB). (2)

2.2 Entwickeln Sie eine Steuerschaltung (ein funktionsfähiger Schaltplan ist ausreichend). (5)

3 **Zahlenanzeige**

Die Speicherinhalte sollen an einer 7-Segment-anzeige dargestellt werden.

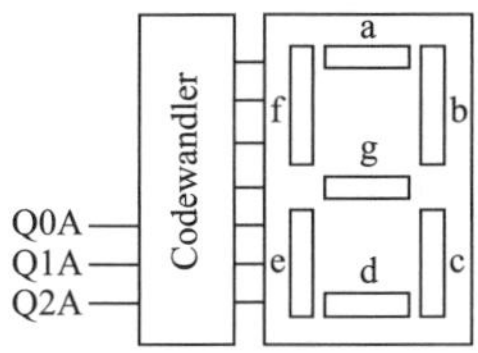

3.1 Ermitteln Sie die minimierte Schaltfunktion für das Element **d**. (3)

3.2 Zeichnen Sie die Schaltung. (2)

4 **Komparator für zwei 3-Bit-Zahlen**

Die beiden Zahlen werden verglichen. Es stehen 1-Bit-Komparatoren zur Verfügung.

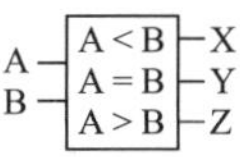

A	B	X	Y	Z
0	0	0	1	0
0	1	1	0	0
1	0	0	0	1
1	1	0	1	0

Funktionstabelle eines 1-Bit-Komparators

Im vorliegenden Fall ist es „nur“ wichtig, Gleichheit – oder Ungleichheit zweier 3-Bit-Zahlen festzustellen.

4.1 Zeichnen Sie eine Schaltung, die sich aus 1-Bit-Komparatoren (s. oben stehendes Schaltzeichen) und weiteren Grundbausteinen (AND; NOR; NOT …) zusammensetzt und bei Zahlengleichheit eine grüne – ansonsten eine rote – Signallampe ansteuert. (4)

(30)

Tipps und Hinweise zur Lösung von Aufgabe 2

Tipps zu Teilaufgabe 1.3

- Die Zustände „n + 1“ entsprechen immer den Lösungen für die Eingänge D_i.
- Die Nummerierung der Felder im KV-Diagramm vorher festlegen, z. B.:

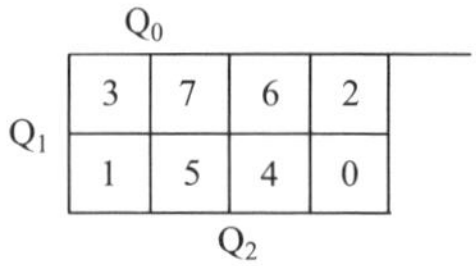

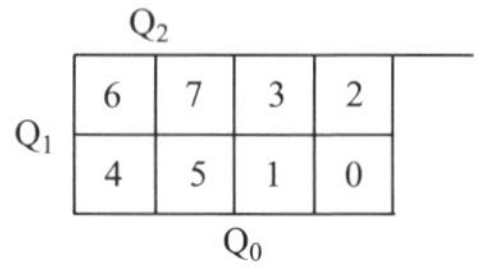

Tipps zu Teilaufgabe 1.4

- An den Vorbereitungseingängen D_i stehen für diesen Fall folgende Signale:
  $D_0 = 0$; $D_1 = 0$; $D_2 = 1$
  Beim nächsten Takt werden diese von den Speichern auf die Ausgänge Q_0, Q_1 und Q_2 übertragen.

Tipps zu Teilaufgabe 2.2

- Der vierte Zustand $Q_0 = 1$, $Q_1 = 1$ ist ein don't care Zustand
- Mit KV-Diagrammen lösen.

Lösungen

1.1 Für 6 unterschiedliche Zustände sind 6 unterschiedliche Bitkombinationen erforderlich
$\Rightarrow$ da $2^2 = 4$ und $2^3 = 8$
$\Rightarrow$ mindestens 3 FlipFlops

1.2 Zustandsdiagramm:

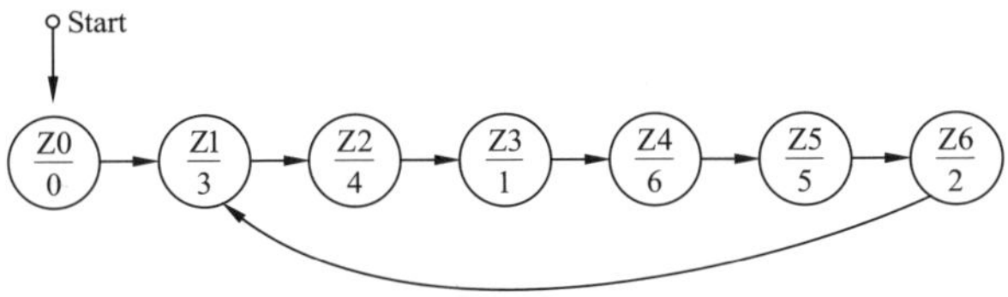

1.3

	n			n + 1		
				D_2	D_1	D_0
Nr.	Q_2	Q_1	Q_0	Q_2	Q_1	Q_0
0	0	0	0	0(x)	1(x)	1(x)
3	0	1	1	1	0	0
4	1	0	0	0	0	1
1	0	0	1	1	1	0
6	1	1	0	1	0	1
5	1	0	1	0	1	0
2	0	1	0	0	1	1

D_0	Q_0			
Q_1	0	x	1	1
	0	0	1	1(x)
		Q_2		

$D_0 = \overline{Q}_0$

D_1	Q_0			
Q_1	0	x	0	1
	1	1	0	1(x)
		Q_2		

$D_1 = \overline{Q}_0 \overline{Q}_2 \vee \overline{Q}_1 Q_0$

D_2	Q_0			
Q_1	1	x	1	0
	1	0	0	0(x)
		Q_2		

$D_2 = Q_0 \overline{Q}_2 \vee Q_1 Q_0$

1.4 Aus den Gleichungen lässt sich erkennen, dass auf den Zustand 111 (Q_2, Q_1, Q_0) der Zustand 100 folgen muss.

Schaltung zu 1.4

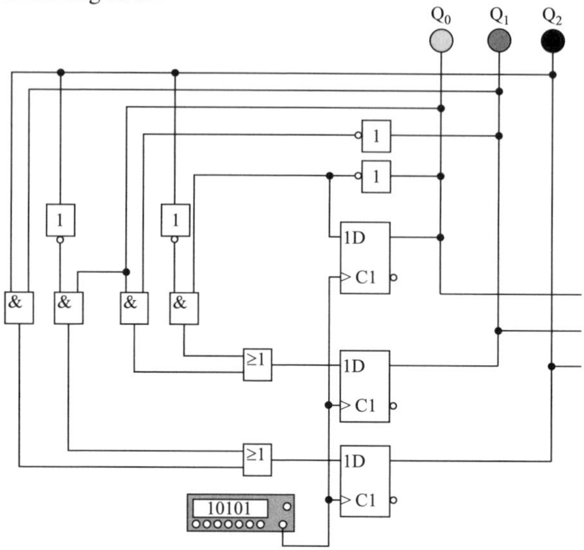

2.1 Impulsfolge

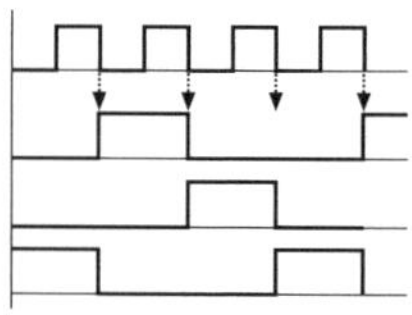

2.2 Steuerschaltung

		D_1	D_0			
Q_1	Q_0	Q_1	Q_0	S_0	S_1	S_2
0	0	0	1	1	0	0
0	1	1	0	0	1	0
1	0	0	0	0	0	1

Das Schaltwerk (Steuerung) hat 3 Zustände, durch die nacheinander die Steuersignale S0, S1 und S2 für die Speicher erzeugt werden.

$D_0 = \overline{Q}_0 \overline{Q}_1$

$D_1 = Q_0$

$S_0 = D_0$

$S_1 = Q_0$

$S_2 = Q_1$

Schaltung zu 2.2

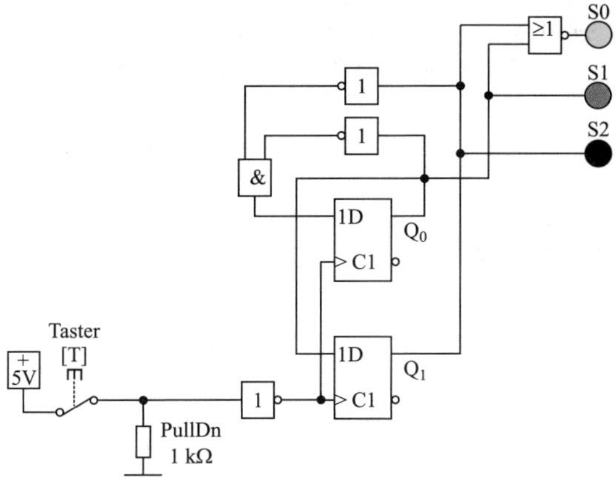

Ein Ringregister mit entsprechender Anfangsbedingung wäre auch möglich.

3.1

Q_2	Q_1	Q_0	d
0	0	0	x
0	0	1	0
0	1	0	1
0	1	1	1
1	0	0	0
1	0	1	1
1	1	0	1
1	1	1	x

d	Q_0			
Q_1	1	x	1	1
	0	1	0	x
		Q_2		

$d = Q_1 \vee Q_0\, Q_2$

3.2 Schaltung

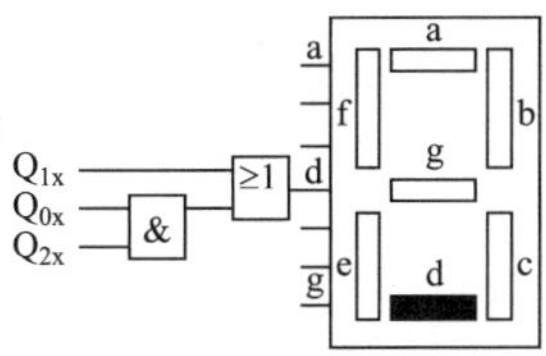

4.1 Komparator

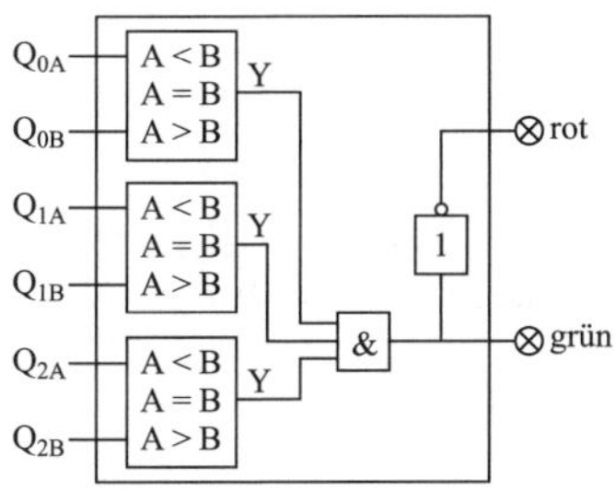

Berufliche Gymnasien (Baden-Württemberg) – Abiturprüfung 2006
Leistungskurs Technik: Elektrotechnik Aufgabe 3

1 **Filter A**

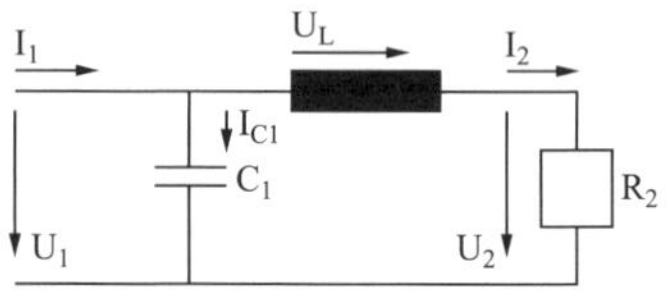

Daten:

$U_1 = 10\ V$
$f_{res} = 100\ kHz$
$L = 1{,}592\ mH$
$R_2 = 1\ k\Omega$

1.1 Zeichnen Sie für die Reihenschaltung aus L und R_2 das Zeigerdiagramm der Widerstände. Welcher Phasenwinkel φ ergibt sich bei Resonanzfrequenz?
Maßstab: 1 cm $\hat{=}$ 200 Ω (2)

1.2 Wandeln Sie diese Reihenschaltung in eine äquivalente Parallelschaltung bei f_{res} um, berechnen Sie X_{Lp} und R_{2p} und zeichnen Sie die sich ergebende Gesamtschaltung. (2)

1.3 Ermitteln Sie X_{C1}, C_1 und Z des Parallelschwingkreises bei $f_{res} = 100\ kHz$. (3)

1.4 Welches Spannungsverhältnis U_2/U_1 ergibt sich bei der ursprünglichen Schaltung? (2)

1.5 Der Widerstand R_2 der oben abgebildeten Schaltung wird kurzgeschlossen. Welche Resonanzfrequenz ergibt sich jetzt (Annahme: $C_1 = 796\ pF$)? (2)

2 **Filter B**

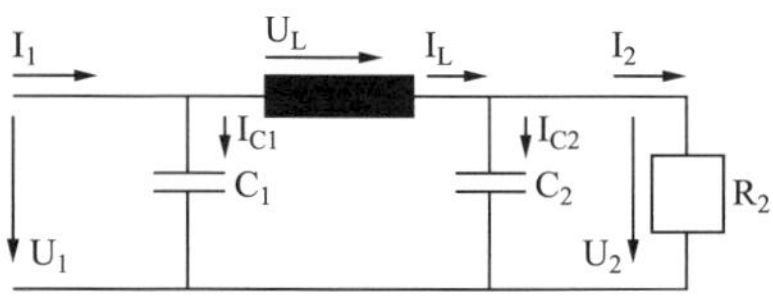

Daten:

$U_2 = 10\ V$
$f_{res} = 100\ kHz$
$C_2 = 1{,}59\ nF$
$R_2 = 1\ k\Omega$

2.1 Berechnen Sie die Ströme I_2, I_{C2} und I_L. (1,5)

2.2 Zeichnen Sie das Zeigerdiagramm mit U_2, I_2, I_{C2}, I_L und bestimmen Sie den Phasenwinkel $\varphi = \measuredangle(I_L, U_2)$.
Maßstab: 1 cm $\hat{=}$ 1 V, 1 cm $\hat{=}$ 2 mA

Hinweis:
Neues Blatt, Startpunkt 2/3 von rechts, 1/3 von unten (2,5)

2.3 Ermitteln Sie die Spannung U_L für den Fall, dass U_1 U_2 um 90° vorauseilt. Erweitern Sie dazu Ihr Zeigerdiagramm aus Teilaufgabe 2.2. (4)

2.4 Bestimmen Sie für diesen Fall X_L und L. (2)

2.5 Berechnen Sie I_{c1} ($C_1 = C_2$).
Ergänzen Sie das Zeigerdiagramm von Teilaufgabe 2.3 mit diesem Stromzeiger. Maßstab: 1 cm $\hat{=}$ 2 mA (3)

2.6 Welche Phasenlage hat der Strom I_1 im Vergleich zu I_{C2} und U_1? (2)

2.7 Berechnen Sie den Gesamtwiderstand der Schaltung und vergleichen Sie diesen mit dem Widerstand R_2. (2)

(30)

Lösungen

1.1 $X_L = 2\pi \cdot f \cdot L = 2\pi \cdot 100\text{ kHz} \cdot 1{,}592\text{ mH} = 1\text{ k}\Omega$

$$\varphi = \arctan\frac{X_L}{R_2} = 45°$$

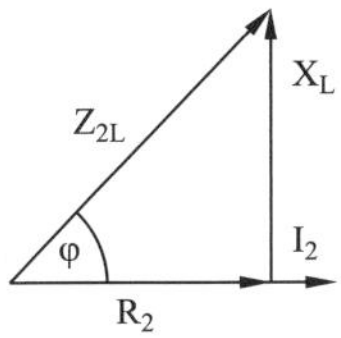

1.2 $Z_{2L} = \sqrt{X_L^2 + R_2^2} = \sqrt{2} \cdot 1\text{ k}\Omega \;\Rightarrow\; Z_{2L}^2 = 2\text{ k}\Omega$

$$X_{Lp} = \frac{Z_{2L}^2}{X_L} = 2\text{ k}\Omega$$

$$R_{2p} = \frac{Z_{21}^2}{R_2} = 2\text{ k}\Omega$$

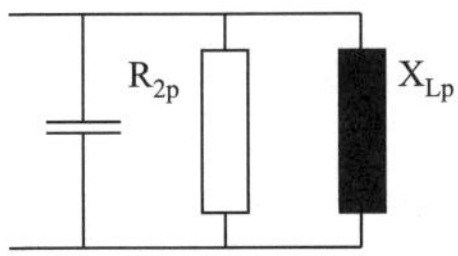

1.3 Resonanz $\Rightarrow$ $X_{C1} = X_{Lp} = 2\text{ k}\Omega$ und $Z_{ges} = R_{2p}$, da sich die Blindwiderstände kompensieren.

$$C_1 = \frac{1}{\omega \cdot X_{C1}} = 796\text{ pF}$$

1.4 $$\frac{U_2}{U_1} = \frac{R_2}{Z_{2L}} = \frac{1}{\sqrt{2}}$$

1.5 $$f_{resneu} = \frac{1}{2\pi\sqrt{LC_1}} = \frac{1}{2\pi\sqrt{1{,}592\text{ mH} \cdot 796\text{ pF}}} = 141{,}38\text{ kHz}$$

2.1 $I_2 \frac{U_2}{R_2} = \frac{10\text{ V}}{1\text{ k}\Omega} = 10\text{ mA}$ $\qquad X_{C2} = \frac{1}{\omega \cdot C_2} = 1\text{ k}\Omega$ $\qquad I_{C2} = \frac{U_2}{X_{C2}} = \frac{10\text{ V}}{1\text{ k}\Omega} = 10\text{ mA}$

$I_L = \sqrt{I_2^2 + I_{C2}^2} = \sqrt{2} \cdot 10\text{ mA} = 14{,}142\text{ mA}$ $\quad (I_2 = I_{C2} = 10\text{ mA})$

Zeigerdiagramm zu 2.2, 2.3, 2.5 und 2.6:

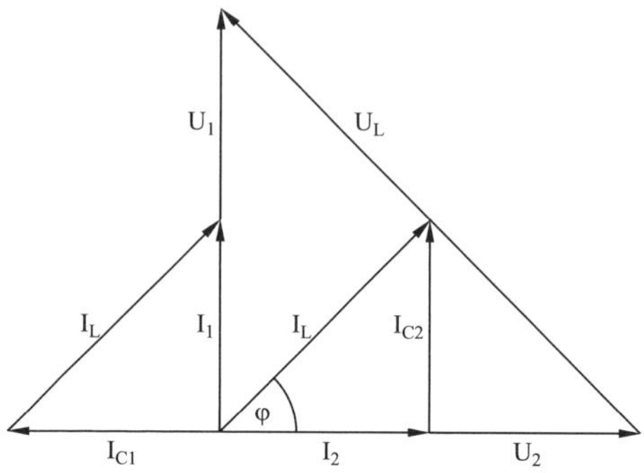

2.2 $\varphi = \arctan \frac{I_{C2}}{I_2} = 45°$, da I_2 in Phase mit U_2

2.3 Aus der Zeichnung: $U_L = \sqrt{2} \cdot 10\ \text{V} \quad (U_1 = U_2 = 10\ \text{V})$

2.4 $X_L = \frac{U_L}{I_L} = \frac{\sqrt{2} \cdot 10\ \text{V}}{\sqrt{2} \cdot 10\ \text{mA}} = 1\ \text{k}\Omega \quad L = \frac{X_L}{2\pi f} = 1{,}59\ \text{mH}$

2.5 $I_{C1} = I_2 = 10\ \text{mA} \quad X_{C1} = \frac{U_1}{I_{C1}} = \frac{10\ \text{V}}{10\ \text{mA}} = 1\ \text{k}\Omega \ \Rightarrow \ C_1 = 1{,}592\ \text{nF}$

2.6 I_1 ist in Phase mit I_{C2} und U_1

2.7 I_1 und U_1 sind in Phase, das heißt, die Schaltung wirkt wie ein ohmscher Widerstand.

$$Z = R_2 = \frac{U_1}{I_1} = \frac{10\ \text{V}}{10\ \text{mA}} = 1\ \text{k}\Omega$$

Arbeitsplattform

An der Bordwand eines Forschungsschiffs ist eine Arbeitsplattform montiert. Die Arbeitsplattform liegt auf zwei I-Trägern, sie wird durch zwei Seilwinden hochgeklappt bzw. abgesenkt. Am äußeren Ende der Plattform ist eine Absenkvorrichtung zum Heben und Senken von Sonden angebracht. Auf der Arbeitsplattform ist eine Fläche ausgewiesen, auf der Ausrüstung gelagert werden kann.

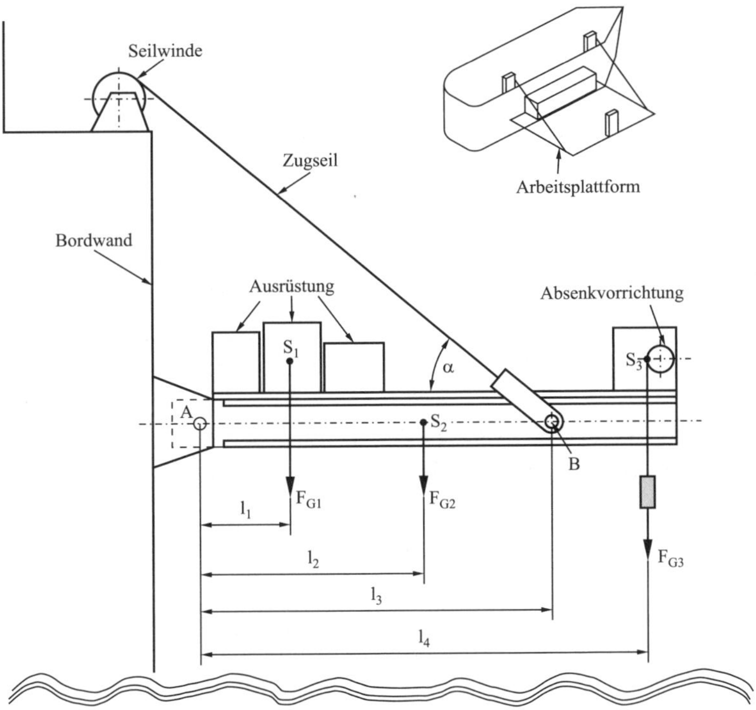

Alle Angaben beziehen sich auf eine Plattformseite.

Daten:	Gewichtskraft der Ausrüstung:	$F_{G1} = 20$ kN	$l_1 = 2{,}0$ m
	Gewichtskraft eines Trägers:	$F_{G2} = 6$ kN	$l_2 = 5{,}5$ m
	Gewichtskraft der Absenkvorrichtung:	$F_{G3} = 3$ kN	$l_3 = 8{,}0$ m
			$l_4 = 11{,}0$ m
			$\alpha = 50°$

Teilaufgaben

1 Bestimmen Sie zeichnerisch die Lagerkraft F_A und die Seilkraft F_B. (6)

2 Bestimmen Sie die Stelle des maximalen Biegemoments und berechnen Sie M_{bmax} für $F_A = 19$ kN unter $\beta = 55°$ zur Waagrechten. (4)

3 Das maximale Biegemoment beträgt $M_{bmax} = 31$ kNm. Bestimmen Sie bei 4-facher Sicherheit gegen unzulässige Verformung den erforderlichen schmalen I-Träger DIN 1025 – S235JR (St 37-2). (3)

4 Jeder I-Träger ist durch einen Bolzen mit der Bordwand verbunden.

Daten:

Breite:	$b = 18$ mm
zul. Flächenpressung:	$p_{zul} = 30$ N/mm^2
Lagerkraft:	$F_A = 19$ kN
Bolzenwerkstoff:	C45E (Ck45)

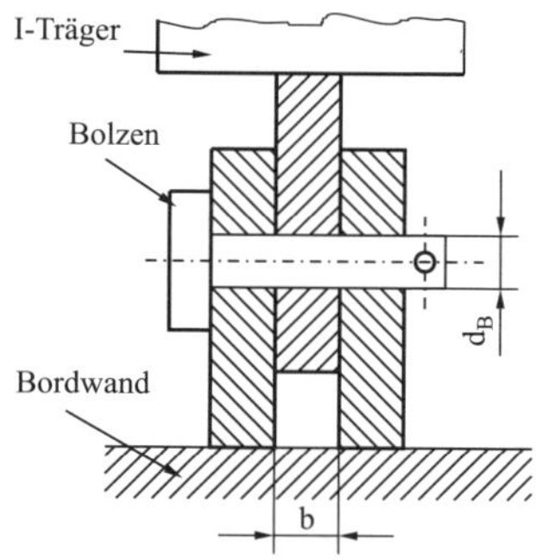

4.1 Berechnen Sie d_B aus der zulässigen Flächenpressung. (2,5)

4.2 Berechnen Sie die vorhandene Sicherheit gegen Abscherung. (2,5)

5. Das freie Ende des Zugseils wird mit einer Seilklemme am I-Träger befestigt.

Daten:

Maximale Seilkraft:	$F_{Smax} = 18$ kN
Reibungskoeffizient:	$\mu = 0{,}2$
Sicherheit gegen Verformung der Schrauben:	$\nu_1 = 4$
Sicherheit gegen Herausrutschen:	$\nu_2 = 5$
Anzahl der Schrauben:	6
Schraubenfestigkeitsklasse:	8.8

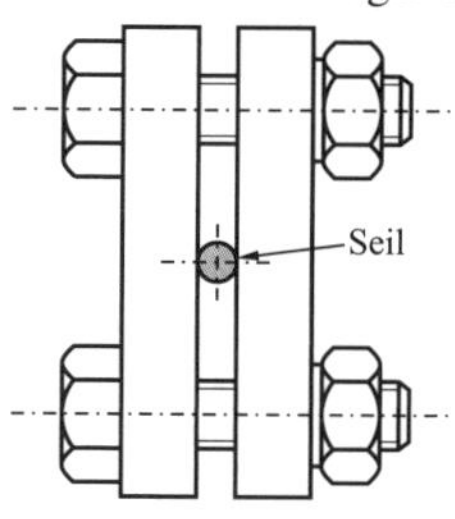

Berechnen Sie das erforderliche metrische ISO-Regelgewinde. (5)

6. Die Plattform wird durch zwei Seilwinden an den Schiffskörper hochgeklappt.

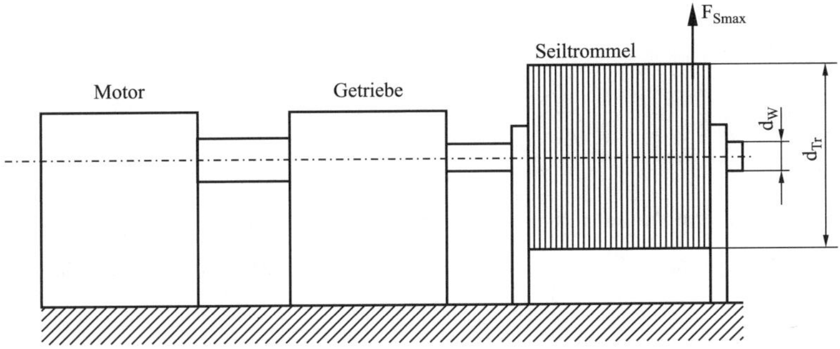

Daten pro Seilwinde: Getriebewirkungsgrad:	$\eta_G = 0{,}8$
Maximale Seilkraft:	$F_{Smax} = 18$ kN
Seiltrommeldurchmesser:	$d_{Tr} = 220$ mm
Hubgeschwindigkeit:	$v_{Hub} = 6$ m/min
Sicherheit gegen unzulässige Verdrehung:	$\nu = 4$
Werkstoff der Seiltrommelwelle:	42CrMo4

6.1 Welche Leistung muss der Elektromotor abgeben? (3)

6.2 Berechnen Sie den erforderlichen Durchmesser d_W der Seiltrommelwelle. (4)

(30)

Die Teilaufgaben sind unabhängig voneinander lösbar.

Tipps und Hinweise zur Lösung von Aufgabe 1

Tipp zu Teilaufgabe 1

Schlusslinienverfahren

Tipp zu Teilaufgabe 2

Z. B. Querkraftfläche

An der Stelle I und II sind Nulldurchgänge, somit liegen hier maximale Momente vor.

Im Punkt A Kräftezerlegung: $F_{Ay} = F_A \cdot \sin\beta$ zur rechnerischen Bestimmung von M_{bI}

Tipps zu Teilaufgabe 3

Belastung: Biegung, somit aus Tabellenbuch Handwerk & Technik: $\sigma_{bF} = 260 \frac{N}{mm^2}$

Gewählte Träger DIN 1025:	Schmaler Träger	$I - 280$ ($W_x = 542\ cm^3$)
oder	mittelbreiter Träger	$IPE - 300$ ($W_x = 557\ cm^3$)
oder	breiter Träger	$IPB - 200$ ($W_x = 500\ cm^3$)

Tipp zu Teilaufgabe 4.1

Für die projizierte Fläche gilt: $A = b \cdot d_B$

Tipp zu Teilaufgabe 4.2

Es muss der Durchmesser d_B aus Teilaufgabe 4.1 benutzt werden.
$\tau_{aB} \approx 0{,}8 \cdot R_m$ sowie die zweifache Scherfläche.

Tipp zu Teilaufgabe 5

Festigkeitsklasse 8.8 somit $R_e = 8 \cdot 8 \cdot 10\ N/mm^2 = 640\ N/mm^2$ oder Tabellenbuch Festigkeitsklasse.
$S \triangleq$ Spannungsquerschnitt der Schraube.

Tipp zu Teilaufgabe 6.2

Festigkeitswert für Verdrehung τ_{tF} aus Tabellenbuch.

Lösungen

1. Lageplan:
   LM 1 cm $\hat{=}$ 2 m

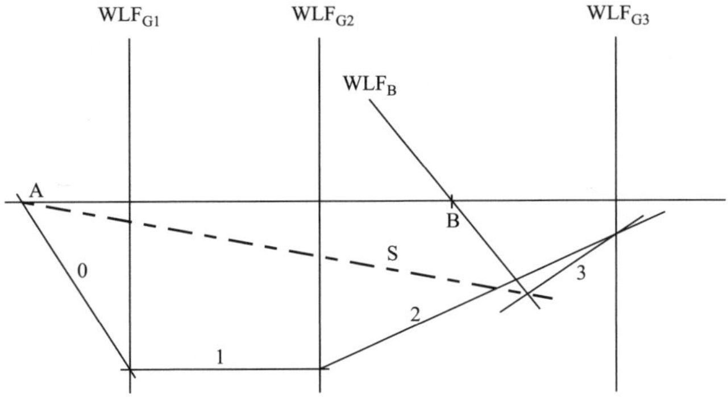

Kräfteplan:
KM 1 cm $\hat{=}$ 20 N

$\underline{F_A = 19\ kN}$ $\underline{\beta = 55°}$ $\underline{F_B = 17\ kN}$

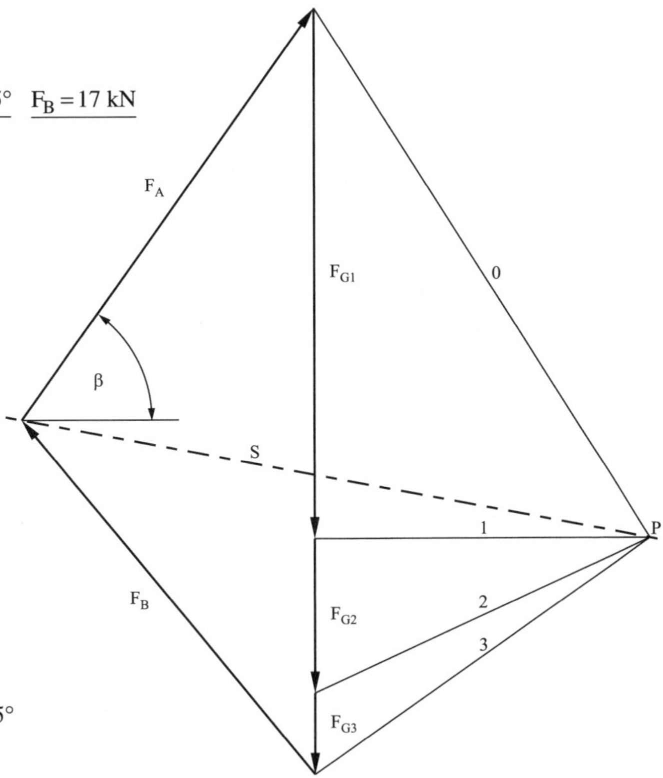

$F_A = 19\ kN$ $\beta = 55°$
$F_B = 17\ kN$

2. Querkraftverlauf (Skizze):

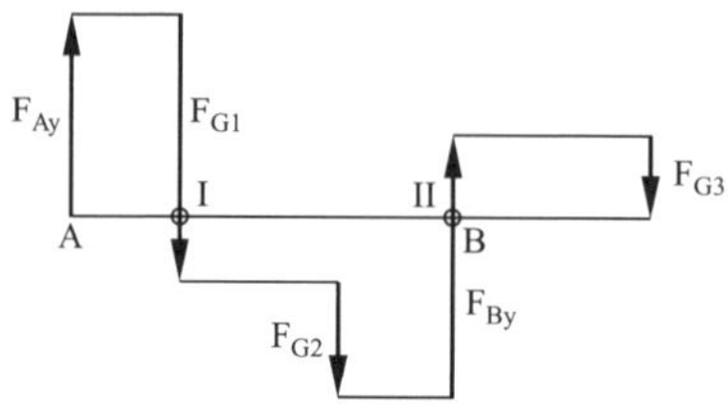

I: $M_{bI} = F_{Ay} \cdot l_1 = F_A \cdot \sin\beta = l_1$

$M_{bI} = 19\ \text{kN} \cdot \sin 55° \cdot 2\ \text{m}$

$M_{bI} = 31{,}12\ \text{kNm}$

II: $M_{bII} = F_{G3} \cdot (l_4 - l_3)$

$M_{bII} = 3\ \text{kN} \cdot 3\ \text{m}$

$M_{bII} = 9\ \text{kNm}$

3. $$\sigma_{bzul} = \frac{\sigma_{bF}}{\nu} = \frac{M_{b\,max}}{W_x} \Rightarrow W_x = \frac{M_{b\,max} \cdot \nu}{\sigma_{bF}} = \frac{31 \cdot 10^6\ \text{Nmm} \cdot 4}{260\ \frac{\text{N}}{\text{mm}^2}}$$

$$\underline{W_x = 476{,}92\ \text{cm}^3}$$

gewählt: $\underline{\underline{\text{I} - 280 \qquad (W_x = 542\ \text{cm}^3)}}$

4.1 $$p_{zul} = \frac{F}{A_{proj}} = \frac{F_A}{b \cdot d_B} \Rightarrow d_B = \frac{F_A}{b \cdot p_{zul}} = \frac{19\,000\ \text{N}}{18\ \text{mm} \cdot 30\ \frac{\text{N}}{\text{mm}^2}}$$

$$\underline{\underline{d_B = 35{,}1\ \text{mm}}}$$

gewählt: $\underline{\underline{d_B = 36{,}0\ \text{mm}}}$

4.2 $$\tau_{aBzul} = \frac{\tau_{aB}}{\nu} = \frac{F_A}{2 \cdot \frac{\pi}{4} d_B^2} \Rightarrow \nu = \frac{2 \cdot \tau_{aB} \cdot \pi \cdot d_B^2}{4 \cdot F_A} = \frac{2 \cdot 0{,}8 \cdot 580\ \frac{\text{N}}{\text{mm}^2} \cdot \pi \cdot (36\ \text{mm})^2}{4 \cdot 19\,000\ \text{N}}$$

mit $\tau_{aB} \approx 0{,}8 \cdot R_m$ $\qquad \underline{\underline{\nu \approx 50}}$

5. $F_R = \mu \cdot F_N$ mit $F_R = \frac{\nu_2 \cdot F_{S\,max}}{2}$ da Reibung an zwei Flächen!

$$F_{Nerf} = \frac{\nu_2 \cdot F_{S\,max}}{2 \cdot \mu} = \frac{5 \cdot 18\,000\ \text{N}}{2 \cdot 0{,}2}$$

$F_{Nerf} = 225\ \text{kN}$ $\qquad \Rightarrow$ pro Schraube $F_s = \frac{225\ \text{N}}{6}$

$F_s = 37{,}5\ \text{kN}$

$$\sigma_{zzul} = \frac{R_e}{\nu_1} = \frac{F_s}{S} \Rightarrow S = \frac{F_s \cdot \nu_1}{R_e} = \frac{37\,500\ \text{N} \cdot 4}{640\ \frac{\text{N}}{\text{mm}^2}}$$

$$\underline{\underline{S = 234\ \text{mm}^2 \Rightarrow \text{M20}\ (S = 245\ \text{mm}^2)}}$$

6.1 $P_{Tr} = F_{S\max} \cdot v_{Hub} = 18\text{ kN} \cdot 6\,\frac{\text{m}}{\text{min}} \cdot \frac{1}{60\,\frac{\text{s}}{\text{min}}}$

$P_{Tr} = 1{,}8\text{ kW}$

$\eta_G = \frac{P_{Tr}}{P_M} \Rightarrow P_M = \frac{P_{Tr}}{\eta_G} = \frac{1{,}8\text{ kW}}{0{,}8}$

$\underline{\underline{P_M = 2{,}25\text{ kW}}}$

6.2 $\tau_{tF} = 630\,\frac{\text{N}}{\text{mm}^2}$ aus Tabellenbuch

$\tau_{tzul} = \frac{\tau_{tF}}{\nu} = \frac{M_t}{W_p} \Rightarrow W_p = \frac{M_t \cdot \nu}{\tau_{tF}} = \frac{F_{S\max} \cdot \frac{d_{Tr}}{2} \cdot \nu}{\tau_{tF}} = \frac{18\,000\text{ N} \cdot 110\text{ mm} \cdot 4}{630\,\frac{\text{N}}{\text{mm}^2}}$

$W_p = 12\,571{,}43\text{ mm}^3$

$W_p = \frac{\pi \cdot d_W^3}{16} \Rightarrow d_W = \sqrt[3]{\frac{16 \cdot W_p}{\pi}} = \sqrt[3]{\frac{16 \cdot 12\,571{,}43\text{ mm}^3}{\pi}}$

$\underline{\underline{d_W = 40{,}0\text{ mm}}}$

Berufliche Gymnasien (Baden-Württemberg) – Abiturprüfung 2006
Leistungskurs Technik: Maschinenbau Aufgabe 2

Exzenterantrieb

Der Exzenter wird über eine Welle, die mit einem Getriebe und Motor verbunden ist, angetrieben. Die Kraft wird über Tellerstößel und Stange übertragen, an deren oberen Ende eine Kette befestigt ist. Die Reibung ist zu vernachlässigen.

Daten:
$l_1 = 300$ mm
$l_2 = 600$ mm
$l_3 = 800$ mm
$l_4 = 600$ mm
$\alpha = 30°$
$F_Z = 17$ kN

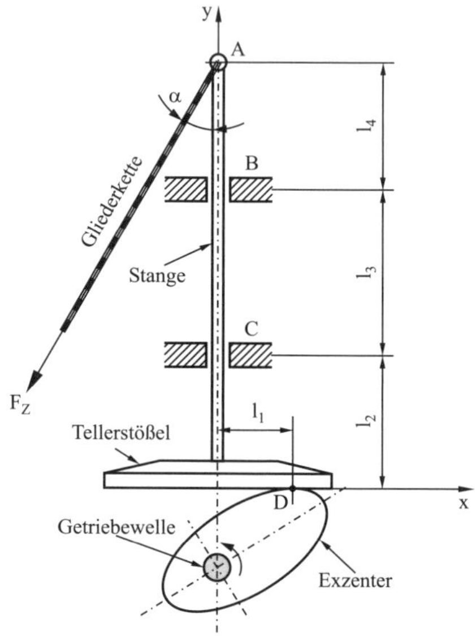

Abb. 1

Teilaufgaben

1 Bestimmen Sie für die gezeigte Stellung **zeichnerisch** die Kraft F_D, die vom Exzenter auf den Stößel ausgeübt wird, sowie die Lagerkräfte F_B und F_C. (6)

2 Ermitteln Sie für die Kette den erforderlichen Gliederdurchmesser d bei 4-facher Sicherheit gegen bleibende Verformung.

Kettenwerkstoff: S235JR (St 37-2)

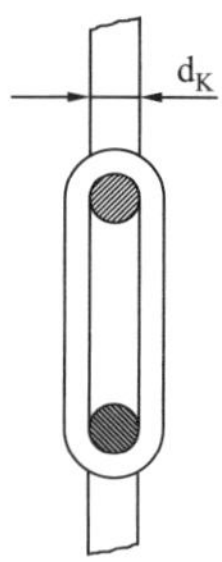

Abb. 2 (3)

3 Die Kette wird im Punkt A mit einem Bolzen an der Stange befestigt.

Bolzenwerkstoff: C45E (Ck45)

Welche Sicherheit ν gegen Abscherung ist bei einem Bolzendurchmesser von $d_B = 20$ mm vorhanden?

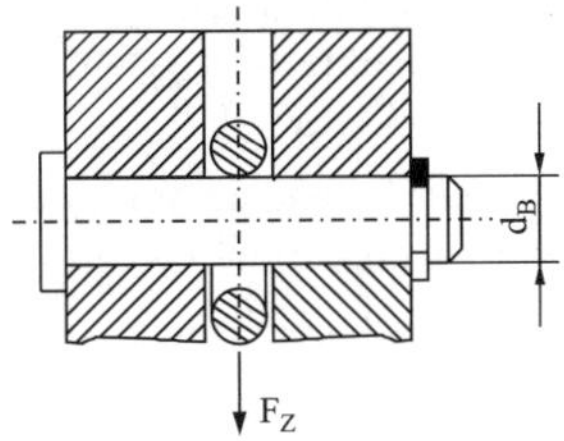

Abb. 3 (3)

4 Stange mit Tellerstößel

4.1 Bestimmen Sie die Stelle und Größe des maximalen Biegemoments M_{bmax} (Berechnung mit: $F_Z = 17$ kN; $F_B = 20{,}4$ kN; $F_C = -11{,}9$ kN; $F_D = 14{,}7$ kN) (4)

4.2 Für die Stange aus C45E (Ck45) wird ein Rohr mit einem Außendurchmesser von $D = 80$ mm verwendet. Ermitteln Sie bei bei 3-facher Sicherheit gegen Verformung durch das max. Biegemoment $M_{bmax} = 5{,}1$ kNm die erforderliche Wandstärke s. (4)

5 Berechnen Sie die erforderliche Lagerbreite b des Lagers B.

Gegeben:
$p_{zul} = 5$ N/mm^2; $D = 80$ mm;
$F_B = 20{,}4$ kN

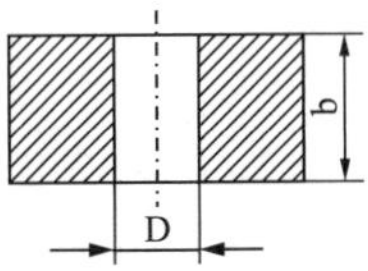

Abb. 4 (2)

6 Antriebsmotor und Getriebe

Daten:
$z_1 = 15$; $z_2 = 100$
$z_3 = 15$; $z_4 = 100$

Motor:

$$n_M = 710 \frac{1}{min}$$

$P_M = 20$ kW

Exzenter: (s. auch Abb. 1)

Maximalkraft $F_{Dmax} = 20$ kN

Wirksamer Hebel $l_1 = 300$ mm

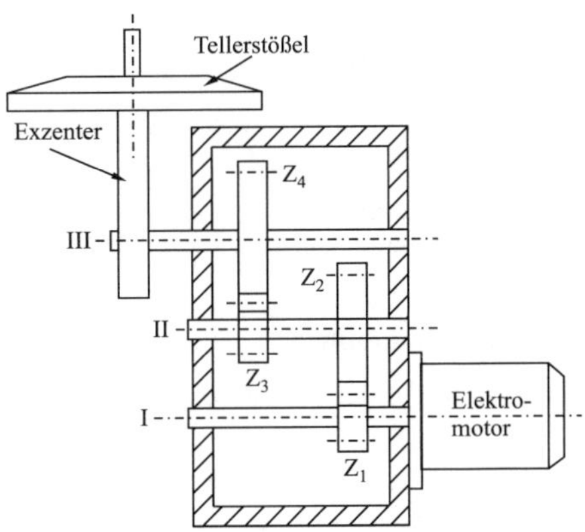

Abb. 5

6.1 Berechnen Sie die Drehzahl der Exzenterantriebswelle. (2)

6.2 Ermitteln Sie, ob die Motorleistung $P_M = 20$ kW ausreicht, wenn vom Exzenter die Maximalkraft F_{Dmax} auf den Teller übertragen werden soll. Gesamtwirkungsgrad: $\eta_{ges} = 0{,}6$ (3)

6.3 Berechnen Sie den Wellendurchmesser $d_{Welle\ III}$ gegen Torsionsbeanspruchung für F_{Dmax} und $\tau_{tzul} = 120$ N/mm²

Die Teilaufgaben sind unabhängig voneinander lösbar. (3)

(30)

Tipps und Hinweise zur Lösung von Aufgabe 2

Tipps zu Teilaufgabe 1

- Bauteil freischneiden, um die Kräfte am Bauteil zu ermitteln.
- Lösung mittels des 4-Kräfte-Verfahrens (CULMANN-Verfahren).

Tipp zu Teilaufgabe 2

- Kette: 2-schnittig, somit 2-fache Fläche.

Tipp zu Teilaufgabe 3

- Bolzen wird an zwei Stellen auf Abscherung beansprucht.

Tipp zu Teilaufgabe 4.1

- Stange muss an den Lagerstellen B und C auf Biegung berechnet werden.

Tipps zu Teilaufgabe 4.2

- Zur Bestimmung des Widerstandsmoments W muss das größere Biegemoment, somit M_{bB}, genommen werden.
- Zur Berechnung der Wandstärke muss das axiale Widerstandsmoment für einen Rohrquerschnitt genommen werden.

Tipp zu Teilaufgabe 5

- Zur Ermittlung der Abmessungen muss die projizierte Fläche der Lagerbohrung genommen werden.

Tipp zu Teilaufgabe 6.3

- Zur Bestimmung des Wellendurchmessers III wird das polare Widerstandsmoment bei Verdrehung benutzt.

Lösungen

1. Freigeschnitte Stange mit Tellerstößel

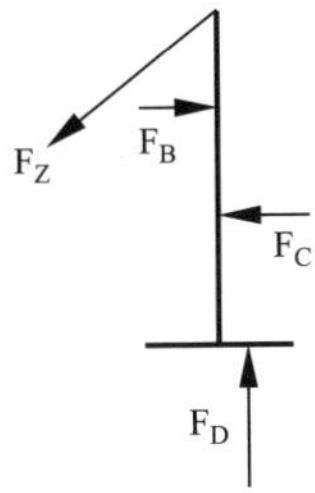

Lageplan LM: 1 cm ≙ 30 mm

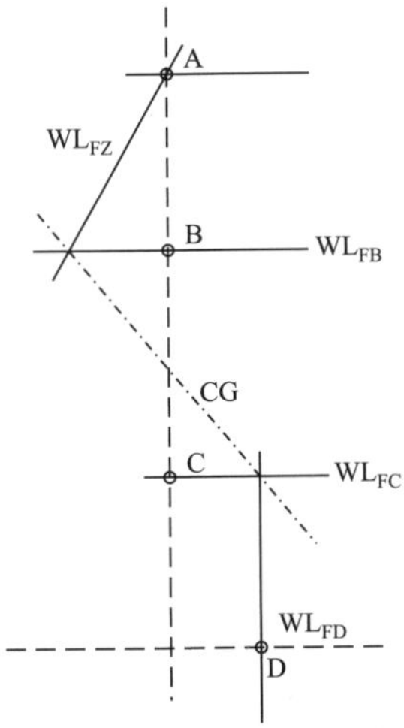

Kräfteplan KM: 1 cm ≙ 3 kN

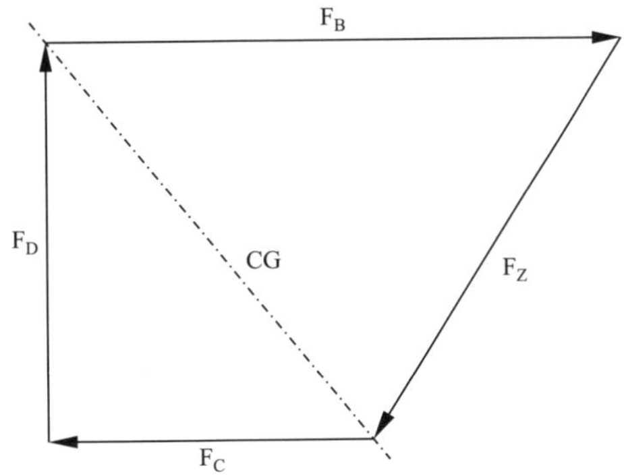

Ergebnis: $F_C = 12$ kN; $F_B = 21$ kN; $F_D = 14{,}5$ kN

2 Gegeben: $F_Z = 17$ kN; S235JR mit $R_e = 235\ \text{N/mm}^2$; $\nu = 4$

$$\sigma_Z = \frac{F}{S} \qquad S_{erf} = 2 \cdot \left(\frac{d}{2}\right)^2 \cdot \pi \qquad \sigma_{Z\,zul} = \frac{R_e}{\nu} = \frac{235\ \text{N/mm}^2}{4} = 58{,}75\ \text{N/mm}^2$$

$$S_{erf} = \frac{F_Z}{\sigma_{Z\,zul}} = \frac{17\,000\ \text{N}}{58{,}75\ \text{N/mm}^2} = 289{,}36\ \text{mm}^2$$

$$d_K = \sqrt{\frac{4 \cdot S}{2 \cdot \pi}} = \sqrt{\frac{4 \cdot 289{,}36\ \text{mm}^2}{2 \cdot \pi}} = 13{,}5\ \text{mm}; \quad \text{gewählt: } d_K = 14\ \text{mm}$$

3 Gegeben: $F_Z = 17$ kN; C45E: $\tau_{aB} = 560\ N/mm^2$; $d_B = 20$ mm

$$S = \frac{\pi \cdot d_B^2}{4} = 314{,}2\ mm^2$$

$$\tau_{a\ vorh} = \frac{F_Z}{2 \cdot S} = \frac{17\,000\ N}{2 \cdot 314{,}2\ mm^2} = 27{,}1\ \frac{N}{mm^2}$$

$$\nu = \frac{\tau_{aB}}{\tau_{a\ vorh}} = \frac{560\ N/mm^2}{27{,}1\ N/mm^2} = 20{,}7$$

4.1 Gegeben: $F_Z = 17$ kN; $F_B = 20{,}4$ kN; $F_C = 11{,}9$ kN; $F_D = 14{,}7$ kN

Bei B: $M_{bBmax} = F_Z \cdot \sin 30° \cdot l_4 = 8{,}5\ kN \cdot 0{,}6\ m = 5{,}1\ kNm$,

bei C: $M_{bC} = F_D \cdot l_1 = 14{,}7\ kN \cdot 0{,}3\ m = 4{,}41\ kNm$.

4.2 $$\sigma_{bvorh} = \frac{M_{b\max}}{W_b} \le \sigma_{bzul} = \frac{\sigma_{bF}}{\nu} \qquad \text{C45E: } \sigma_{bF} = 670\ \frac{N}{mm^2}$$

$$W \ge \frac{M_{b\max} \cdot \nu}{\sigma_{bF}} = \frac{5{,}1\ kNm \cdot 3\ mm^2}{670\ N}$$

$$W \ge 22\,836\ mm^3$$

$$W = \frac{\pi \cdot (D^4 - d^4)}{32 \cdot D}$$

$$d \le \sqrt[4]{D^4 - \frac{32 \cdot D \cdot W}{\pi}} = \sqrt[4]{(80\ mm)^4 - \frac{32 \cdot 80\ mm \cdot 22\,836\ mm^3}{\pi}}$$

$$d \le 76{,}4\ mm$$

gewählt: $d = 75$ mm

$$s = \frac{D - d}{2} = \frac{80\ mm - 75\ mm}{2} = 2{,}5\ mm$$

5 $$p = \frac{F}{A_{proj}}; \quad p = \frac{F_B}{D \cdot d} \quad \Rightarrow \quad b = \frac{F_B}{p \cdot D} = \frac{20\,400\ N}{5 \frac{N}{mm^2} \cdot 80\ mm} = 51\ mm$$

6.1 Gesamtübersetzung:

$$i_{ges} = i_1 \cdot i_2 = \frac{z_2 \cdot z_4}{z_1 \cdot z_3} = 44{,}4$$

$$i_{ges} = \frac{n_M}{n_e}; \quad n_e = \frac{n_M}{i_{ges}} = \frac{710}{44{,}4\ min} = 16\ \frac{1}{min}$$

6.2 $\eta_{ges} = \frac{P_{ab}}{P_{zu}} = \frac{P_e}{P_{M\,erf}}$

$$P_{M\,erf} = \frac{P_e}{\eta_{ges}} = \frac{2 \cdot \pi \cdot n_e \cdot M_e}{\eta_{ges}} = \frac{2 \cdot \pi \cdot n_e \cdot F_{D\,max} \cdot l_1}{\eta_{ges}}$$

$$P_{M\,erf} = \frac{2 \cdot \pi \cdot 16 \cdot 20\,000\ \text{N} \cdot 0{,}3\ \text{m}}{\text{min} \cdot 0{,}6} = 16{,}75\ \text{kW}$$

$P_{M\,vorh} > P_{M\,erf}$

6.3 $\tau_{t\,vorh} = \frac{M_t}{W_p} \le \tau_{t\,zul}$ mit $W_p = \frac{d^3 \cdot \pi}{16}$

$$\frac{F_{D\,max} \cdot l_1 \cdot 16}{\pi \cdot d_{WIII}^3} \le \tau_{t\,zul}$$

$$d_{WIII} = \sqrt[3]{\frac{16 \cdot F_{D\,max} \cdot l_1}{\pi \cdot \tau_{1\,zul}}} = \sqrt[3]{\frac{16 \cdot 20\,000\ \text{N} \cdot 0{,}3\ \text{m} \cdot \text{mm}^2}{\pi \cdot 120\ \text{N}}}$$

$d_{WIII} = 63{,}4$ mm

ausgeführt: $d_{WIII} = 64$ mm

Dampfkraftwerk

Teilaufgaben

Energietechnik

Ein Dampfkraftwerk fährt den Dampferzeuger vom Zustand 1 (300 bar; 27 °C) isobar auf Zustand 2 (527 °C). Der Dampf wird im Hochdruckteil der Turbine auf Zustand 3 (50 bar; 327 °C) entspannt. Anschließend wird er isobar auf Zustand 4 (477 °C) zwischenüberhitzt. Im Mitteldruckteil der Turbine wird er dann auf Zustand 5 (10 bar; 277 °C) entspannt. Danach strömt der Dampf in die Niederdruckturbine und anschließend in den Kondensator, Zustand 6 (0,04 bar; Wassergehalt 10 %).

1 Zeichnen Sie den vollständigen Dampfprozess in das beiliegende T-s-Diagramm und markieren Sie die Zustände 1 bis 6. (4)

2 Berechnen Sie die zugeführte spezifische Wärmemenge zwischen den Zuständen 1 und 2 sowie den Zuständen 3 und 4. Die Zustandsänderungen dürfen dabei als Geraden angenommen werden. (6)

3 Warum wird der Dampf zwischenüberhitzt? (2)

4 Warum darf der Wassergehalt am Turbinenausgang 10 % nicht überschreiten? (2)

Werkstoffe

Die Wellen der Speisewasserpumpe sind aus dem Werkstoff C45 gefertigt.

5.1 Skizzieren Sie die Abkühlkurve von C45 ausgehend von der Schmelze bis zur Raumtemperatur. Geben Sie die Temperaturen der Knick- und Haltepunkte an. (4)

5.2 Skizzieren Sie das Gefügeschaubild des Wellenwerkstoffes im normalisierten Zustand bei Raumtemperatur. Beschriften Sie die Gefügebestandteile. (2)

6.1 Für den Einsatz der Wellen in der Speisewasserpumpe wird neben hoher Zugfestigkeit eine Bruchdehnung von 15 % gefordert. Welches Wärmebehandlungsverfahren ist dazu notwendig?

Beschreiben Sie unter Angabe der Temperaturen die einzelnen Verfahrensschritte.

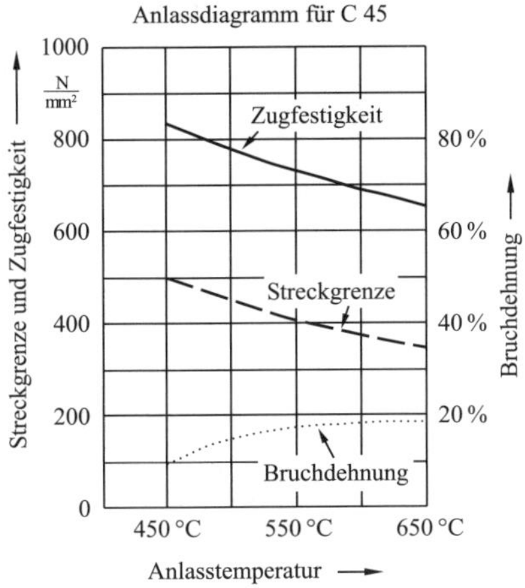

(6)

6.2 Die Lagerstellen der Welle erfordern eine hohe Verschleißfestigkeit. Nennen und beschreiben Sie das notwendige Wärmebehandlungsverfahren. (4)

(30)

Die Teilaufgaben sind unabhängig voneinander lösbar.

Zustandsdiagramm des Wasserdampfes

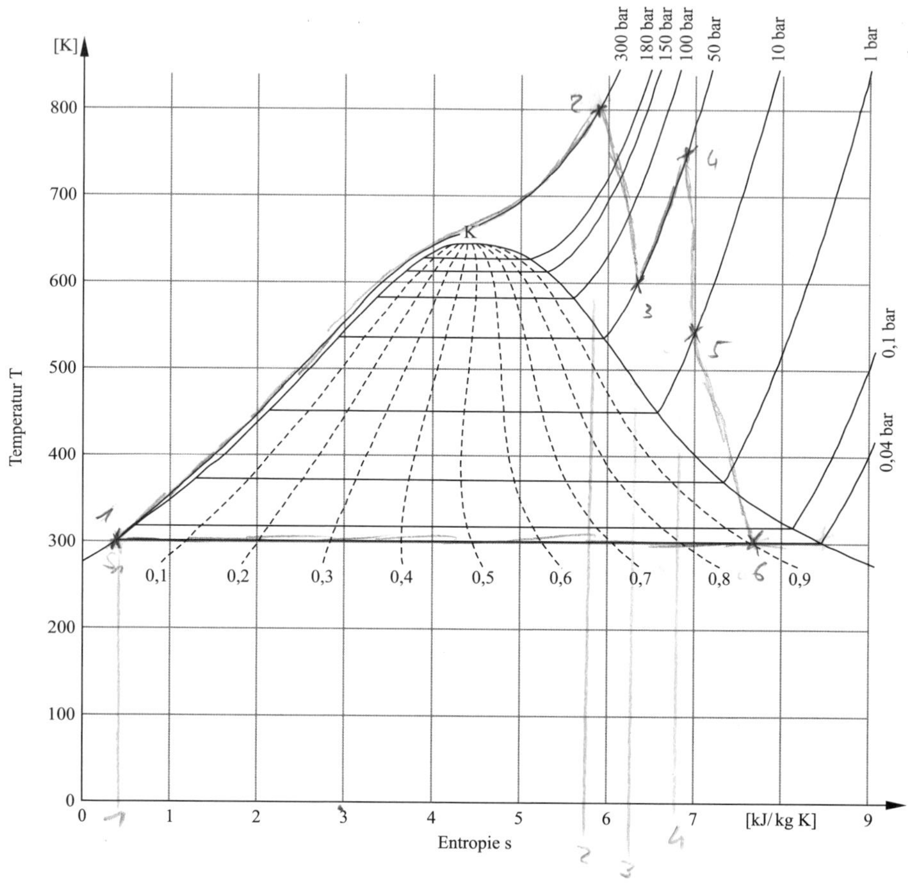

Tipps und Hinweise zur Lösung von Aufgabe 3

Tipp zu Teilaufgabe 1

Spezifische Wärmemenge: $q = \frac{Q}{m}$

Tipp zu Teilaufgabe 5.1

Man benutzt hierzu das Eisen-Kohlenstoff-Diagramm (Ausschnitt < 0,8 % C), und zwar die projizierten Schnittpunkte 1…5, wobei 4 = 5 (Haltelinie) ergibt.

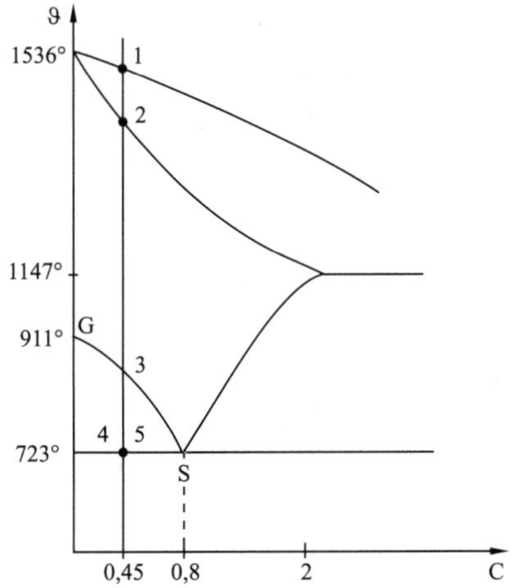

Diagramm für Gefügebestandteile bei RT = 20 °C

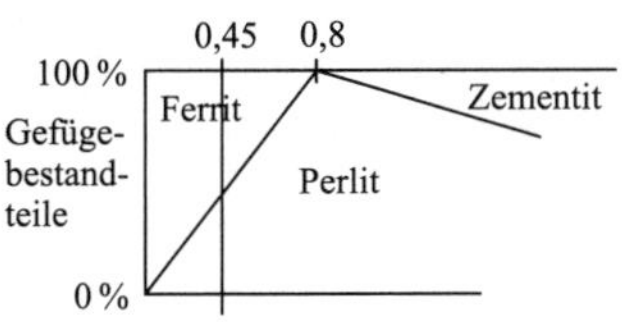

⇒ es entsteht die Zusammensetzung
≈ 50 % Ferrit,
≈ 50 % Perlit,
den man streifig darstellt.

Lösungen

1 Zustandsdiagramm des Wasserdampfes

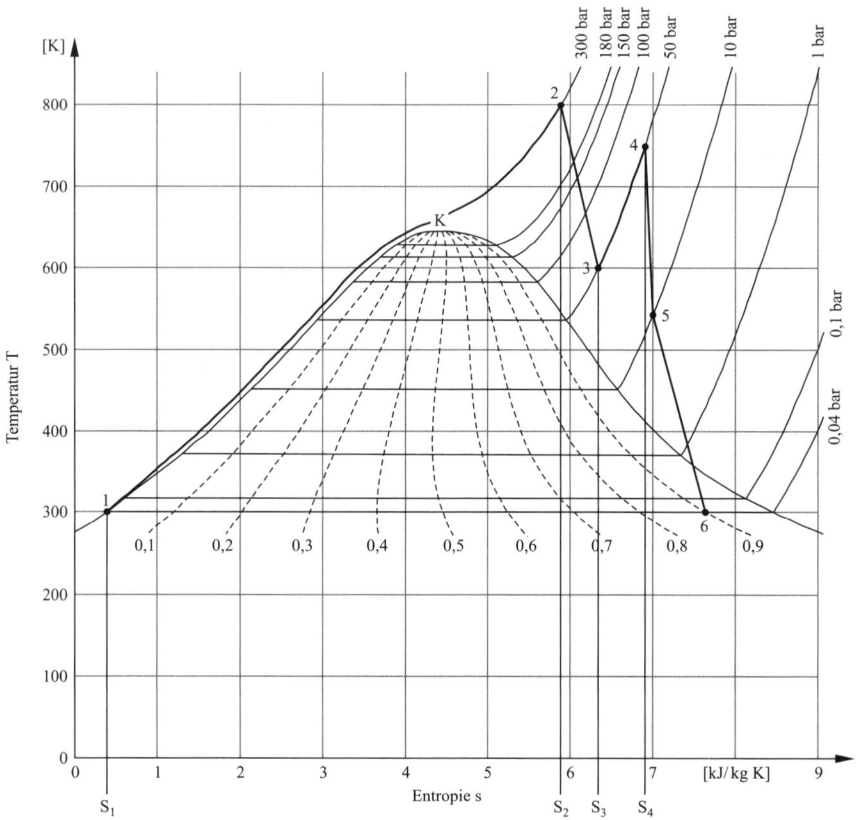

2 Spezifische Wärmemenge von 1 nach 2:

$q_{12} = T_m(s_2 - s_1)$; mit $T_1 = 300$ K, $T_2 = 800$ K, $s_1 = 0{,}38$ kJ/kgK, $s_2 = 5{,}9$ kJ/kgK

$q_{12} = 550 \text{ K} \cdot 5{,}52$ kJ/KgK

$\mathbf{q_{12} = 3\,036}$ **kJ/kg**

$q_{34} = T_m(s_4 - s_3)$; mit $T_4 = 750$ K, $T_3 = 600$ K, $s_3 = 6{,}34$ kJ/kgK, $s_4 = 6{,}9$ kJ/kgK

$q_{34} = 675 \text{ K} \cdot 0{,}54$ kJ/kgK

$\mathbf{q_{34} = 364{,}5}$ **kJ/kg**

3 Durch die Zwischenüberhitzung kann der Wirkungsgrad erhöht werden.

4 Die Zwischenüberhitzung wird nach der Hochdruckstufe auch dann durchgeführt, wenn eine vollständige Entspannung in der Turbine auf den Kondensatordruck im Nassdampfgebiet zu geringe Dampfanteile (kleiner als 0,9) ergeben würde. Die dann auftretenden Wassertröpfchen würden die Turbinenschaufeln in kurzer Zeit zerstören.

5.1

5.2

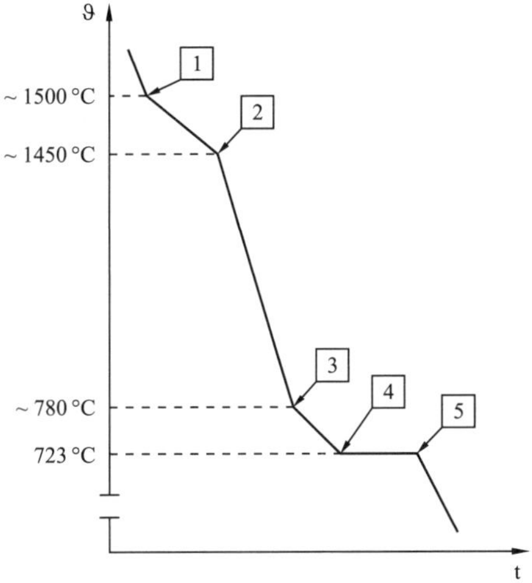

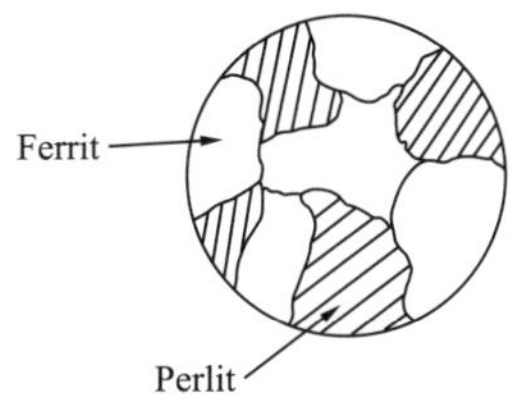

6.1 Erforderliches Verfahren: Vergüten

Ablauf:

- Austenitisieren: Erwärmen auf Härtetemperatur (820 … 860 °C)
- Abschrecken: auf Raumtemperatur
- Anlassen: auf 500 °C; siehe Anlassdiagramm
- Abkühlen: Langsames Abkühlen auf Raumtemperatur

6.2 Zur Erhöhung der Verschleißfestigkeit muss an den Lagerstellen der Welle randschichtgehärtet werden. Der Werkstoff C 45 enthält genügend Kohlenstoff zur Härtung.

Mögliche Verfahren:

- Flammhärten: Lagerstellen mit Gasflamme auf Härtetemperatur bringen und sofort in Wasser abschrecken.
- Induktionshärten: Lagerstellen mit Induktionsspule auf Härtetemperatur bringen und sofort mit Ringbrause in Wasser abschrecken.

Berufliche Gymnasien (Baden-Württemberg)
Leistungskurs Technik
Musteraufgaben aus der Energietechnik

1 Energie-Einheiten

Gesetzliche Einheit: **Joule (J)**

$[E] = 1\ J = 1\ Ws$ (Wattsekunde) $= 1\ Nm$ (Newtonmeter) $= 1\ \dfrac{kg \cdot m^2}{s^2}$

Wichtige Umrechnungen zum Merken:
1 kWh = $10^3 \cdot 3600$ Ws = $3{,}6 \cdot 10^6$ J
1 kg SKE = $29{,}3 \cdot 10^6$ J = 8,14 kWh

Große Einheiten:
1 TWh (Terawattstunde) = 10^{12} Wh = 10^9 kWh = $0{,}123 \cdot 10^9$ kg SKE = 0,123 Mt SKE = 3,6 PJ
1 TWa (Terawattjahr) = $24 \cdot 365$ TWh = 8760 TWh = 31,2 EJ

Umrechnungstabelle		**J**	**kWh**	**kg SKE**	**eV**
Joule	**1 J**	1	$2{,}78 \cdot 10^{-7}$	$34{,}1 \cdot 10^{-9}$	$6{,}24 \cdot 10^{18}$
Kilowattstunde	**1 kWh**	$3{,}6 \cdot 10^{6}$	1	0,123	$2{,}25 \cdot 10^{25}$
Steinkohleeinheit	**1 kg SKE**	$29{,}3 \cdot 10^{6}$	8,14	1	$1{,}83 \cdot 10^{26}$
Elektronenvolt	**1 eV**	$1{,}6 \cdot 10^{-19}$	$4{,}45 \cdot 10^{-26}$	$5{,}45 \cdot 10^{-27}$	1

2 Formelsammlung zur Thermodynamik

2.1 Ideales Gas

Zustandsgleichung: $\dfrac{p \cdot V}{T} = \text{konst.}$; $\dfrac{p_1 \cdot V_1}{T_1} = \dfrac{p_2 \cdot V_2}{T_2}$; $p \cdot V = m \cdot R_i \cdot T$

2.2 Isobare Zustandsänderung

Kennzeichen: $p = \text{konst.}$

Zustandsgleichung: $\dfrac{V}{T} = \text{konst.}$

Arbeit: $W_{12} = -p \cdot \Delta V$

2.3 Isochore Zustandsänderung

Kennzeichen: $V = \text{konst.}$

Zustandsgleichung: $\frac{p}{T} = \text{konst.}$

Arbeit: $W_{12} = 0$

2.4 Isotherme Zustandsänderung

Kennzeichen: $T = \text{konst.}$

Zustandsgleichung: $p \cdot V = \text{konst.}$

Arbeit: $W_{12} = -m \cdot R_i \cdot T \cdot \ln \frac{V_2}{V_1} = -m \cdot R_i \cdot T \cdot \ln \frac{p_1}{p_2}$

2.5 Adiabate Zustandsänderung

Kennzeichen: $Q_{12} = 0$

Zustandsgleichungen: $p \cdot V^{\kappa} = \text{konst.}$ $\qquad \frac{T_1}{T_2} = \left(\frac{p_1}{p_2}\right)^{\frac{\kappa-1}{\kappa}} = \left(\frac{V_2}{V_1}\right)^{\kappa-1}$

Arbeit:

$$W_{12} = -\frac{m \cdot R_i \cdot T_1}{1-\kappa}\left[\left(\frac{V_2}{V_2}\right)^{\kappa-1} - 1\right] = -\frac{m \cdot R_i \cdot T_1}{1-\kappa}\left[\left(\frac{p_2}{p_1}\right)^{\frac{\kappa-1}{\kappa}} - 1\right] = -\frac{m \cdot R_i}{1-\kappa}(T_2 - T_1)$$

3 Wirkungsgrad

3.1 Definition

Als Gütemaß für eine Energiewandlung definiert man den **Wirkungsgrad η** (Eta) als Quotient von abgegebener Energie E_{ab} zu zugeführter Energie E_{zu}:

$$\eta = \frac{E_{ab}}{E_{zu}}$$

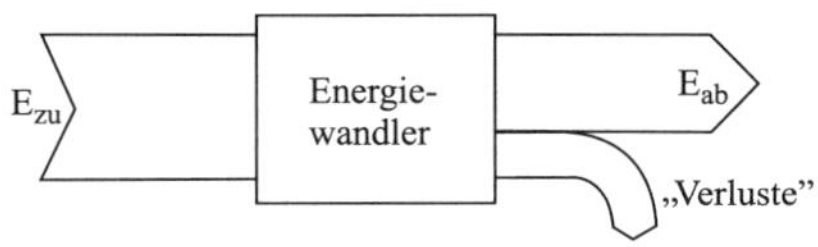

3.2 Energiewandlungskette

$$\eta = \eta_1 \cdot \eta_2 \cdot \eta_3 \cdot \;\ldots$$

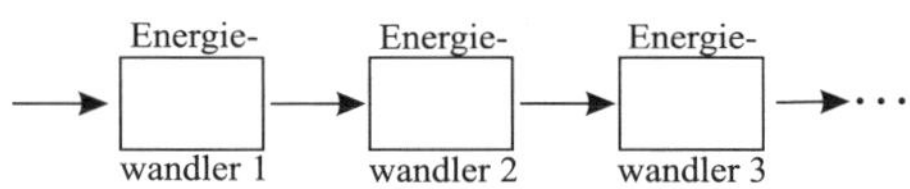

3.3 Carnot-Wirkungsgrad

Der Carnot-Wirkungsgrad hängt nur von den Temperaturen der beiden Wärmereservoirs T_o und T_u ab.

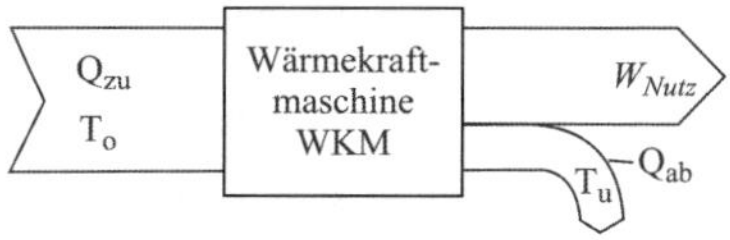

$$\eta_C = 1 - \frac{T_u}{T_o}$$

Er ist immer kleiner als 1, da von der 1 stets noch der Quotient aus T_u und T_o zu subtrahieren ist.

4 Musteraufgaben

Energievorräte und -verbrauch

Wie viele nichterneuerbare Energievorräte die Erde noch enthält, ist nicht eindeutig zu prognostizieren und hängt von verschiedenen Faktoren ab, insbesondere vom Energiepreis. Den derzeit wirtschaftlich nutzbaren Teil der Energievorräte bezeichnet man als **Reserven**, den Rest als **Ressourcen**. Die nichterneuerbaren Weltenergiereserven werden auf ca. 1224 Milliarden Tonnen Steinkohleeinheiten geschätzt. Dabei entfallen auf Erdgas 185, auf Uran 28, auf Kohle 685, auf Erdöl 200 und auf Ölschiefer, Ölsande 126 Milliarden Tonnen Steinkohleeinheiten. Der derzeitige jährlich Verbrauch bei Kohle schlägt mit 3,1, der von Erdöl mit 4,7 und der von Erdgas mit 2,8 Milliarden Tonnen Steinkohleeinheiten zu Buche.

1. Rechnen Sie die Weltenergiereserven in kWh um und ermitteln Sie ihren Wert, wobei mit 0,1 DM/kWh kalkuliert werden soll.
2. Bestimmen Sie die prozentualen Anteile der einzelnen Energieträger.
3. Berechnen Sie die statischen Reichweiten derjenigen Energieträge, für die Daten zur Verfügung stehen.
4. Ermitteln Sie die (dynamische) Reichweite des Erdöls, wenn man
   a) eine jährliche Verbrauchzunahme von 1,5 %
   b) eine jährliche Verbrauchsabnahme von 1 %
   annimmt.

Gasgesetze

1 Auf einer Sauerstoffflasche ist ein Volumen von 50 Liter angegeben. Der darin enthaltene Sauerstoff steht unter einem Druck von 120 bar bei einer Temperatur von 20 °C. Ferner ist bekannt: $R_i = 259{,}8$ J/(kg K).

1.1 Wie viel kg Sauerstoff befinden sich in der Flasche?

1.2 Welches spezifische Volumen und welche Dichte hat der Sauerstoff?

1.3 Auf welchen Wert steigt der Druck an, wenn der enthaltene Sauerstoff infolge Sonneneinstrahlung auf 60 °C erwärmt wird?

1.4 Wie viel Liter Sauerstoff kann die nicht erwärmte Flasche bei einem Druck von 1,1 bar und einer Temperatur von 20 °C abgeben. Erhält man ein anderes Ergebnis, wenn man die erwärmte Flasche zur Rechnung heranzieht? (Begründung ohne Rechnung)

2 Ein Luftballon (V_1 = 2,0 l) wird mit einem Gas von 20 °C unter einem Druck von 1,2 bar gefüllt. Infolge Sonneneinstrahlung erhöht sich die Temperatur des eingeschlossenen Gases auf 50 °C. Der Ballon dehnt sich dabei auf das Volumen V_2 aus, wobei der Druck als konstant angenommen werden darf.

2.1 Welche Art von Zustandsänderung liegt vor?
Welchen Wert hat V_2?

3 Der Reifen eines Kraftfahrzeuges erwärmt sich bei längere Autofahrt von 18 °C auf 75 °C. Der Anfangsdruck des Reifens betrug 2,8 bar.

3.1 Auf welchen Wert steigt der Druck, falls das Reifenvolumen konstant bleibt? Wie vielen Prozent entspricht die Druckzunahme?

3.2 Um wie viel Prozent würde sich das Reifenvolumen bei konstant bleibenden Innendruck verändern?

Kreisprozesse

1 Eine gewisse Menge Luft (κ = 1,4; R_i = 287 J/kgK, ρ_1 = 4,86 kg/m^3, p_1 = 8 bar, V_1 = 1,0 l), die in einem Arbeitszylinder eingeschlossen ist, befindet sich zunächst im Zustand 1. Anschließend expandiert sie isotherm auf das 4-fache ihres ursprünglichen Volumens (Zustand 2). Daran schließt sich ein isochorer Prozess in den Zustand 3 an, um dann von dort wieder in den Zustand 1 adiabat zurückzukehren.

1.1 In einem p(V)-Diagramm sollen folgende Eintragungen vorgenommen werden:
– sinnvolle und vollständige Achsenbeschriftungen
– Zustand 1 und Zustand 2 (zahlenmäßig exakt), Zustand 3 (qualitativ)
– isotherme Expansion
– isochore und adiabate Zustandsänderung
– Wärmeumsatz
– Kompressionsarbeit

1.2 Bestimmen Sie die Temperaturen in °C, welche die eingeschlossene Luft in den Zuständen 2 und 3 aufweist.

1.3 Berechnen Sie mithilfe der oben angegebenen Werte die spezifische Nutzarbeit für einen Durchlauf des Kreisprozesses.

2 Bei einem Dieselmotor tritt die angesaugte Luft (κ = 1,4; R = 287 J/kgK) mit einem Druck von 0,97 bar und 80 °C in den Zylinder ein. Die Verdichtung erfolgt für die Rechnung genau adiabatisch.

2.1 Bis zu welchem Druck muss komprimiert werden, damit die Selbstentzündungstemperatur des Kraftstoffs von 530 °C erreicht wird?

2.2 Wie groß ist dabei das Verdichtungsverhältnis ($V_1 : V_2$ = ? : 1) ?

2.3 Welche spezifische Kompressionsarbeit muss bei der Verdichtung geleistet werden?

3 Einer Wärmekraftmaschine (WKM) wird Wärmeenergie auf einem Temperaturniveau von 750 °C zugeführt, die Temperatur der Abwärme (Kühlung) beträgt 50 °C.

3.1 Zeichnen Sie für die WKM ein Energieflussdiagramm, in das Sie realistische (Prozent-) Werte für die beteiligten Energiearten eintragen.

3.2 Bestimmen Sie aus Ihren eingetragen Werten den thermischen Wirkungsgrad der WKM.

3.3 Berechnen Sie mit den oben genannten Daten den carnotschen Wirkungsgrad der WKM.

3.4 Wieviel Prozent beträgt Ihr berechneter thermischer Wirkungsgrad vom carnotschen Wirkungsgrad?

3.5 Erläutern Sie, welche Bedeutung die oben berechnete Prozentzahl in energetischer Hinsicht hat.

4 Vorgegeben ist ein Carnot-Kreisprozess, bestehend aus zwei isothermen und zwei adiabaten Zustandsänderungen (vgl. Skizze).
Folgenden Daten sind bekannt:
$p_1 = 1$ bar, $V_1 = 8$ l, $T_1 = 100$ °C,
$V_2 = V_1/4$ und $p_3 = 8 \cdot p_2$ sowie
$\kappa = 1{,}4$

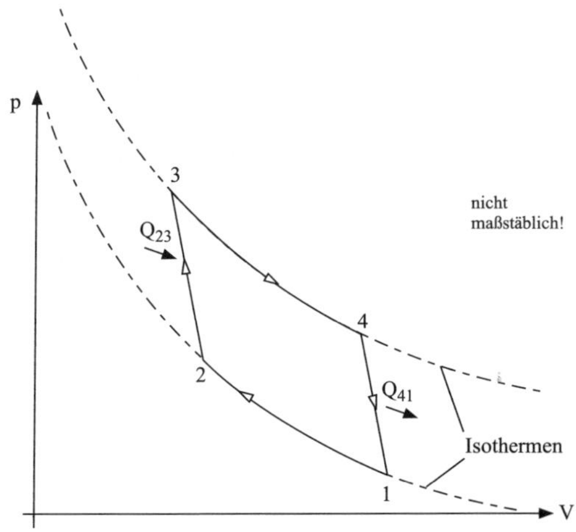

4.1 Kennzeichnen Sie im Diagramm die zu- und abgeführte Wärme und die Nutzarbeit.

4.2 Stellen Sie die Energiebilanz des Kreisprozesses auf.

4.3 Berechnen Sie p_2 und V_3.

4.4 Ermitteln Sie den carnotschen Wirkungsgrad.

5 Im nebenstehenden p(V)-Diagramm ist der rechtsläufige ideale Stirlingkreisprozess abgebildet.

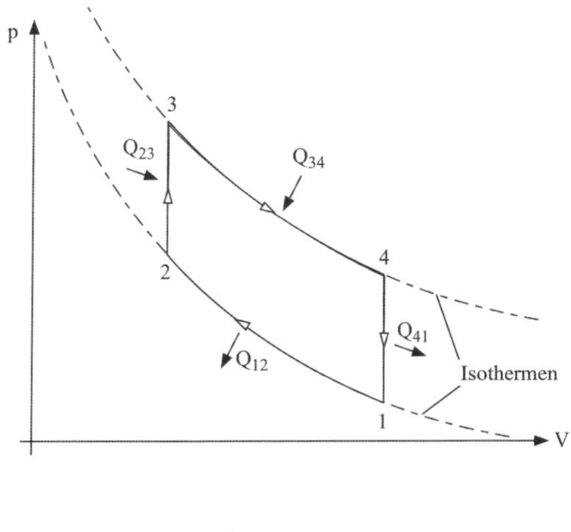

5.1 Zeichnen Sie die Nutzarbeit in das Diagramm ein.

5.2 Stellen Sie die Energiebilanz des Stirlingprozesses auf.

5.3 Leiten Sie eine Formel für den thermische Wirkungsgrad des Stirlingmotors her.

Energiewandlungsketten

1 Der Wirkungsgrad des Getriebes eines LKW ist $\eta_1 = 0{,}98$, der des Achsantriebs $\eta_2 = 0{,}94$. Die Achswellen geben eine Leistung von 45 kW an die Räder ab.

1.1 Wie groß ist der Gesamtwirkungsgrad von Getriebe und Achsantrieb?

1.2 Bestimmen Sie die Motorleistung des LKW.

2 Ein 20 km^2 großer Stausee mit einer mittleren Tiefe von 50 m versorgt über einen Höhenunterschied von 580 m ein Pumpspeicherkraftwerk, das zum Belastungsspitzenausgleich dient. Während einer Betriebszeit von 3,0 h liefert es 1,0 GWh elektrische Energie, wobei der Wasserspiegel um 4,0 cm sinkt.

2.1 Berechnen Sie den Wirkungsgrad bei Generatorbetrieb.

2.2 Bestimmen Sie die Kraftwerksleistung.

2.3 Wie viel elektrische Energie wird in das Stromnetz eingespeist, wenn der gesamte Stausee entleert wird?

2.4 Wie viel t SKE müssten einem Kohlekraftwerk zugeführt werden, damit es bei einem Wirkungsgrad von 35 % die gleiche Menge elektrische Energie liefert?

Lösungen

Energievorräte und -verbrauch

1. 1 t SKE = 8,14 · 10^3 kWh
   1224 Milliarden Tonnen Steinkohleeinheiten = 1224 Gt SKE = 1224 · 10^9 t SKE =
   1224 · 10^9 t · 8,14 · 10^3 kWh = 9,96 · 10^{15} kWh $\approx 10^6$ kWh
   Ihr Wert entspricht dann 10^{15} DM, also 1 000 000 000 000 000 DM

2. Erdöl: $\dfrac{200 \text{ Gt SKE}}{1224 \text{ Gt SKE}} \cdot 100\,\% = 16{,}3\,\%$ (exemplarisch) die anderen entsprechend.

   Ergebnis:

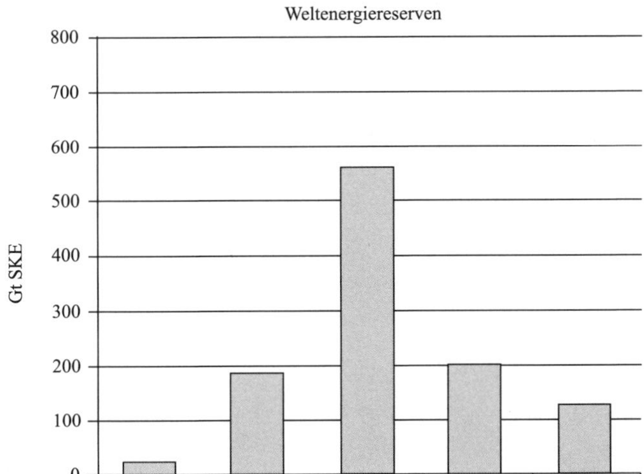

	Uran	Erdgas	Kohle	Erdöl	Ölschiefer/ Sand
absolut	28	185	685	200	126
prozentual	2,3 %	15,1 %	56,0 %	16,3 %	10,3 %

3. Kohle: $\dfrac{685 \text{ Gt SKE}}{3{,}1 \text{ Gt SKE/a}} = 221\,\text{a}$

   Erdöl: $\dfrac{200 \text{ Gt SKE}}{4{,}7 \text{ Gt SKE/a}} = 42{,}6\,\text{a}$

   Erdgas: $\dfrac{185 \text{ Gt SKE}}{2{,}8 \text{ Gt SKE/a}} = 66\,\text{a}$

4. E_R : Reserven; n: Anzahl der Jahre
E_{JV} : momentaner Jahresverbrauch

$q := 1 + \frac{p}{100}$, wobei p die jährliche prozentuale Verbrauchsänderung ist.

$E_R = E_{JV} \frac{1-q^n}{1-q}$ nach n aufgelöst:

$$n = \frac{\ln\left[1-(1-q)\frac{E_R}{E_{JV}}\right]}{\ln q}$$

a) $p = +1{,}5\% \Rightarrow q = 1{,}015$

$$n = \frac{\ln\left[1-(1-1{,}015)\frac{200\,\text{Gt SKE}}{4{,}7\,\text{Gt SKE}}\right]}{\ln 1{,}015} = 33\,\text{Jahre}$$

b) $p = -1\% \Rightarrow q = 0{,}99$

$$n = \frac{\ln\left[1-(1-0{,}99)\frac{200\,\text{Gt SKE}}{4{,}7\,\text{Gt SKE}}\right]}{\ln 0{,}99} = 55\,\text{Jahre}$$

Gasgesetze

1 $V_1 = 50\,l = 50 \cdot 10^{-3}\,m^3$

$p_1 = 120\,\text{bar} = 120 \cdot 10^5\,\frac{N}{m^2}$

$T_1 = 20\,°C = 293\,K$

1.1 $p \cdot V = m \cdot R_i \cdot T$

$$m = \frac{p \cdot V}{R_i \cdot T} = \frac{120 \cdot 10^5\,\frac{N}{m^2} \cdot 50 \cdot 10^{-3}\,m^3}{259{,}8\,\frac{Nm}{kg \cdot K} \cdot 293K} = 7{,}88kg$$

1.2 $v = \frac{V}{m} = \frac{50 \cdot 10^{-3}\,m^3}{7{,}8kg} = 6{,}35 \cdot 10^{-3}\,\frac{m^3}{kg}$

$$\rho = \frac{m}{V} = \frac{1}{v} = \frac{1}{6{,}35 \cdot 10^{-3}\,\frac{m^3}{kg}} = 1{,}58\frac{kg}{m^3}$$

1.3 $\frac{p_1 \cdot V_1}{T_1} = \frac{p_2 \cdot V_2}{T}$, wegen $V_1 = V_3$ folgt

$$\frac{p_1}{T_1} = \frac{p_2}{T_2} \Rightarrow p_2 = \frac{T_2}{T_1} \cdot p_1 = \frac{333K}{293K} \cdot 120\,\text{bar} = 136\,\text{bar}$$

1.4 Der Zustand außerhalb der Flasche wird mit dem Index 3 bezeichnet

$$\frac{p_1 \cdot V_1}{T_1} = \frac{p_3 \cdot V_3}{T_3}, \text{ wegen } T_1 = T_3 \text{ folgt}$$

$$p_1 \cdot V_1 = p_3 \cdot V_3$$

$$V_3 = \frac{p_1}{p_3} \cdot V_1 = \frac{120 \text{ bar}}{1{,}1 \text{ bar}} \cdot 50\,l = 5455\,l$$

Man erhält das gleiche Ergebnis, da die Zustandsgrößen eines idealen Gases nicht vom Weg abhängen, auf dem der Zustand hergestellt wurde, sondern nur von den Werten der anderen Zustandsgrößen.

2 $V_1 = 2{,}0$ l; $T_1 = 20\,°C = 293$ K; $p = 1{,}2$ bar $= 1{,}2 \cdot 10^5 \frac{N}{m^2}$; $T_2 = 50\,°C = 323$ K

2.1 Es ist eine isobare Zustandsänderung ($p_2 = p_1$).

2.2 $$\frac{V_1}{T_1} = \frac{V_2}{T_2}$$

$$V_2 = \frac{T_2}{T_1} \cdot V_1 = \frac{323 \text{ K}}{293 \text{ K}} \cdot 2{,}0\,l = 2{,}2\,l$$

3 $T_1 = 18\,°C = 291$ K

$T_2 = 75\,°C = 348$ K

3.1 $$\frac{p_1 \cdot V_1}{T_1} = \frac{p_2 \cdot V_2}{T_2}, \text{ wegen } V_1 = V_2 \text{ folgt}$$

$$\frac{p_1}{T_1} = \frac{p_2}{T_2}$$

$$p_2 = \frac{T_2}{T_1} \cdot p_1 = \frac{348\text{K}}{293\text{K}} \cdot 2{,}8 \text{ bar} = 3{,}3 \text{ bar}$$

$$\Delta p\% = \frac{\Delta p}{p_1} \cdot 100\% = \frac{0{,}5 \text{ bar}}{2{,}8 \text{ bar}} \cdot 100\% = 17{,}9\%$$

3.2 $$\frac{p_1 \cdot V_1}{T_1} = \frac{p_3 \cdot V_3}{T_3}, \text{ wegen } p_1 = p_3 \text{ folgt}$$

$$\frac{V_1}{T_1} = \frac{V_3}{T_3} \Rightarrow$$

$$\frac{V_3}{V_1} = \frac{T_3}{T_1} = \frac{323\text{K}}{293\text{K}} = 1{,}10$$

$\Rightarrow \Delta V\,\% = 0{,}10 \cdot 100\,\% = 10\,\%$

Kreisprozesse

1.1

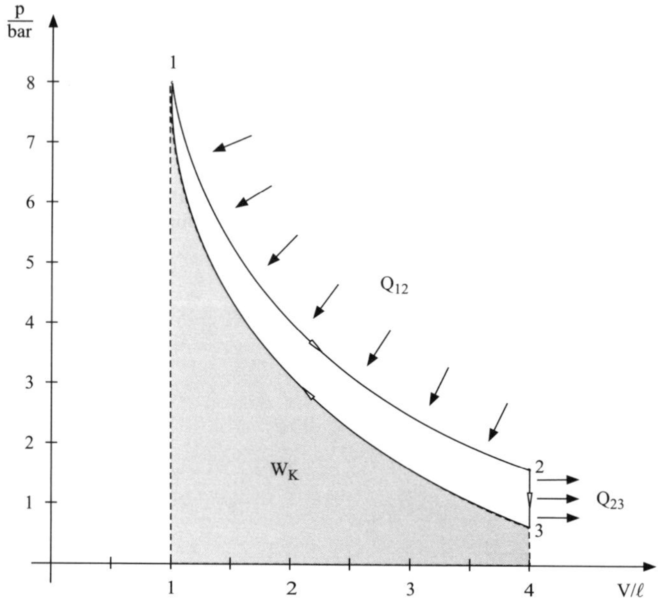

1.2 $p_1 \cdot V_1 = mR_i\, T_1$

$$p_1 = \underbrace{\frac{m_1}{V_1}}_{\rho_1} R_i\, T_1; \qquad p_1 = \rho_1\, R_i\, T_1$$

$$\Rightarrow T_1 = \frac{p_1}{\rho_1 R_i} = \frac{8 \cdot 10^5 \,\frac{N}{m^2}}{4{,}86 \frac{kg}{m^3} \cdot 287 \frac{Nm}{kgK}} \approx 573K$$

$\vartheta_1 = 300\ °C$, $1 \rightarrow 2$ isotherm $\Rightarrow \vartheta_2 = 300\ °C$

$$3 \rightarrow 1 \text{ adiabat}: \ \frac{T_1}{T_3} = \left(\frac{V_3}{V_1}\right)^{K-1}$$

$$T_3 = \frac{T_1}{\left(\frac{V_3}{V_1}\right)^{K-1}} = \frac{573K}{4^{0,4}} = 329K = 56\ °C$$

1.3 Spezifische Arbeit: $w = \frac{W}{m}$

$$w_{Nutz} = w_{12} + w_{23} + w_{31} \text{ wobei } w_{12} < 0; w_{23} = 0; w_{31} > 0$$

$$w_{12} = \frac{W_{12}}{m} = \frac{W_{isotherm}}{m} = -R_i T \ln \frac{V_2}{V_1}$$

$$= -287 \frac{J}{kg \cdot K} \cdot 573K \cdot \ln 4 = -228 \frac{kJ}{kg} \text{ (abgegeben!)}$$

$$w_{31} = \frac{W_{31}}{m} = \frac{W_{adiabat}}{m} = -\frac{R_i}{1-\kappa}(T_1 - T_3)$$

$$= -\frac{287 J / kg \cdot K}{1-1,4}(573K - 329K) = 175 \frac{kJ}{kg} \text{ (zugeführt!)}$$

$$w_{Nutz} = w_{12} + w_{31} = -228 \frac{kJ}{kg} + 175 \frac{kJ}{kg} = -53 \frac{kJ}{kg}$$

2 $p_1 = 0,97 \text{ bar} = 0,97 \cdot 10^5 \frac{N}{m^2}$

$T_1 = 80° C = 353 K$

2.1 $T_2 = 530 °C = 803 K$

adiabatische Zustandsänderung:

$$\frac{T_1}{T_2} = \left(\frac{p_1}{p_2}\right)^{\frac{\kappa-1}{\kappa}} \Rightarrow \frac{p_1}{p_2} = \left(\frac{T_1}{T_2}\right)^{\frac{\kappa}{\kappa-1}}$$

$$p_2 = \frac{p_1}{\left(\frac{T_1}{T_2}\right)^{\frac{\kappa}{\kappa-1}}} = \frac{0,97 \text{ bar}}{\left(\frac{353K}{803K}\right)^{\frac{1,4}{0,4}}} = 17,2 \text{ bar}$$

2.2 $$\frac{T_1}{T_2} = \left(\frac{V_2}{V_1}\right)^{\kappa-1} \text{ oder } \frac{T_2}{T_1} = \left(\frac{V_1}{V_2}\right)^{\kappa-1} \Rightarrow \frac{V_1}{V_2} = \left(\frac{T_2}{T_1}\right)^{\frac{1}{\kappa-1}} = \left(\frac{803K}{353K}\right)^{\frac{1}{0,4}} = 7,8 \approx 8:1$$

2.3 $$w_{12} = -\frac{R_i}{1-\kappa}(T_2 - T_1) = -\frac{287 \frac{J}{kgK}}{1-1,4}(803K - 353K) = 323 \frac{kJ}{kg}$$

3 $T_o = 750\,°C = 1023\,K$

$T_u = 50\,°C = 333\,K$

3.1 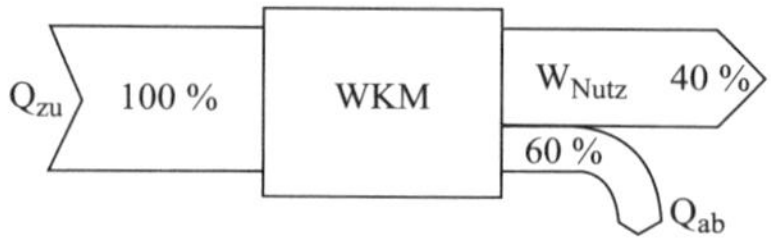

3.2 $\eta_{th} = \frac{|W_{Nutz}|}{Q_{zu}} = \frac{40\%}{100\%} = 0{,}4$

3.3 $\eta_c = 1 - \frac{T_u}{T_o} = 1 - \frac{333K}{1023K} = 0{,}67$

3.4 $\eta_i = \frac{\eta_{th}}{\eta_c} \cdot 100\% = \frac{0{,}4}{0{,}67} \cdot 100\% = 59{,}7\%$

3.5 Der thermische Wirkungsgrad reicht an den theoretisch maximal möglichen Wirkungsgrad nur zu ca. 60 % heran.

4.1 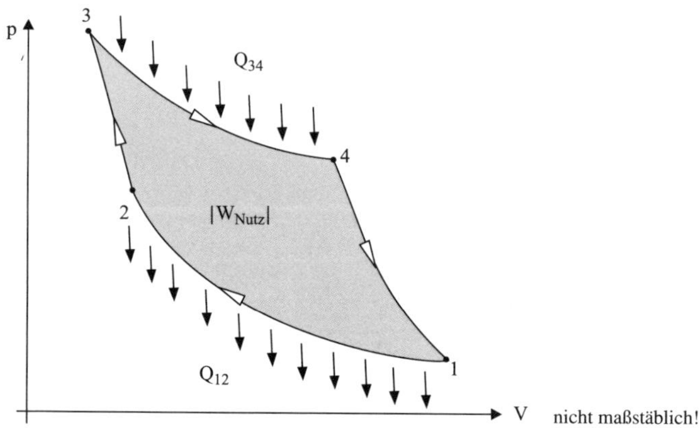

4.2 $\Sigma W + \Sigma Q = 0$ (beim Kreisprozess)

$W_{12} + W_{23} + W_{34} + W_{41} + Q_{12} + Q_{34} = 0$

4.3 Isotherm: $p_1 \cdot V_1 = p_2 \cdot V_2$

$$p_2 = \frac{V_1}{V_2} \cdot p_1 = 4 \cdot p_1 = 4 \cdot 1\ \text{bar} = 4\ \text{bar}$$

$$\left(\frac{p_2}{p_3}\right)^{\frac{\kappa-1}{\kappa}} = \left(\frac{V_3}{V_2}\right)^{\kappa-1} \Rightarrow \left(\frac{p_2}{p_3}\right)^{\frac{1}{\kappa}} = \frac{V_3}{V_2}$$

$$V_3 = V_2\left(\frac{P_2}{P_3}\right)^{1/\kappa} = V_2\left(\frac{P_2}{8_{P_2}}\right)^{1/0,4} = 2\,l\left(\frac{1}{8}\right)^{1/0,4} = 0,011\ l$$

4.4 $T_u = T_1 = 373\ K$

$T_o = T_3 = ?$

Berechnung von T_3: $\frac{T_2}{T_3} = \left(\frac{P_2}{P_3}\right)^{\frac{\kappa-1}{\kappa}}$

$$T_3 = \frac{T_2}{\left(\frac{P_2}{P_3}\right)^{\frac{\kappa-1}{1,4}}} = 676\ K$$

$$\eta_c = 1 - \frac{T_u}{T_o} = 1 - \frac{373K}{676K} = 0,45$$

5.1

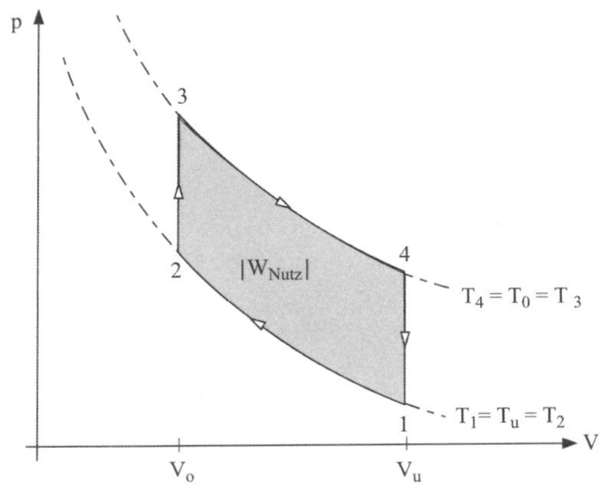

5.2 $\Sigma W + \Sigma Q = 0$ (beim Kreisprozess)

$W_{12} + W_{34} + Q_{12} + Q_{34} + Q_{41} = 0$

Da Q_{41} zum Regenerator geht und Q_{23} vom Regenerator bezogen wird, wird diese Wärme im Regenerator zwischengespeichert. Sie fällt daher heraus.

Folglich gilt für die Energiebilanz:

$W_{12} + W_{34} + Q_{12} + Q_{23} + Q_{34} = 0$

5.3 $\eta_{th} = \frac{|W_{Nutz}|}{Q_{zu}} = \frac{Q_{zu} - |Q_{ab}|}{Q_{zu}} = 1 - \frac{|Q_{ab}|}{Q_{zu}}$

$= 1 - \frac{|Q_{34}|}{Q_{12}}$

Bei isothermen Zustandsänderungen folgt aus $\Delta T = 0$: $Q_{isoth} = - W_{isoth}$

$$\eta = 1 - \frac{|Q_{34}|}{Q_{12}} = 1 - \frac{\left|-mR_i\ T_u \ln\frac{V_o}{V_u}\right|}{-m\,R_i\ T_o \ln\frac{V_u}{V_o}} = 1 - \frac{T_u}{T_o}$$

Energiewandlungskette

1 $\eta_1 = 0{,}98$; $\eta_2 = 0{,}94$; $P_{ab} = 45$ kW

1.1 $\eta = \eta_1 \cdot \eta_2 = 0{,}98 \cdot 0{,}94 = 0{,}92$

1.2 $\eta = \frac{P_{ab}}{P_{zu}} \Rightarrow P_{zu} = \frac{P_{ab}}{\eta} = \frac{45\,kW}{0{,}92} \approx 49$ kW

2.1 $E_{zu} = E_{pot} = m \cdot g \cdot h$ wobei $\rho = \frac{m}{V} \Rightarrow m = \rho \cdot V = \rho \cdot A \cdot \Delta y$

$$\Rightarrow E_{zu} = \rho \cdot A \cdot \Delta y \cdot g \cdot h =$$

$$= 1 \cdot 10^3 \frac{kg}{m^3} 20 \cdot 10^6\,m^2 \cdot 4 \cdot 10^{-2} \cdot 9{,}81 \frac{N}{kg} \cdot 580\,m$$

$$= 4{,}55 \cdot 10^{12}\,J = 1{,}26 \cdot 10^6\,kWh = 1{,}26\,GW$$

$\eta = \frac{E_{ab}}{E_{zu}}$, wobei $E_{ab} = 1\,GWh$

$$\eta = \frac{1\,GWh}{1{,}26\,GWh} = 0{,}79$$

2.2 $P = \frac{E}{t} = \frac{1\,GWh}{3h} = 333\,MWh$

7.3 $E_{pot} = m \cdot g \cdot h = \rho \cdot A \cdot \Delta y \cdot g \cdot h$

$$= 1 \cdot 10^3 \frac{kg}{m^3} \cdot 20 \cdot 10^6 \, m^2 \cdot 50 \, m \cdot 9{,}81 \frac{N}{kg} \cdot 580 m$$

$$= 5{,}96 \cdot 10^{15} \, J = 1{,}58 \cdot 10^9 \, kWh$$

$$\eta = \frac{E_{ab}}{E_{zu}} \Rightarrow E_{ab} = \eta \cdot E_{zu} = 0{,}79 \cdot 1{,}58 \cdot 10^9 \, kWh = 1{,}25 \cdot 10^9 \, kWh$$

7.4 $\eta = \frac{E_{ab}}{E_{zu}}$

$$E_{zu} = \frac{E_{ab}}{\eta} = \frac{1{,}25 \cdot 10^9 \, kWh}{0{,}38} = 3{,}57 \cdot 10^9 \, kWh = 4{,}4 \cdot 10^5 \, t \, SKE$$

Ihre Meinung ist uns wichtig!

Ihre Anregungen sind uns immer willkommen. Bitte informieren Sie uns mit diesem Schein über Ihre Verbesserungsvorschläge!

Titel-Nr.	Seite	Vorschlag

Bitte hier abtrennen

Die echten Hilfen zum Lernen ... **STARK**

Zutreffendes bitte ankreuzen!

Die Absenderin/der Absender ist:

- ☐ Lehrer/in in den Klassenstufen: ____
- ☐ Fachbetreuer/in
  Fächer: ____
- ☐ Seminarlehrer/in
  Fächer: ____
- ☐ Regierungsfachberater/in
  Fächer: ____
- ☐ Oberstufenbetreuer/in
- ☐ Schulleiter/in
- ☐ Referendar/in, Termin 2. Staatsexamen: ____
- ☐ Leiter/in Lehrerbibliothek
- ☐ Leiter/in Schülerbibliothek
- ☐ Sekretariat
- ☐ Eltern
- ☐ Schüler/in, Klasse: ____
- ☐ Sonstiges: ____

Unterrichtsfächer: **(Bei Lehrkräften!)**

STARK Verlag
Postfach 1852
85318 Freising

16-VH8

Bitte ausfüllen und im frankierten Umschlag an uns einsenden. Für Fensterkuverts geeignet.

Kennen Sie Ihre Kundennummer?
Bitte hier eintragen.

Absender **(Bitte in Druckbuchstaben!)**

Name/Vorname

Straße/Nr.

PLZ/Ort

Telefon privat **Geburtsjahr**

E-Mail-Adresse

Schule/Schulstempel **(Bitte immer angeben!)**

(Bitte blättern Sie um)